UTB

UTB **2350**

W0472664

Ausgesondert
Zentrale Lehrbuchsammlung

Eine Arbeitsgemeinschaft der Verlage

Böhlau Verlag · Köln · Weimar · Wien
Verlag Barbara Budrich · Opladen · Farmington Hills
facultas.wuv · Wien
Wilhelm Fink · München
A. Francke Verlag · Tübingen und Basel
Haupt Verlag · Bern · Stuttgart · Wien
Julius Klinkhardt Verlagsbuchhandlung · Bad Heilbrunn
Lucius & Lucius Verlagsgesellschaft · Stuttgart
Mohr Siebeck · Tübingen
Nomos Verlagsgesellschaft · Baden-Baden
Orell Füssli Verlag · Zürich
Ernst Reinhardt Verlag · München · Basel
Ferdinand Schöningh · Paderborn · München · Wien · Zürich
Eugen Ulmer Verlag · Stuttgart
UVK Verlagsgesel
Vandenhoeck & F
vdf Hochschulver

416 139 428 400 10

Herlinde Pauer-Studer

Einführung in die Ethik

2. Auflage

facultas.wuv

Universitäts-
Bibliothek
München
Studenten-
bibliothek

Herlinde Pauer-Studer ist Professorin am
Institut für Philosophie der Universität Wien.

Bibliografische Information Der Deutschen Nationalbibliothek
Die Deutsche Nationalbibliothek verzeichnet diese Publikation
in der Deutschen Nationalbibliografie;
detaillierte bibliografische Daten sind im Internet über
http://d-nb.de abrufbar.

2., aktualisierte und erweiterte Auflage 2010
© 2003 Facultas Verlags- und Buchhandels AG
facultas.wuv, Berggasse 5, 1090 Wien
Das Werk, einschließlich aller seiner Teile ist urheberrechtlich geschützt.
Jede Verwertung außerhalb der engen Grenzen des Urheberrechtsgesetzes
ist ohne Zustimmung des Verlags unzulässig und strafbar. Das gilt
insbesondere für Vervielfältigungen, Übersetzungen, Mikroverfilmungen
und die Einspeicherung und Verarbeitung in elektronischen Systemen.
Einbandgestaltung: Atelier Reichert, Stuttgart
Innengestaltung: Atelier Tiefenthaler
Druck und Bindung: CPI – Ebner und Spiegel, Ulm
Printed in Germany

ISBN 978-3-8252-2350-2

Inhaltsverzeichnis

Vorwort zur 2. Auflage

Das Buch stellt eine überarbeitete und revidierte Fassung der 2003 erschienenen 1. Auflage dar.

Der ursprüngliche Text wurde durch eine Einleitung ergänzt, die neben grundlegenden begrifflichen Erklärungen das Verhältnis von normativer Ethik und Metaethik, aber auch den Stellenwert der Ethik in einer pluralistischen Gesellschaft erläutert. Die Einteilung in die verschiedenen Kapitel ist erhalten geblieben; wo notwendig, wurden Textpassagen revidiert. Im Kapitel zur Metaethik findet sich ein neuer Abschnitt zur Interpretation des moralischen Standpunkts. Die Literaturangaben und das Literaturverzeichnis wurden aktualisiert.

Mein besonderer Dank gilt den Studierenden der Universität Wien: Ihr großes Interesse an der Ethik und den klassischen Moralphilosophen und ihre beharrlichen Nachfragen haben meine Einführungsvorlesungen zur Praktischen Philosophie entscheidend bereichert. Nicht zuletzt haben sie mich motiviert, immer neu über die Vermittlung komplexer, gesellschaftlich aber höchst relevanter und bedeutsamer philosophischer Inhalte und Ideen nachzudenken. Für wertvolle und instruktive Diskussionen zur Metaethik danke ich auch herzlich Julian Fink. Verena Hauser danke ich für ein überaus sorgfältiges Lektorieren des Manuskripts.

Wien, Juli 2010
Herlinde Pauer-Studer

Vorwort zur 1. Auflage

Die Ethik erlebt seit geraumer Zeit eine nachhaltige öffentliche Beachtung. Die Frage, wie man gut und richtig zu leben hat in einer Welt der Ungleichheit und Differenz, der brüchigen kulturellen Identitäten und traditionalistischen Gegenströmungen, der biotechnologischen Entwicklungen und der globalen politischen und ökonomischen Verschiebungen, ist höchst komplex. Die Philosophie kennt darauf keine einfachen Antworten. Sie vermag aber sehr wohl die Richtung zu weisen, die ein ernsthaftes Nachdenken über diese Probleme zu nehmen hat.

Das vorliegende Buch ist keine Einführung in die angewandte Ethik. Es ist eine Einführung in die wichtigsten Theorien der Moral, wie sie uns in der Geschichte der Philosophie begegnen. Das Buch versucht, die Positionen der Klassiker der Moralphilosophie mit den aktuellen Debatten und Entwicklungen der Moraltheorie zu verbinden und die Grundlagen für ein Nachdenken über die Themen der angewandten Ethik zu vermitteln. Die Reflexion über die grundlegenden Prinzipien der Ethik ist unverzichtbar für die Aufarbeitung der konkreten Fragen von Medizinethik, ökologischer Ethik, Wirtschaftsethik und Medienethik.

Wenn moralische Argumentationsfiguren den öffentlichen Diskurs so stark bestimmen, wie dies gegenwärtig zu beobachten ist, stellen sich unweigerlich Unbehagen und Misstrauen ein. Es fällt schwer, der Frage auszuweichen, ob diese Allgegenwart der Moral, die sich gleichsam zu einer habituellen Redekultur entwickelt hat, auch immer gut und sinnvoll ist. Aus diesem Grund beschäftigt sich das sechste Kapitel des Buches mit Nietzsches Moralkritik und den Verflechtungen von Moral, Moralisierung und moralischer Rhetorik.

Danken möchte ich jenen Menschen, die das Entstehen dieses Buches mit Gesprächen, Kommentaren, Kritik und Anregungen begleitet haben. Mein besonderer Dank gilt Elisabeth Holzleithner, Ruth Sonderegger und Hans-Bernhard Schmid.

Für Rückmeldungen danken möchte ich auch Richard Rappl. Für die Unterstützung bei der Suche nach schwer greifbarer Literatur bin ich Sebastian Meissl und auch der am Institut für Philosophie der Universität Wien eingerichteten Dokumentationsstelle für Ethik, insbesondere Erwin Lengauer, zu Dank verpflichtet. Sabine Kruse vom WUV-Verlag hat nicht nur einzelne Kapitel kommentiert, sondern auch mit bewundernswerter Geduld und nicht nachlassendem Interesse auf ein überfälliges Buchmanuskript gewartet. Die Studentinnen und Studenten meiner Vorlesungen zur Ethik an der Universität Wien haben durch Rückfragen und Diskussionsbeiträge sehr zur Verbesserung dieses Buches beigetragen.

Meiner Familie danke ich für vieles – nicht zuletzt für die Bereitschaft, sich immer wieder begeisterte und doch so merkwürdige Exkurse über die großen Theoretiker der Moralphilosophie anzuhören.

Wien, April 2003
Herlinde Pauer-Studer

1. Einleitung

Die Ethik hat eine lange philosophische Tradition. Die Frage nach dem Rechten und Guten stellt sich für jede Gesellschaft, jede Generation und jede Person. Die Antworten verlangen nach mehr als nur einer apodiktischen Berufung auf die eigenen Meinungen und unreflektierten Standpunkte. Um die Ressourcen der Moralphilosophie für die Auseinandersetzung mit aktuellen ethischen Problemen fruchtbar zu machen, ist aber eine Berücksichtigung der verschiedenen Ebenen der Ethik notwendig und ein Verständnis davon, wie sich die Ethik in öffentlichen Diskursen positioniert und was sie leisten kann und was nicht.

Im Folgenden wird im Anschluss an grundlegende begriffliche Erläuterungen der methodische Zusammenhang zwischen den philosophisch wichtigsten normativ-ethischen Theorien und den Problemen der angewandten Ethik erläutert und die Frage des vernünftigen Umgangs mit konkreten ethischen Problemen unter den Bedingungen des Wertepluralismus angesprochen.

1.1 Normative Ethik und Metaethik

„Ethik“ bedeutet die philosophische Reflexion über das, was aus moralischen Gründen richtig oder falsch ist. In diesem Sinn ist „Ethik“ synonym mit „Moralphilosophie“. Der Begriff „Ethik“ wird meistens aber auch gleichbedeutend mit „Moral“ verwendet, also gleichbedeutend mit der Summe der Normen, nach denen zu leben wir für richtig und gut begründet halten.[1]

Die detaillierte Festlegung der Standards des Richtigen und Guten ist kontroversiell. Dennoch besteht ein Konsens über den Gegenstandsbereich der Moral. Moralische Fragen ergeben sich im Kontext von Verletzbarkeit, Schmerz, Leid, Ungleichbehandlung und Unterdrückung. Moralisch relevante Bedingungen und Situationen sind im Fall von Hilflosigkeit, Bedürftigkeit, Abhängigkeit, Marginalisierung, Ausgrenzung, Abwertung, Entwürdigung, Willkürlichkeit und Parteilichkeit gegeben. Die wesentlichen moralischen Kategorien sind demnach menschliche Würde, Achtung, Universalität, gleiche Berücksichtigung und grundlegende Rechte.

Diese Richtlinien erlauben eine erste Definition von Moral: Unter „Moral“ versteht man eine Menge von Normen, also Prinzipien, Regeln und Tugenden, die das Verhalten von Menschen und deren Einstellungen zu anderen und zur Umwelt leiten.[2] Moralische Maßstäbe sollten universell gelten und Vorrang vor anderen praktischen Standards (Sitten, sozialen Konventionen, kulturellen Praktiken und Gepflogenheiten) haben. Die grundlegenden moralischen Standards sollten auch die Leitlinien gesetzlicher Rahmenbedingungen bilden.

Die Differenzierung zwischen *normativer Ethik* und *Metaethik* erlaubt eine wichtige Strukturierung der Ethik als philosophischer Disziplin. Unter „normativer Ethik“ versteht man die philosophischen Theorien, die Maßstäbe dafür festlegen, was gesollt und verbindlich ist. Die Metaethik konzentriert sich hingegen auf die Analyse der Bedeutung grund-

1 Manche Theoretikerinnen und Theoretiker, ein prominentes Beispiel ist Jürgen Habermas, trennen zwischen „Ethik“ und „Moral“ und verstehen unter „Ethik“ die Kunst des persönlich guten Lebens und unter „Moral“ die Normen der Sozialmoral, die unser öffentliches gesellschaftliches Leben strukturieren. In diesem Buch wird dieser spezielle Sprachgebrauch der Diskursethik aber nicht übernommen. Denn es ist sinnvoller, die Kunst des persönlichen Lebens der Tugendethik zuzuordnen; die Moral als öffentliche Ethik und Sozialmoral gehört zur Theorie der Gerechtigkeit. Zur Diskursethik vgl. Jürgen Habermas, *Erläuterungen zur Diskursethik,* Frankfurt am Main: Suhrkamp 1992.

2 Von dieser normativen Bestimmung von Moral ist eine rein deskriptive Bestimmung der Moral zu unterscheiden. In einem deskriptiven Sinn sprechen wir von

legender Begriffe der Ethik, z.B. die Bedeutung von „gut“ und „sollen“. Die Metaethik fragt nach dem epistemischen Status moralischer Urteile, nach deren Rechtfertigung und der Begründung normativ-ethischer Grundsätze und Standards. Auf der Ebene der Metaethik geht es auch um die Begründbarkeit und Gültigkeit der von den verschiedenen ethischen Theorien vorgeschlagenen Parameter des Richtigen und Guten.[3]

1.2 Die wichtigsten normativ-ethischen Theorien

Eine übliche Unterteilung normativ-ethischer Konzeptionen ist jene in deontologische Theorien (*deontos*, Pflicht) und teleologische Theorien (*telos*, Ziel).

Die deontologischen Ethikansätze betrachten die Art der Handlung für sich genommen und unabhängig von den Konsequenzen als maßgeblich für moralische Verpflichtung. Prominentestes Beispiel einer deontologischen Moraltheorie ist die Ethik Kants. Deontologische Überlegungen prägen aber auch die in der kantischen Tradition stehende Diskursethik und den universalistischen Kontraktualismus.[4]

Teleologische Theorien verknüpfen den moralischen Wert oder Unwert des Handelns mit dem Ziel des Handelns. Die Geschichte der Ethik kennt insbesondere zwei Zielvorstellungen, nämlich das Erreichen des guten Lebens (aristotelische Ethik) und die Förderung des allgemeinen Wohlergehens oder Nutzens (Utilitarismus). Für den Utilitarismus sind die Konsequenzen von Handlungsweisen und die dadurch geschaffenen Fakten und Zustände Grundlagen moralischer Bewertung. Die aristotelische Ethik sieht hingegen in den für das gute Leben vorrangigen Einstellungen und Dispositionen, also den Tugenden, den tragenden Standard des moralisch Gebotenen.

„Ethik“ oder „Moral“, wenn wir die konkreten Normen einer bestimmten sozialen Gruppe oder Gesellschaft beschreiben. Die Philosophie, die vorrangig an der Geltung und Begründung von Normen interessiert ist, hält meist Distanz zur deskriptiven Ethik und ordnet diese Disziplinen der Kulturanthropologie und Ethnologie zu.
Häufig wird von einer kulturellen Unterschiedlichkeit faktischer Normensysteme und Gepflogenheiten auf einen Relativismus geschlossen. Ein pauschaler ethischer Relativismus übersieht aber, dass trotz kultureller Differenz vielfach ein Konsens über grundlegendste ethische Standards und Normen gegeben ist.

3 Für eine genauere Diskussion vgl. das Kapitel „Metaethik“ dieses Buches.

4 Vgl. die genauere Diskussion dieser Ansätze in den Kapiteln „Kantische Ethik“ (Kapitel 2) und „Kontraktualismus“ (Kapitel 5) dieses Buches.

Nicht alle Philosophinnen und Philosophen verstehen unter Ethik eine Summe von Prinzipien, Regeln und Tugenden. Diese Denker betonen die narrative Struktur des Ethischen.[5] Für sie sind moralische Wahrnehmung und ethisches Bewusstsein eingebunden in die soziale Textur von konkreten Relationen zu anderen. Relevant werden die Sensibilität für komplexe Situationskomponenten, partikulare Besonderheiten und die Nuancen sozialer Interaktion und Differenz. Wesentlich ist die reflexiv geschulte Urteilskraft. Die mangelnde Wahrnehmung der Vielschichtigkeit moralischer Forderungen und ein auf die blinde Befolgung von Regeln eingeengtes Moralverständnis bedingen, wie die Vertreterinnen und Vertreter eines narrativen Ethikverständnisses betonen, ethisch fehlerhaftes Handeln.[6] Die Stärken eines die Lebenswirklichkeit reflektierenden narrativen Ethikverständnisses zeigen sich auch in der angewandten Ethik, vor allem der Medizinethik.[7]

1.3 Individualmoral und Sozialmoral

Moralische Grundsätze prägen sowohl unser privates Leben als auch den Bereich des Öffentlichen. Wesentlich ist, zwischen der *Individualmoral*

5 Manche Vertreterinnen und Vertreter einer narrativen Ethik lehnen Prinzipien ab, andere versuchen eine Synthese von Prinzipienethiken und den auf die Einbeziehung von Kontexten gerichteten narrativen Ansätzen.
Vgl. Stuart Hampshire, *Morality and Conflict,* Oxford: Blackwell 1983; Stuart Hampshire, *Innocence and Experience,* Cambridge, Mass.: Harvard University Press 1992; Jonathan Dancy, *Ethics without principles,* Oxford: Clarendon Press 2004; Martha C. Nussbaum, *The fragility of goodness: luck and ethics in Greek tragedy and philosophy,* revidierte Neuauflage, Cambridge: Cambridge University Press 2001.

6 Nussbaum diskutiert in *The fragility of goodness* genau diesen Aspekt mit Bezug auf die antiken Tragödien und die tiefen moralischen Dilemmata der Heldinnen und Helden dieser Dramen.

7 Besonders im Bereich der Medizinethik sind nach Meinung vieler Theoretikerinnen und Theoretiker die narrativen Elemente wesentlich. So diskutiert die kanadische Philosophin Cheryl Misak den Konflikt zwischen Patientenautonomie und ärztlichem Paternalismus anhand ihrer eigenen Erfahrung mit schwerer Erkrankung. Der amerikanische Philosoph J. David Velleman stellt die gängige Auffassung eines Rechts auf Selbsttötung in Frage. Siehe Cheryl Misak, Experience, Narrative, and Ethical Deliberation, in: *Ethics* 118, 4, 2008, 614–632, vgl. auch J. David Velleman, A Right of Self-Termination? In: *Ethics,* 109, 3, 1999, 606–628. Vgl. auch Hilde Lindemann Nelson, *Damaged identities, narrative repair,* Ithaca NY et al.: Cornell University Press 2001.

(personal morality) und der *öffentlichen Moral (public morality)* oder *Sozialmoral* zu unterscheiden.

Im Mittelpunkt der *Individualmoral* oder der persönlichen Moral steht die Frage nach den Bedingungen eines moralisch integren Personseins. Wann handelt eine Person im moralischen Sinne gut? Wann können ihre Haltungen und Einstellungen als moralisch untadelig, wann ihre Handlungen als erlaubt oder gar als lobenswert gelten? Die Individualmoral kann nur ein internalistischer Standard sein. Dies bedeutet, dass für die Verbindlichkeit von moralischen Standards die persönliche vernunftbasierte Einsicht in deren Richtigkeit und Gültigkeit wesentlich ist. Eine haltbare Begründung ethischer Grundsätze muss über autonome und an gute Gründe gebundene Reflexion erfolgen. Überredung, Manipulation und Zwang können keine Grundlage ethischen Handelns sein. Sie sichern bestenfalls die Konformität mit Normen, nicht aber die für die Individualmoral so wichtige innere Akzeptanz und reflexive Bestätigung von Normen. Die Individualmoral ist selbstredend keine strikt „private Moral", deren Verbindlichkeit wir alleine mit uns selbst ausmachen. Auch die auf unser eigenes Handeln und unsere Dispositionen, Intentionen und Maximen gerichtete persönliche Moral ist intersubjektiv, da wir unser Handeln und Verhalten ja auch anderen gegenüber rechtfertigen müssen.

Moral beschränkt sich aber nicht nur auf die Frage der Rechtfertigung persönlichen Handelns. Auch die Gestaltung von Institutionen ist ein wichtiges Problem der Ethik. Die Sphäre der *öffentlichen Moral* oder *Sozialmoral* umfasst jene Prinzipien und Grundsätze, die für das ethische Bewusstsein von Gesellschaften, aber auch für die Gestaltung der grundlegenden gesellschaftlichen Institutionen maßgeblich sind.[8] Die öffentliche Moral richtet sich vorrangig auf Fragen der Gerechtigkeit und Gleichheit. Zur öffentlichen Moral gehören zum Beispiel die Grundsätze, die eine ideal gerechte Gesellschaft definieren.[9] Der öffentlichen Moral geht es also um Institutionen, nicht um Personen; es geht um die Konkretisierung der verschiedenen Parameter, die Richtschnur für das institutionelle Design, aber auch für das ethische Selbstverständnis von Gesellschaften sind.

8 Solche grundlegenden gesellschaftlichen Institutionen sind für Rawls die Verfassung, das politische System und die wesentlichen wirtschaftlichen und sozialen Einrichtungen und Verhältnisse (für Rawls Märkte mit Konkurrenz, Privateigentum und die Familie). Vgl. John Rawls, *Eine Theorie der Gerechtigkeit,* Frankfurt am Main: Suhrkamp 1975 (Taschenbuchausgabe 1979), 23–27.

9 John Rawls hat in seiner Theorie der Gerechtigkeit solche idealtypischen Prinzipien der Gerechtigkeit formuliert, die grob gesagt eine Garantie subjektiver Freiheits-

Wichtig ist auch die Grenzziehung zwischen Moral und Recht. Das Recht grenzt sich gegenüber der Moral durch seinen Sanktionscharakter ab. Positive Rechtsnormen sind zwangsbewehrt – der Staat kann Menschen notfalls zwingen, diese zu befolgen. Zwang ist nicht die Sache der Moral, schon gar nicht in demokratischen Gesellschaften. Die Moral begnügt sich mit informelleren Sanktionen wie Enttäuschung, Groll, Empörung und Verachtung. Im Gegensatz zur Individualethik, bei der die innere Zustimmung zu moralischen Normen wesentlich ist, gelten aus der Perspektive des Rechts die Motive der Rechtsbefolgung als irrelevant.[10] Aus der Perspektive des Rechts ist es unerheblich, ob man die Gesetze aus bloßer Gehorsamsmentalität oder aus innerer ethischer Überzeugung befolgt.

1.4 Das Verhältnis von Ethik und Religion

Viele moralische Prinzipien überschneiden sich mit den ethischen Grundsätzen, denen in Religionen grundlegende Bedeutung zukommt.

rechte, ein Prinzip der Chancengleichheit und eines der sozialen Absicherung der am schlechtesten gestellten Gesellschaftsmitglieder umfasst. Rawls' zwei Grundsätze der Gerechtigkeit lauten:
„1. Jedermann soll gleiches Recht auf das umfangreichste System gleicher Grundfreiheiten haben, das mit dem gleichen System für alle anderen verträglich ist.
2. Soziale und wirtschaftliche Ungleichheiten sind so zu gestalten, daß
(a) vernünftigerweise zu erwarten ist, daß sie zu jedermanns Vorteil dienen, und
(b) sie mit Positionen und Ämtern verbunden sind, die jedem offen stehen."
Rawls, Eine Theorie der Gerechtigkeit, 81.
Zur Kritik an der Idee, dass Gerechtigkeit über normativ ideale Prinzipien hergestellt werden kann, vgl. Amartya Sen, *The Idea of Justice,* Cambridge, Mass.: Harvard University Press 2009. Nach Sen ist es wichtiger, sich auf die Überwindung konkreter lokaler Formen der Ungerechtigkeit und Ungleichheit zu konzentrieren, anstatt die kaum realisierbare Idee einer idealtypisch gerechten Gesellschaftsform zu verfolgen. Besonders global gesehen scheint die Durchsetzung für alle Gesellschaften gleichermaßen relevanter Gerechtigkeitsmaßstäbe schwierig. Besondere Gegebenheiten und Dringlichkeiten verlangen oft unterschiedliche moralische Reaktionen und Maßnahmen. In einem Entwicklungsland geht es mitunter einfach um die Rettung von Menschenleben, während sich die Herstellung gerechter Verhältnisse in einem Industrieland auf einer anderen Ebene des sozialen Wohlstands bewegt.

10 Diese Neutralität des Rechts hat insbesondere Kant in seiner *Rechtslehre* betont. Vgl. dazu Immanuel Kant, *Die Metaphysik der Sitten,* Frankfurt am Main: Suhrkamp 1977 (=Suhrkamp Werkausgabe Bd. VIII; Kant, *Gesammelte Schriften,* Akademie-Ausgabe Band VI).

Ein Beispiel ist die goldene Regel, die besagt: „Was du nicht willst, das man dir tu, das füg auch keinem andern zu." Auch andere Gebote, etwa nicht zu lügen, andere nicht zu täuschen oder bewusst zu schädigen, sind gleichfalls Teil der meisten religiösen Lehren.

Doch manchmal wird der Stellenwert der Religion als vorrangig gegenüber der Ethik gesehen. Manche Theoretikerinnen und Theoretiker erheben den Anspruch, dass man ethische Gebote nur mit Bezug auf religiöse Lehren und Überzeugungen rechtfertigen kann. Die Rückführung der Moral auf die Religion hat das Problem, dass es in demokratischen wertepluralistischen Gesellschaften auch nichtreligiöse Menschen gibt, die sich in ihrer Identität durchaus als ethisch Handelnde verstehen. In demokratischen Rechtsstaaten ist die Religionsfreiheit verfassungsmäßig verankert und garantiert. Religionsfreiheit beinhaltet aber auch das Recht auf eine nichtreligiöse Lebensweise. Nicht alle Menschen sind, um eine eingängige Wendung zu benützen, „religiös musikalisch". Daraus folgt, dass man nicht in einer für alle Gesellschaftsmitglieder verbindlichen Form Moral auf der Basis einer bestimmten religiösen Lehre begründen kann. Nichtreligiösen Menschen muss man die Freiheit lassen, säkulare Argumente und Rechtfertigungen für die Verbindlichkeit moralischer Normen zu entwickeln.[11] Umgekehrt haben in wertepluralistischen Gesellschaften religiöse Menschen das Recht, ihre ethischen Überzeugungen aus ihren religiösen Überzeugungen abzuleiten und entsprechend zu rechtfertigen.

Was folgt daraus für das Verhältnis von Ethik und Religion und den Dialog zwischen religiösen und nichtreligiösen Menschen? Wesentlich sind die Toleranz und der gegenseitige Respekt für die unterschiedlichen Haltungen zu Fragen des religiösen Glaubens. Doch diese Toleranz muss nicht zwangsläufig im indifferenten oder verständnislosen Nebeneinander der Standpunkte und Auffassungen enden. Wichtig für eine einigermaßen stabile Koexistenz, die nicht sofort durch jede neu auftretende Kontroverse über ethische Probleme in Frage gestellt wird, ist die Herstellung eines gemeinsamen Wertekonsenses.

Der amerikanische Philosoph John Rawls hat einen konstruktiven Vorschlag gemacht, wie ein solch *übergreifender Konsens (overlapping consensus)* zwischen sehr divergierenden Weltanschauungen erzielt werden kann. Mit dem Modell des übergreifenden Konsenses versucht Rawls, eine liberale Demokratietheorie mit den in der amerikanischen Gesell-

11 Vgl. dazu auch Jürgen Habermas, Religion in der Öffentlichkeit. Kognitive Voraussetzungen für den „öffentlichen Vernunftgebrauch" religiöser und säkularer Bürger, in: Habermas, *Zwischen Naturalismus und Religion.* Philosophische Aufsätze, Frankfurt am Main: Suhrkamp 2005, 119–154.

schaft sehr stark verankerten unterschiedlichen Religionsauffassungen in Einklang zu bringen.[12] Rawls sieht klar, dass zwischen den unterschiedlichen „umfassenden philosophischen und religiösen Lehren"[13] nur dann ein Konsens erzielbar ist, wenn die ethischen Werte und Fragen, über die man sich einigen soll, isoliert von der Einbettung in die jeweiligen philosophischen und religiösen Hintergrundkonzeptionen diskutiert und begründet werden. Rawls ist der Meinung, dass man in vielen Kontroversen über ethische Fragen über eine Reihe grundlegender Prinzipien, die auch aus der Perspektive gegensätzlicher religiöser und philosophischer Lehren zustimmungsfähig sind, eine Einigung erzielen kann. Diese Grundsätze (z.B. unschuldige Menschen nicht zu töten, nicht unnötig Leid und Schmerz zuzufügen) sind, was ihren Entstehungskontext betrifft, durchaus in die unterschiedlichen religiösen und weltanschaulichen Hintergrundkonzeptionen eingebettet. Aber ihre begründungstheoretische Stärke bleibt davon unberührt; ihre Kraft ist für sich genommen aus der Perspektive unterschiedlicher philosophischer und religiöser Lehren einsehbar.

Die Suche nach Übereinstimmung in grundlegenden Wertefragen ist, ungeachtet differenter Weltanschauungen und religiöser Überzeugungen, für die Stabilität demokratischer Gesellschaften unabdingbar. Eine wertepluralistische Gesellschaft darf nicht wertemissionarisch vorgehen, sie darf die Gesellschaftsmitglieder nicht zu einer bestimmten Religion oder Weltanschauung zwingen. Allerdings sind die Grenzen gegenüber radikal „unvernünftigen Weltanschauungen" entschieden zu ziehen. Dies sind jene Konzeptionen, welche die unverzichtbaren Grundwerte geregelten und friedlichen gesellschaftlichen Zusammenlebens, nämlich Menschenwürde und grundlegende menschliche Rechte, nicht anerkennen. Manchmal wird diese Linie allerdings sehr eng interpretiert und alle Gesellschaftsformen, die nicht demokratisch verfasst sind, werden zu den „unvernünftigen" gesellschaftlichen und politischen Systemen gezählt.[14] Eine solche Grenzziehung ist aber nicht haltbar: Es gibt eine Reihe von hierarchisch und autoritär strukturierten Staaten,

12 John Rawls, *Politischer Liberalismus,* Frankfurt am Main: Suhrkamp 1998. Rawls' Modell des übergreifenden Konsenses ist auch anwendbar auf Fragen globaler Wertegemeinsamkeiten trotz kultureller Differenz.

13 Unter „umfassenden Lehren" *(comprehensive doctrines)* versteht Rawls festgefügte Doktrinen, aus denen sich klare normative Vorgaben für alle Lebensbereiche ergeben.

14 Zu einer reichlich engen Auslegung tendiert Rawls in seinem Buch zur Frage internationaler Beziehungen. Siehe John Rawls, *Das Recht der Völker,* Berlin et al.: de Gruyter 2002.

die dennoch nicht permanent grundlegende Menschenrechte verletzen, sondern durchaus gewisse elementare Rechte respektieren.[15] Auch Demokratien dürfen gegenüber nichtdemokratischen Systemen nicht in simple Missionierungsattitüden verfallen.

1.5 Metaethik: Rückblick und Ausblick

Metaethische Erörterungen gelten häufig als reichlich abstrakt und „lebensfern". In Wirklichkeit sind die zu Sinn, Bedeutung und Begründbarkeit ethischer Urteile und Prinzipien eingenommenen Positionen nicht nur maßgeblich für die normativ-ethische Ausrichtung und Theoriekonstruktion, sondern auch grundlegend für unsere Haltungen zu Moral, Recht und Politik.

Die Geschichte der Metaethik im 20. Jahrhundert, insbesondere die Debatten um Subjektivismus, Emotivismus, Naturalismus und Realismus, sind lehrreiche Beispiele für die Reichweite und Relevanz der jeweiligen metaethischen Grundpositionen.

Eine besonders bedeutsame metaethische Weichenstellung stellt die Frage dar, ob ethische Urteile als kognitiv und „wahrheitsfähig" gelten oder ob ihnen nur eine expressive Funktion zur Äußerung emotiver Wertungen zugestanden wird. So selbstverständlich es angesichts des derzeit prominenten öffentlichen Stellenwerts der Ethik scheinen mag, dass moralischen Normen, Argumenten und Urteilen kognitiver Gehalt zukommt und auch in ethischen Debatten die „Kraft des besseren Argumentes" zählt, so gab es immer wieder Epochen der Philosophie, in denen die Ethik als philosophisch nachrangig und ethische Urteile als bloß subjektive Meinungsäußerungen galten.

Ein Beispiel aus der jüngeren Vergangenheit ist die Haltung wichtiger Vertreter des „Wiener Kreises", also jener in den 20er-Jahren des vorigen Jahrhunderts in Wien entstandenen Schule des Logischen Positivismus, die für die Entwicklung der Analytischen Philosophie die entscheidenden Impulse lieferte.[16] Im Wiener Kreis wurde das Programm einer „wissenschaftlichen Weltauffassung" nicht zuletzt im Sinne einer deutlichen

15 Vgl. dazu Ernst-Wolfgang Böckenförde, Ist Demokratie eine notwendige Forderung der Menschenrechte? In: Stefan Gosepath und Georg Lohmann (Hg.), *Philosophie der Menschenrechte,* Frankfurt am Main: Suhrkamp 1998, 233–243.

16 Eine umfassende Darstellung des Wiener Kreises bietet Friedrich Stadler, *Studien zum Wiener Kreis.* Ursprung, Entwicklung und Wirkung des Logischen Empirismus im Kontext, Frankfurt am Main: Suhrkamp 1997.

Privilegierung naturwissenschaftlicher deskriptiver Aussagen gegenüber normativen Sätzen verstanden. Eine wichtige Rolle spielte dabei ein sogenanntes „Verifikationskriterium der Bedeutung", wonach die Bedeutung eines Satzes an die Möglichkeit seiner Verifizierbarkeit gebunden ist.[17] Für die an naturwissenschaftlichen Methoden und Prüfverfahren orientierten Philosophen des Wiener Kreises galten normative Sätze als nicht streng verifizierbar. Manche der zum Wiener Kreis zählenden Philosophen haben deshalb ethische Aussagen entweder als metaphysikverdächtig und unklar abgelehnt oder diese – vorrangig zu nennen ist hier Rudolf Carnap – als rein emotive Äußerungen ohne jeglichen kognitiven Gehalt interpretiert.[18]

Diese theoretische Einordnung ethischer Urteile ist insofern bemerkenswert, da die Philosophen des Wiener Kreises unmittelbar von den politischen Entwicklungen in den 20er- und 30er-Jahren des 20. Jahrhunderts, die schließlich im Nationalsozialismus und im Anschluss Österreichs an Nazi-Deutschland endeten, persönlich betroffen und zur Emigration gezwungen waren. Das Programm des Wiener Kreises richtete sich gegen alle Formen des weltanschaulichen Irrationalismus, dem diese an den empirischen Wissenschaften orientierten Denker mit einer Philosophie auf wissenschaftlicher Basis zu begegnen suchten. Die Vertreter des Wiener Kreises waren auch sehr stark an der Verbreitung einer humanistischen Weltauffassung interessiert, die sie aber philosophisch betrachtet nur als Ausdruck ihrer jeweiligen individuellen Werthaltungen verstanden. Wie Kritikerinnen und Kritiker einwenden, ist aber im Kampf gegen den weltanschaulichen Irrationalismus und die dadurch bewirkten politisch verhängnisvollen Entwicklungen gerade die Betonung der intersubjektiven Begründbarkeit und Objektivität moralischer Grundsätze wesentlich. Im Lichte der politischen Katastrophen des 20. Jahrhunderts, insbesondere des Holocaust, erscheint vielen Philosophen und Philosophinnen ein Subjektivismus auf normativer und ethischer Ebene als gänzlich unhaltbar.

Eine Theoretikerin, die ihre Beschäftigung mit Moralphilosophie mit den dramatischen Erfahrungen des Nationalsozialismus und des Zwei-

17 Für eine Diskussion des Verifikationskriteriums der Bedeutung siehe Carl Gustav Hempel, Probleme und Modifikationen des empiristischen Sinnkriteriums, in: Johannes Sinnreich (Hg.), *Zur Philosophie der idealen Sprache,* München: Deutscher Taschenbuch Verlag 1972, 104–125.

18 Zu einer Analyse von Carnaps Position siehe Herlinde Pauer-Studer, Carnap und Reichenbach über Ethik, in: Rudolf Haller und Friedrich Stadler (Hg.): *Wien—Berlin—Prag.* Der Aufstieg der wissenschaftlichen Philosophie, Wien: Hölder-Pichler-Tempsky 1993, 525–537.

ten Weltkriegs begründet, ist die britische Philosophin Philippa Foot.[19] Foot argumentiert explizit für einen objektivistischen Naturalismus. Ethische Urteile sind demnach nicht eine Angelegenheit der subjektiven Haltungen, Einstellungen und Entscheidungen, sondern analog wie deskriptive Aussagen begründbar. Denn faktische Prämissen stellen nach Foot durchaus empirische Argumente für wertende Urteile dar.[20] So ist die Tatsache, dass eine bestimmte Handlungs- oder Verhaltensweise andere Menschen schädigt und ihnen Schmerz und Leid zufügt, ein triftiger Grund für deren Unterlassung und moralische Verurteilung.

Diese Positionen des Naturalismus und moralischen Realismus wurden in der weiteren Entwicklung der Metaethik, die sich von den engen Vorgaben des Logischen Empirismus zunehmend löste, immer stärker. Nicht zuletzt haben auch Rechtsphilosophinnen und -philosophen starke Argumente für einen Objektivismus im Bereich des Normativen entwickelt.[21] Der rechtstheoretische Objektivismus ist aber nicht mit religiös fundierten Naturrechtslehren gleichzusetzen, sondern resultiert aus der Anerkennung von Werten, die nicht ernsthaft zur Disposition stehen können, wie die Prinzipien gleicher Achtung und Menschenwürde.

In ihrer Verteidigung objektivistischer Positionen haben sich Rechts- und Moralphilosophinnen sehr bemüht, subtilere Varianten eines normtheoretischen Realismus zu entwickeln und ontologisch unplausible

19 Siehe dazu das von Anton Leist geführte Interview mit Philippa Foot, abgedruckt in: Philippa Foot, *Die Wirklichkeit des Guten.* Moralphilosophische Aufsätze, hg. u. eingeleitet von Ursula Wolf und Anton Leist, Frankfurt am Main: Fischer-Taschenbuch-Verlag 1997.

20 Siehe Philippa Foot, Moralische Argumentationen, in: Günther Grewendorf und Georg Meggle (Hg.), *Seminar: Sprache und Ethik,* Frankfurt am Main: Suhrkamp 1974, 244–259.

21 Ein klassisches Beispiel sind die Arbeiten Ronald Dworkins. Für eine pointierte und konzise Darlegung siehe Ronald Dworkin, Objectivity and Truth: You'd Better Believe It, in: *Philosophy and Public Affairs* 25, 2, 1996, 87–139. Der rechtstheoretische Objektivismus hat insbesondere vor dem Hintergrund der nationalsozialistischen Verbrechen und des Holocaust im Besonderen im Rechtsdenken der Nachkriegszeit an Boden gewonnen. Während die Erfahrung mit dem als Legalität getarnten Nazi-Unrecht unmittelbar nach dem Krieg zu einer scharfen Konfrontation zwischen Rechtspositivismus und Naturrechtstheorie führte, hat sich die Diskussion mittlerweile von dieser Polarisierung gelöst und sich auf die entscheidende Frage konzentriert, nämlich wie auf bestmögliche Weise rechtsimmanente moralische Inhalte generiert werden. Für die Debatte unmittelbar nach dem Zweiten Weltkrieg maßgeblich wurde Gustav Radbruch, Gesetzliches Unrecht und übergesetzliches Recht, Süddeutsche Juristenzeitung 1946, 105–108; wieder abgedruckt in: Norbert Hoerster (Hg.), *Recht und Moral.* Texte zur Rechtsphilosophie, München: Deutscher Taschenbuch Verlag 1977, 42–45.

Wertannahmen zu vermeiden.[22] Werte sind selbstredend nicht natürliche Gegenstände der natürlichen Realität; sie stehen aber in einer Relation zu Fakten, denn Wertungen können nicht ohne Bezug zur Welt der Tatsachen erfolgen. Wenn wir starkes Rauchen oder die schonungslose Abholzung des Regenwaldes als schlecht bewerten, so steht dahinter die Tatsache, dass Rauchen der Gesundheit schadet und die Vernichtung des Regenwaldes negative klimatische Veränderungen auslöst.

Insgesamt hat sich die metaethische Diskussion von einer polarisierenden Dichotomie zwischen Subjektivismus einerseits und einem als metaphysisch oder fundamentalistisch geltenden Werteplatonismus andererseits wegbewegt. Die Suche nach plausiblen und intersubjektiv vernünftigen Begründungsmodellen steht im Vordergrund. So haben auch konstruktivistische Ansätze in der Metaethik an Boden gewonnen, die moralische Grundsätze als intersubjektiv begründbare Antworten und Lösungsvorschläge für konkrete praktische Fragen – etwa wie wir gerecht und gut leben sollen – betrachten.[23] Wenn eine Einigung auf ganz bestimmte Prinzipien als Lösung eines praktischen Problems gelten kann, so bedeutet dies auch deren Rechtfertigung.[24] Die Übereinkunft über moralische Normen gilt nach manchen Ansätzen als die Lösung von sozialen Koordinationsproblemen. Eine andere Strategie ist, über die Rekonstruktion der normativen Voraussetzungen gelingender Kommunikationsformen eine Begründung von moralischen Grundsätzen zu leisten. Denn Verständigung mit anderen ist nur unter gegenseitiger Anerkennung möglich.

Die auf Sprachanalyse konzentrierte Analytische Philosophie der Nachkriegszeit trennte strikt zwischen der normativen Ethik und der

22 Zu einer genaueren Diskussion des moralischen Realismus vgl. das Kapitel „Metaethik“ (Kapitel 8) dieses Buches.

23 Für den metaethischen Konstruktivismus leitend ist die Idee, auf praktische Fragen solche Antworten geben zu können, die zu hinterfragen recht besehen keinen Sinn mehr macht.

24 Als Beispiel einer konstruktivistischen Rechtfertigung kann man etwa die von John Rawls vorgeschlagene Strategie zur Untermauerung seiner beiden Grundsätze der Gerechtigkeit sehen. Diese Grundsätze, die ein Prinzip gleicher Freiheit (das u.a. Religionsfreiheit, Meinungs- und Redefreiheit, Bewegungsfreiheit) garantieren und ein Prinzip der Chancengleichheit sowie eines der bestmöglichen Sicherung der gesellschaftlich am schlechtesten gestellten Personen umfassen, kann man als die passende Antwort auf die folgende Frage verstehen: Auf welche Prinzipien würden sich Personen einigen, die unterschiedliche Lebenspläne und Konzeptionen des Guten haben und sich ein Mindestmaß sozialer Absicherung wünschen? Für eine ausführlichere Diskussion vgl. Herlinde Pauer-Studer, *Autonom leben.* Reflexionen über Freiheit und Gleichheit, Frankfurt am Main: Suhrkamp 2000, Kap. 2 und 3.

Metaethik. Mittlerweile wird das Zusammenspiel der beiden Ebenen anerkannt und betont. Denn die Unterschiedlichkeiten im normativ-ethischen Zugang reflektieren sich auch im methodischen und metaethischen Selbstverständnis der diversen Konzeptionen der Ethik. So ist für die kantische Tradition zum Beispiel die Idee tragend, dass ethische Prinzipien nicht nur vernünftig begründbar, sondern aus der Idee der rationalen Person ableitbar sind.[25] Diese Situierung der Moral in der Vernunft wird von den neokantischen Ansätzen der Gegenwart weitergeführt und mit der Begrifflichkeit personaler Identität verknüpft. Moralische Prinzipien sind demnach nicht nur für rationales Handeln konstitutiv, sondern für Personsein schlechthin. Hinter unseren diversen Rollenbildern und praktischen Identitäten (als Frau, Mann, Mütter, Väter, Arbeiter, Arbeitslose, Immigranten oder beruflich und sozial stabil situierte Menschen) steht unsere moralische Identität, unsere Fähigkeit, uns autonom über das Grundprinzip der Moral zu definieren und uns selbstlegislativ an dieses zu binden.[26]

Die Verankerung der Moral in der Vernunft, vor allem aber die Gleichsetzung von Vernunft und Moral, ist von einer Reihe von Philosophinnen und Philosophen entschieden in Frage gestellt worden. Unmoralisches Handeln ist, wie viele zu bedenken geben, nicht zwangsläufig irrational. Gleichfalls ergeben sich gravierende Probleme für das Argument, dass die Verpflichtung auf moralische Prinzipien konstitutiv für unser Personsein ist. Auch Menschen, die unmoralisch handeln, sind und bleiben handelnde Personen.

Allerdings kann man die Relation zwischen Vernunft und Moral auch in einem schwächeren Sinne sehen. Wir können unser soziales Leben nicht ohne Begründungen und Rechtfertigungen unseres Handelns führen. Und in vielen Fällen sind solche Rechtfertigungen an moralische Erwägungen und Gründe gebunden. Dies bedeutet selbstredend, dass moralisches Argumentieren nicht auf kritische Vernunftreflexion verzichten kann. Den Stellenwert von kritischer Reflexion zu betonen, die auf eine Bestätigung und Untermauerung von Argumenten und Überle-

25 Maßgeblich dafür ist folgende Passage in Kants *Grundlegung zur Metaphysik der Sitten*: „(...) weil moralische Gesetze für jedes vernünftige Wesen überhaupt gelten sollen, sie schon aus dem allgemeinen Begriffe eines vernünftigen Wesens überhaupt abzuleiten" sind. Kant, *Grundlegung zur Metaphysik der Sitten,* BA 35, 36, Suhrkamp Werkausgabe Bd. VII (Kant, *Gesammelte Schriften,* Akademie-Ausgabe Band IV).

26 Exemplarisch für diese Weiterentwicklung der kantischen Ethik ist Christine M. Korsgaard, *The Sources of Normativity,* Cambridge: Cambridge University Press 1996.

gungen hinausläuft, verpflichtet uns aber nicht auf die These, dass praktische Vernunft und Moral identisch sind oder sein müssen.

Manche Philosophinnen und Philosophen vertreten die These, dass Rationalität im besten Fall promoralisch ist. Rationale Überlegungen drängen uns in die Richtung der Moral, sie können aber nicht zwingend die Notwendigkeit und transzendentale Unumgänglichkeit der Moral beweisen.[27] Ein Blick auf Kants philosophisches Programm verdeutlicht die Differenz im jeweiligen philosophischen Anspruch. In der theoretischen Philosophie ging es Kant darum, die Kategorien der Erfahrung[28] als notwendige transzendentale Voraussetzungen der Erkenntnis aufzuweisen. Kants Argumentation beruht auf einem transzendentalen Beweis, den Kant in der theoretischen Philosophie dahingehend definiert, dass die Konklusion eines solchen Beweises ihren „Beweisgrund, nämlich Erfahrung, selbst zuerst möglich macht und bei dieser immer vorausgesetzt werden muß".[29] Ein transzendentales Argument richtet sich also auf den Aufweis solcher unumgänglichen und notwendigen Voraussetzungen. Analog versucht Kant in der praktischen Philosophie eine transzendentale Ableitung des kategorischen Imperativs als des unumgänglichen Prinzips eines freien und vernünftigen Willens.[30] Die neokantischen Versuche, den kategorischen Imperativ als die notwendige konstitutive Bedingung handelnden Personseins zu erweisen, sind im Grunde spezifische moderne Versionen von Kants transzendentalem Beweisversuch.

Kritikerinnen und Kritiker geben zu bedenken, dass transzendentale Argumente und Beweise in ihrem Anspruch nur scheitern können. So sind die Bedingungen der Erfahrung niemals als absolut notwendig, sondern nur als bestenfalls plausibel geltende Annahmen aufweisbar, die

27 Vgl. dazu J. David Velleman, *How We Get Along,* Cambridge: Cambridge University Press 2009.

28 Die kantische Kategorientafel umfasst die Kategorien der Quantität (Einheit, Vielheit, Allheit), der Qualität (Realität, Negation, Limitation), der Relation (Inhärenz und Subsistenz, Ursache und Wirkung, Wechselwirkung zwischen dem Handelnden und Leidenden) und der Modalität (Möglichkeit–Unmöglichkeit, Dasein–Nichtsein, Notwendigkeit–Zufälligkeit). Vgl. Immanuel Kant, *Kritik der reinen Vernunft* 1, Suhrkamp Werkausgabe Bd. III, B106/A 80 (Kant, *Gesammelte Schriften,* Akademie-Ausgabe Band III).

29 Kant, *Kritik der reinen Vernunft* 2, B 766/A 738 (Kant, *Gesammelte Schriften,* Akademie-Ausgabe Band III).

30 Es ist eine bis heute offene Forschungsfrage, wie weit diese Deduktion des kategorischen Imperativs gelingt und ob Kant selbst sein Argument für gültig erachtet hat. Vgl. zu einer genaueren Diskussion den Abschnitt 2.3 in diesem Buch.

grundsätzlich aber durch neue Erkenntnismöglichkeiten revidierbar sind.[31] Analog sprechen sich Philosophinnen und Philosophen dafür aus, moralische Normen und Grundsätze zwar an Begründungen im Sinne reflexiver Bestätigung *(reflective endorsement)* zu binden, aber auf transzendentale Rechtfertigungen im Sinne absoluter Notwendigkeit zu verzichten. Die Gültigkeit bestimmter moralischer Grundsätze ist vielleicht nicht in der Form absoluter Gewissheit beweisbar. Dennoch gewinnen auch die Versuche der reflexiven Bestätigung moralischer Prinzipien, wenn wir zeigen können, dass diese eine wesentliche Voraussetzung sozialer Koordination und Kooperation sind und uns ein Zusammenleben mit uns selbst ermöglichen. Dies bedeutet, auf metaethischer Ebene auf fundamentale Gewissheitsansprüche zu verzichten, aber dennoch starke Gründe für die Moral zu geben. Für die akzeptierende Zustimmung zu moralischen Grundsätzen und Normen spricht nicht zuletzt, dass sie uns eine kohärente Selbstinterpretation ermöglichen und eine notwendige Richtlinie sind, um unser Handeln uns und anderen gegenüber als sinnhaft und verständlich darlegen zu können.

1.6 Die Relationen zwischen normativer Ethik und angewandter Ethik

Was kann die Ethik zum Umgang mit konkreten Problemen des Lebens beitragen? Was genau sagen uns die philosophischen Theorien, wenn es um Fragen der neuen Biotechnologien, der Verteilung medizinischer Güter, der Selbstbestimmung von Patientinnen und Patienten, des Sterbens in Würde, aber auch des Problems globaler Armut und ungleicher Ressourcen, des wirtschaftlichen Verdrängungswettbewerbs, des Klimawandels und der rücksichtslosen Ausbeutung natürlicher Rohstoffe geht? Wie stellt sich die Ethik zu den neuen virtuellen Welten und Kommunikationsformen, die ungeahnte Möglichkeiten der sozialen Kontaktaufnahme ermöglichen, die aber auch vielfach nicht beabsichtigte Verluste an Privatheit und Autonomie mit sich bringen und neue Formen sozialer Kontrolle, Manipulation und Drangsalierung ermöglichen?

Die Probleme der angewandten Ethik sind nicht nur breit gefächert; der Umgang mit ihnen bedarf auch einer subtilen Form der Anwendung

31 So geben Kritikerinnen und Kritiker zu bedenken, dass Kant die Axiome der Newton'schen Physik für absolut wahr gehalten hat. Durch die Quantenphysik ist deren eingeschränkte Gültigkeit aber aufgezeigt.

der philosophisch-ethischen „Supertheorien". Denn durch eine simple Subsumtionslogik lassen sich aus den maßgeblichen Prinzipien der normativ-ethischen Theorien zwar vielleicht einfache Antworten generieren, die aber der Komplexität der Sachlage vielfach nicht angemessen sind.

1.6.1 Ethische Standardtheorien und Prinzipien mittlerer Reichweite

Der methodologische Zugang zu Fragen der angewandten Ethik war geraume Zeit von der Vorstellung geprägt, dass man zur Aufarbeitung der konkreten ethischen Probleme in der Medizin, der Biotechnologie oder der Wirtschaft eine für Einzelfallentscheidungen verbindliche Antwort aus den philosophischen Standardkonzeptionen ableitet.

Dieses Modell hat die Schwierigkeit, dass rivalisierende moralische Theorien existieren, die zu unterschiedlichen Ergebnissen führen. Die Antworten fallen je nach vorausgesetzter Hintergrundkonzeption (kantische Ethik, Utilitarismus, Vertragstheorie oder aristotelische Tugendethik) unterschiedlich aus.[32] Welche dieser Theorien aber vermag Gültigkeit oder vorrangige Verbindlichkeit zu beanspruchen? Finden sich nicht in all diesen Ansätzen bedenkenswerte Standards ethischen Denkens und Überlegens?

Da ein Ende der Kontroversen zwischen den ethischen „Supertheorien" nicht realistisch scheint, bevorzugen viele Philosophinnen und Philosophen ein anderes Paradigma der angewandten Ethik, nämlich die Berufung auf Prinzipien mittlerer Reichweite. Das bekannteste dieser Modelle, nämlich die von T. L. Beauchamp und J. F. Childress entworfene Medizinethik, umfasst vier solcher Prinzipien mittlerer Reichweite: das Prinzip der Autonomie, das Prinzip der Nichtschädigung *(Nonmaleficence)*, das Prinzip der Förderung des Wohlergehens *(Beneficience)* und das Prinzip der Gerechtigkeit.[33] Ungeachtet ihrer grundsätzlichen Bevorzugung unterschiedlicher philosophischer Hintergrundtheorien können sich Theoretikerinnen und Theoretiker doch auf diese rekonstruktiv gewonnenen mittleren Prinzipien einigen, da diese für sich genommen plausible moralische Standards verkörpern. Somit scheint eine Diskus-

32 Ein Beispiel ist die Haltung zur Forschung an embryonalen Stammzellen. Die Antworten, die eine an der Idee allgemeinen Wohlergehens orientierte konsequentialistische Ethik und eine religiöse Ethik geben, divergieren stark.

33 Siehe T. L. Beauchamp und J. F. Childress, *Principles of Biomedical Ethics,* 4. Auflage, Oxford: Oxford University Press 1994.

sion von Anwendungsfragen ohne Verwicklung in unergiebige philosophische Grundsatzdebatten möglich.

Gegen die Fokussierung auf Prinzipien mittlerer Reichweite wird oft vorgebracht, dass diese miteinander konfligieren können und nach Auslegung und Gewichtung verlangen. Diese Interpretation und Gewichtung fallen aber unterschiedlich aus, je nachdem, welcher moralischen „Supertheorie“ man sich verpflichtet fühle. Die Kontroverse auf grundlegender philosophischer Ebene scheint deshalb unvermeidbar.

Dieser Einwand ist allerdings überzogen. Selbstredend können sich in konkreten Problemfällen Spannungen zwischen den Prinzipien mittlerer Reichweite ergeben. Allerdings bestehen genügend Ressourcen im moralischen Denken und Urteilen, um diese Unverträglichkeiten konstruktiv zu bewältigen und zu lösen. Die Prinzipien mittlerer Reichweite entstammen manchmal unterschiedlichen philosophischen Theorien; aber deren Stellenwert und Aussagekraft kann auch unabhängig von der umfassenden Verpflichtung auf eine ethische Theorie beurteilt werden. Wesentlich dafür ist, dass die Prinzipien mittlerer Reichweite und deren Anwendung mit Argumenten gestützt werden, die für sich genommen plausibel erscheinen. Solche *freistehenden* Argumente eröffnen methodisch den Weg, zwischen sehr kontroversiellen Standpunkten zu ethischen Fragen einigermaßen rational zu vermitteln.

1.6.2 Freistehende Argumente

An einem konkreten Beispiel aus der Bioethik, nämlich der Frage des Verbots oder der Zulässigkeit von medizinischer Forschung an embryonalen Stammzellen, lassen sich der Stellenwert und die positive Kraft freistehender Argumente gut darlegen.

In der Frage der Embryonenforschung stehen sich grob gesehen zwei Standpunkte gegenüber: Zum einen ist dies die liberale Haltung, die Forschung an embryonalen Stammzellen in einem begrenzten Zeitraum (meist bis zum 14. Tag nach der Befruchtung) für zulässig hält. Zum anderen votieren sehr viele für ein striktes Verbot einer solchen Forschung. Insbesondere das Klonen embryonaler Stammzellen stößt auf Widerstand.

Die liberale Haltung wird meist mit dem Argument gestützt, dass es keinen Sinn mache, Embryonen in einem sehr frühen Stadium der Zellentwicklung moralische oder juridische Rechte zuzusprechen. Aus dem bedeutsamen moralischen Prinzip, dass Schaden für Menschen zu vermeiden und ihr Wohlergehen zu befördern ist, ergebe sich hingegen ein gewichtiges Argument für die Zulässigkeit von Embryonenforschung, sofern sich diese auf medizinisch-therapeutisch sinnvolle Forschungsprojekte beschränke.

Die ablehnende Haltung wird meist damit begründet, dass Embryonen menschliche Wesen sind und ihnen alle Rechte eines menschlichen Wesens zukommen. Sie haben ein Recht auf Leben und dürfen nicht für Forschungszwecke verwendet werden. Zusätzlich zu diesem moralischen Argument im engeren Sinn, das vor allem den ethischen Status von Embryonen berührt, wird dann oft noch eine Reihe sekundärer Erwägungen zur Untermauerung des Verbots der Embryonenforschung ins Treffen geführt – so etwa der Hinweis auf mögliche problematische Veränderungen im Selbstverständnis der Medizin oder der Hinweis auf die mit der Biotechnologie verknüpften ökonomischen Interessen oder das Dammbruchargument der unübersehbaren Konsequenzen. Eine Gesellschaft dürfe die „Heiligkeit des Lebens" keinesfalls relativieren.

In welcher Form können freistehende Argumente diese Kontroverse lösen? Als *freistehend* können jene Argumente gelten, deren Gültigkeit nicht von der Festschreibung auf eine bestimmte philosophische oder religiöse Lehre oder Theorie abhängt, sondern von einem allgemeinen Standpunkt der vernünftigen Reflexion einsehbar ist. Ein solches freistehendes Argument ist, dass embryonale Stammzellen in der Zeitspanne von 14 Tagen nach der Befruchtung sicher nicht schmerzempfindlich sind. Damit entfällt ein gravierender Grund, solche Forschung zu verbieten. Denn Schmerz ist ein Zustand, der von unterschiedlichen ethischen Perspektiven her als moralisch relevant und schlecht beurteilt wird.

Ein anderes freistehendes Argument bringt die Forderung der Konsistenz ins Spiel. In einigen Ländern ist die embryonale Stammzellforschung verboten, jedoch die In-vitro-Fertilisation erlaubt.[34] Die Methode der In-vitro-Fertilisation hat überzählige Embryonen zur Folge. Zudem wird bei der geringen Erfolgsquote bewusst in Kauf genommen, dass Embryonen künstlich gezeugt werden, die keine realistische Chance zur fötalen Weiterentwicklung haben.

Eine Gesetzgebung, die In-vitro-Fertilisation erlaubt, aber die Forschung an embryonalen Stammzellen in einem Frühstadium der Zell-

34 Bei der In-vitro-Fertilisation werden Ei- und Samenzelle außerhalb des weiblichen Körpers künstlich zur Verschmelzung gebracht. Die so entstandenen Embryonen werden dann in die Gebärmutter eingepflanzt. Die Erfolgsquote dieser Therapie liegt bei ca. 20 %. Um die Chancen zu erhöhen, werden häufig überzählige Embryonen erzeugt.

entwicklung untersagt, ist nach Meinung vieler Ethikerinnen und Ethiker widersprüchlich. Für die Zulässigkeit oder Unzulässigkeit von Embryonenforschung und In-vitro-Fertilisation ist die moralische Primärfrage entscheidend, welchen moralischen Status Embryonen in einem Frühstadium haben. Und manche Gesetzgebungen beantworten diese Frage in der Weise einer klassischen Kontradiktion von p und non-p: Die Unzulässigkeit der Embryonenforschung wird damit begründet, dass Embryonen vom Zeitpunkt der Befruchtung an absoluten Lebensschutz genießen. Die Zulässigkeit der In-vitro-Fertilisation setzt aber genau voraus, dass Embryonen keinen absoluten Lebensschutz genießen. Zudem wird mit dem Hinweis auf den Beitrag der In-vitro-Fertilisation zum allgemeinen Wohlergehen (Erfüllung eines Kinderwunsches) ein Argument ins Spiel gebracht, das man analog im Fall der Embryonenforschung, die ja neue Krankheitstherapien entwickeln will, offenbar nicht gelten lassen will.

Die oft für ein absolutes Verbot der embryonalen Stammzellforschung angeführte These von der absoluten „Heiligkeit des Lebens", die einen Lebensschutz des Embryos vom Zeitpunkt der Empfängnis an verlangt, ist sicher kein freistehendes Argument, sondern letztlich nur aus der Perspektive einer ganz bestimmten philosophischen Lehre oder eines religiösen Standpunkts aus einsichtig. Die Gültigkeit des Arguments von der fehlenden Schmerzempfindlichkeit im Frühstadium embryonaler Entwicklung ist hingegen unabhängig von der Akzeptanz einer religiösen oder besonderen philosophischen Lehre einsehbar. Die Gültigkeit des Arguments lässt sich unabhängig von einer bestimmten Religion nachweisen, und Menschen, die im Bereich ihrer privaten Überzeugungen unterschiedliche religiöse Standpunkte einnehmen, können dieses Argument anerkennen.[35]

1.7 Wertepluralismus und öffentlicher Vernunftgebrauch

Eine für die angewandte Ethik, insbesondere für die Bioethik, dringliche Frage ist, wie wir mit dem Faktum des Pluralismus umgehen sollen, also mit der Tatsache, dass wir in wertepluralistischen Gesellschaften leben und die Gesellschaftsmitglieder sich divergierenden philosophischen

35 Für eine andere Sicht und Kritik vgl. Gerhard Luf, Ethischer Pluralismus und staatliche Neutralität, in: Luf, *Freiheit als Rechtsprinzip*. Rechtsphilosophische Aufsätze, hg. von Elisabeth Holzleithner und Alexander Somek, Wien: facultas wuv 2008, 321–337.

und religiösen Lehren verpflichtet fühlen. Der Wertepluralismus ist keine zufällige Nebenerscheinung liberal-demokratischer Gesellschaften, sondern ein konstitutives Prinzip der Demokratie: Religions-, Gedanken-, Gewissens- und Meinungsfreiheit sind verfassungsrechtlich verbürgte Grundrechte der Gesellschaftsmitglieder. Dies verbietet, dass bestimmte Wertsysteme im Furor fundamentalistischer Wahrheitsgläubigkeit andere Werthaltungen unterdrücken. Damit wird die Suche nach Prinzipien wichtig, die aus der Perspektive unterschiedlicher Weltanschauungen zustimmungsfähig sind, wenngleich die Rechtfertigungen für den Konsens in unterschiedlichem Vokabular – teils religiösem, teils nichtreligiösem – formuliert sind. Nicht immer ist der anspruchsvolle Parameter der Konsensfähigkeit erfüllbar, doch ein bestimmter gesetzlicher Vorschlag zur Regelung ethischer Fragen sollte von einer überwiegenden Mehrheit der Bürgerinnen und Bürger getragen sein. Die Ablehnung durch eine Minderheit darf nicht so weit gehen, dass die Grundlagen des kooperativen Zusammenlebens überhaupt in Frage stehen.

Wie kein anderer Philosoph hat John Rawls die philosophische Herausforderung durch die aus demokratischer Perspektive notwendige liberale Toleranz gegenüber unterschiedlichen Konzeptionen des Guten ernst genommen und Vorschläge unterbreitet, was eine Gesellschaft zu tun hat, wenn sie dem Wertepluralismus Rechnung tragen und dennoch politische Lösungen von Grundsatzfragen entwickeln will.[36] Rawls' Idee des öffentlichen Vernunftgebrauchs gibt wertvolle Aufschlüsse darüber, wie sich eine demokratische Gesellschaft mit bioethischen Fragen auseinandersetzen sollte.

Wie genau definiert Rawls den Begriff des öffentlichen Vernunftgebrauchs? Das Ideal des öffentlichen Vernunftgebrauchs besagt, dass

36 Rawls hat sich allerdings nur zweimal zu Fragen der Bioethik geäußert, und zwar in einer Fußnote zur Frage des Schwangerschaftsabbruchs in seinem Buch *Politischer Liberalismus* und durch seine Unterzeichnung des *Philosopher's Brief*, einer *amicus curiae*-Eingabe führender Moralphilosophen an den Obersten Gerichtshof der USA, ein verfassungsmäßig garantiertes Recht auf Beihilfe zur Selbsttötung anzuerkennen. Siehe John Rawls, *Politischer Liberalismus,* 349, FN 32. Zu beachten ist, dass sich der Begriff „politischer Liberalismus" auf eine bestimmte Konzeption der Demokratietheorie bezieht und somit von dem Verständnis von Liberalismus als einer speziellen parteipolitischen Bewegung unabhängig ist. Zum *Philosopher's Brief* siehe Ronald Dworkin et al., Assisted Suicide: The Philosopher's Brief, in: *New York Review of Books* 27. 3. 1997.
Zu einer genaueren Diskussion von Rawls' Konzeption des Vernunftgebrauchs siehe Herlinde Pauer-Studer, Medizinethik und öffentliche Vernunft, in: Klaus Peter Rippe (Hg): *Angewandte Ethik in der pluralistischen Gesellschaft,* Freiburg/ Schweiz: Universitätsverlag 1999, 371–384.

grundlegende Verfassungs- und Gerechtigkeitsfragen auf der Basis jener grundlegenden Werte – vorrangig Freiheit und Gleichheit – entschieden werden sollen, die einer liberalen Theorie der Gerechtigkeit entsprechen. Der öffentliche Vernunftgebrauch schließt also die Entwicklung von Verfahren und Kriterien zur allgemein akzeptablen Anwendung von Prinzipien der Gerechtigkeit ein, die den mit ihnen verknüpften politischen Werten von Freiheit, Gleichheit, Chancengleichheit und Gemeinwohl entsprechen.

Um dem Ideal des öffentlichen Vernunftgebrauchs zu entsprechen, sind die darauf verpflichteten Gesellschaftsmitglieder angehalten, sich *nur* auf die Werte politischer Gerechtigkeit zu berufen und nicht auf umfassende persönliche Lehren philosophischer oder religiöser Art, die beanspruchen, alle Lebensbereiche normativ zu strukturieren. Denn durch diesen umfassenden Anspruch würden zwischen den unterschiedlichen philosophischen und religiösen Lehren unvermeidlich unversöhnliche Gegensätze auftreten. Die mit dem öffentlichen Vernunftgebrauch assoziierte Berufung auf politische Werte beansprucht dagegen *keine* umfassende Regelung aller Lebensbereiche; vielmehr nimmt sie nur auf jene politischen Werte Bezug, die allgemein einsichtig sind, so dass sich unterschiedliche umfassende Lehren darauf einigen können, und zwar nicht aus bloß strategischen Gründen, die auf einen *Modus Vivendi* gerichtet sind, sondern aus Gründen allgemeiner Einsichtigkeit. In einem übergreifenden Konsens zwischen verschiedenen umfassenden vernünftigen Lehren finden die mit der politischen Gerechtigkeitskonzeption verknüpften Werte Anerkennung. Jene Lehren, die nicht die basalen Grundwerte anerkennen, zählt Rawls nicht zu den vernünftigen umfassenden Konzeptionen.

Dieser öffentliche Vernunftgebrauch betrifft erstens Inhaber öffentlicher Ämter, Abgeordnete und Regierungsmitglieder und ihre öffentlichen und parlamentarischen Stellungnahmen, zweitens die Mitglieder politischer Parteien und Kandidatinnen und Kandidaten für politische Ämter und ihre öffentlichen Äußerungen und drittens Richterinnen und Richter, sofern sie mit Fragen der Verfassungskonformität von Gesetzen und politischen Maßnahmen beschäftigt sind.[37]

Rawls' Konzeption öffentlicher Vernunft ist damit enger als jene Sicht öffentlicher Vernunft, dergemäß alles, was im öffentlichen, also im nichtprivaten Bereich, geäußert und debattiert wird, bereits zur öffentlichen Vernunft zählt. Paradigmatisch vertreten findet sich dieses andere Ver-

37 John Rawls, *Politischer Liberalismus,* 316–320.

ständnis öffentlicher Vernunft in den Arbeiten von Jürgen Habermas.[38] Öffentliche Vernunft ist bei Habermas mit der Idee verknüpft, dass alle Teilnehmerinnen und Teilnehmer praktischer Diskurse ihre normativen Geltungsansprüche einbringen können, über deren Gültigkeit dann unter Bezug auf das Kriterium möglicher Konsensfindung in einer nach den Prinzipien der Unparteilichkeit und Fairness geführten Debatte entschieden wird. Rawls zieht die Trennlinien anders als Habermas. Während Habermas' Vorstellung öffentlicher Vernunft die Grenzziehung „öffentlich versus privat" unterliegt, basiert Rawls' Konzeption auf dem Gegensatz „öffentlich versus nichtöffentlich".[39] Eine private Vernunft, so betont Rawls, gibt es nicht, sehr wohl aber einen nichtöffentlichen Gebrauch der Vernunft, und diesen sieht er in der sogenannten Hintergrundkultur gegeben, in den Beratungen von Vereinigungen wie Kirchen, Universitäten, wissenschaftlichen Gesellschaften, verschiedenen Berufsgruppen.[40]

Auf den ersten Blick scheint Habermas' Modell des öffentlichen Vernunftgebrauchs attraktiver. Warum sollten nicht, inspiriert vom Ideal vernünftiger Konfliktaustragung, alle Debatten im nichtprivaten Bereich dem Kriterium der Konsensfindung unter bestimmten Argumentationsauflagen unterliegen? Doch anders als Rawls trägt Habermas' Konzeption nicht dem Paradoxon liberaler Demokratien Rechnung, nämlich dem Problem, Einigkeit in einer Gesellschaft zu erzielen, für die gerade Uneinigkeit konstitutiv ist. Habermas nimmt die Barrieren nicht genügend ernst, die dem Erreichen eines Konsenses entgegenstehen. Denn Habermas' praktische Diskurse kennen keinerlei Beschränkung, was die Berufung auf umfassende Lehren angeht. Einigung und Konsens sind aber erheblich erschwert, wenn in Diskursen mit umfassenden philosophischen oder religiösen Lehren verknüpfte Argumente uneingeschränkt erlaubt sind. Konsens über umfassende Lehren ist nicht möglich, möglich ist aber der Konsens über etwas, auf das man sich ungeachtet divergierender umfassender Lehren einigen kann. Übergreifend akzeptieren – dies ist der Kern von Rawls' Idee – kann man jene politischen Werte, die Teil der mit einer demokratischen Grundordnung verknüpften politi-

38 Jürgen Habermas, *Faktizität und Geltung,* Frankfurt am Main: Suhrkamp 1992, Kap. III; Jürgen Habermas, Versöhnung durch öffentlichen Vernunftgebrauch, in: Philosophische Gesellschaft Bad Homburg und Wilfried Hinsch, *Zur Idee des politischen Liberalismus.* John Rawls in der Diskussion, Frankfurt am Main: Suhrkamp 1997, 169–195.

39 John Rawls, *Politischer Liberalismus,* 321, FN 7.

40 Ebda., 321–324.

schen Gerechtigkeitsvorstellung sind, also vorrangig die Werte von Freiheit und Gleichheit.

Offensichtlich ist das Ideal des öffentlichen Vernunftgebrauchs relevant für die Bioethik. Was genau folgt für den öffentlichen Umgang mit bioethischen Fragestellungen? Was folgt für die Arbeit in Ethikkommissionen und Gremien, die Empfehlungen zur gesetzlichen Regelung oder entsprechende Gesetzesvorschläge ausarbeiten?

Eine Konsequenz ist zweifellos, dass die Mitglieder von Ethikkommissionen auf den Anspruch verzichten müssen, zum Finden der philosophisch oder theologisch „einzig wahren" Theorie beizutragen. Weder geht es in Ethikkommissionen um Wahrheitssuche, noch sind deren Mitglieder angehalten, andere Kommissionsmitglieder von der Gültigkeit einer bestimmten umfassenden philosophischen Theorie oder einer religiösen Position zu überzeugen. Vielmehr geht es um die Ausarbeitung von Regelungen, die mit grundlegenden Werten im Einklang stehen. Die Begründung von Vorschlägen zur gesetzlichen Regelung bestimmter Problemfelder muss mit Argumenten geschehen, die nicht nur im Lichte einer spezifischen umfassenden Moraltheorie oder einer bestimmten Religionslehre gültig sind, sondern unabhängig von solchen Konzeptionen als gültig anerkannt und eingesehen werden können. Allerdings müssen sich Ethikkommissionen auf ethische Grundsatzüberlegungen einlassen und dürfen sich nicht einfach mit strategisch-politischen Kompromissen begnügen.

Nicht alle Ethikkommissionen sind mit der Ausarbeitung von gesetzlichen Maßnahmen beschäftigt, die den Charakter politischer Empfehlungen haben. Manche krankenhausinternen Kommissionen suchen nur nach spezifischen Regelungen für ein bestimmtes Krankenhaus und treffen in ethisch problematischen Fällen eine krankenhausinterne Entscheidung. Diese Kommissionen nehmen erfahrungsgemäß stärker Bezug auf umfassende Lehren. Die Kommissionen von Ordenskrankenhäusern stützen sich zwangsläufig auch auf Argumente, die Teil einer umfassenden religiösen Lehre sind, denn die religiöse Orientierung ist ja Teil des Selbstverständnisses von Ordenskrankenhäusern. Sofern es also um spezifische krankenhausinterne Regelungen geht, ist dies durchaus zulässig. Doch dürfen diese Kommissionen selbstredend nicht Regelungen erlassen oder Entscheidungen treffen, die sich nicht im allgemeinen gesetzlichen Rahmen bewegen oder etwa verfassungsrechtlich garantierten Rechten widersprechen.

Die Diskurse im Bereich der angewandten Ethik sind mittlerweile nicht nur sehr komplex, sondern haben sich zu eigenständigen Bereichsethiken herausgebildet.[41] Für die ethische Analyse in den verschiedenen Bereichen von Natur, Gesellschaft, Recht und Ökonomie ist es unumgänglich, genau die Binnenstrukturen dieser Sphären zu berücksichtigen. Es bedarf spezifischer Anpassungsleistungen, um die vielfach sehr allgemeinen Standards der philosophischen Ethik für diese völlig unterschiedlichen Materien konstruktiv einzubringen.

Eine Kenntnis der unterschiedlichen philosophischen Theorien, wie sie das vorliegende Buch zu vermitteln versucht, ist aber dafür die unerlässliche Basis.

41 Für eine Überblicksdarstellung siehe Julian Nida-Rümelin (Hg.), *Angewandte Ethik.* Die Bereichsethiken und ihre theoretische Fundierung, 2., aktualisierte Auflage, Stuttgart: Alfred Kröner Verlag 2005.

2. Kantische Ethik

Kants Anliegen ist es, die Ethik vom Verdacht der bloßen philosophischen Spekulation freizuhalten und die Gebote und Forderungen der Moral als objektiv gültig aufzuweisen. Die Moral ruht nach Kant nur dann auf einer sicheren Grundlage, wenn sie nicht an empirische Momente und Zufälligkeiten geknüpft ist. Moralische Normen sind demnach nicht mit dem Argument zu begründen, dass ihre Anerkennung dem Erreichen eines bestimmten Zieles, etwa eines Zustands des allgemeinen Wohlergehens, dienlich ist. Kants Skepsis gegenüber einem zielgerichteten teleologischen Moralverständnis hängt damit zusammen, dass er die Normen der Moral als strikt verpflichtend betrachtet. Kant vertritt eine deontologische Moralauffassung. Das bedeutet, dass sich die Verpflichtung zu einem bestimmten Tun aus der Einsicht in die Korrektheit des Prinzips ergibt, das der Handlung zugrunde liegt.

Die Moral erfährt nach Kant eine verhängnisvolle Relativierung, wenn wir die moralische Verbindlichkeit von Handlungsweisen daran festmachen, ob und wie weit sie zur Realisierung eines bestimmten wünschenswerten Zustandes beitragen. Die moralischen Gebote gelten dann nur bedingt; ihre Gültigkeit bleibt abhängig von dem kontingenten Faktum des Beförderns und Realisierens einer Zielvorstellung. Für Kant sollte demgegenüber die Gültigkeit des moralischen Gesetzes für sich genommen einsichtig sein. So liegt, wie er schreibt, „der moralische Wert der Handlung nicht in der Wirkung, die daraus erwartet wird, also auch nicht in irgend einem Prinzip der Handlung, welches seinen Bewegungsgrund von dieser erwarteten Wirkung zu entlehnen bedarf“.[1]

1 Immanuel Kant, *Grundlegung zur Metaphysik der Sitten,* Werkausgabe Bd. VII, herausgegeben von Wilhelm Weischedel, Frankfurt am Main: Suhrkamp 1974, 27, BA 15, 16 (Kant, *Gesammelte Schriften,* Akademie-Ausgabe Band IV).

Dieser Sachverhalt findet auch Ausdruck in Kants bekannter Unterscheidung zwischen *hypothetischen* und *kategorischen* Imperativen. Ein hypothetischer Imperativ – sprachlich von der Form: „Wenn du X willst, dann tu Y" – ist eine Handlungsanleitung, um ein gewünschtes Ziel zu erreichen. Ein kategorischer Imperativ – sprachliche Form: „Tu X" oder „Du sollst X tun" – wird demgegenüber *um seiner selbst willen* akzeptiert. Moralische Gebote sind für Kant kategorische Imperative, sie gelten unbedingt und ausnahmslos. Wir dürfen nach Kant die Moral nicht auf hypothetische Zweck-Mittel-Überlegungen reduzieren.

Die moralische Richtigkeit unseres Tuns und Lassens bestimmt sich also nach Kant aus der Art der Handlungen selbst und nicht aus dem Stellenwert eines bestimmten Zieles, das mit dieser Handlung erreicht werden soll. Anders gesagt: Eine Handlung gilt nur dann als moralisch richtig, wenn sie auf der Basis eines Prinzips geschieht, das die im obersten Grundsatz der Moral enthaltenen Bedingungen erfüllt. Für Kant bestimmt sich der moralische Wert von Handlungen aus der Form und Beschaffenheit der subjektiven Prinzipien, welche die handelnde Person in ihrem Tun leiten. Die Frage ist, ob diese subjektiven Handlungsprinzipien den Bedingungen eines Handelns aus gutem Willen entsprechen oder nicht.[2]

2.1 Der gute Wille als Bedingung moralischen Handelns

„Es ist überall nichts in der Welt, ja überhaupt auch außer derselben zu denken möglich, was ohne Einschränkung für gut könnte gehalten werden, als allein ein guter Wille."[3] Dieser Satz, mit dem Kant den ersten Abschnitt der *Grundlegung zur Metaphysik der Sitten* einleitet, gibt Aufschluss über die Struktur der kantischen Ethik. Ein guter Wille ist für sich genommen moralisch wertvoll. Das Wollen an sich hat, unabhängig von den Konsequenzen, unter bestimmten Umständen „seinen vollen Wert in sich selbst".[4] Doch was sind diese Bedingungen idealen Wollens? Erleichtert es eine solche Ethik nicht, mit der bequemen Berufung auf die guten Absichten jede Verantwortung für die Konsequenzen zu leugnen?

2 Die subjektiven Prinzipien des Handelns bezeichnet Kant als *Maximen.* Maximen sind jene Grundsätze des Handelns, die Individuen leiten, die aber erst auf ihre moralische Vertretbarkeit hin geprüft werden müssen.

3 Kant, *Grundlegung zur Metaphysik der Sitten,* 18, BA 1, 2.

4 Ebd., 19, BA 3, 4.

Um vorschnelle Einwände zu vermeiden, ist es wichtig, Kants Überlegungen zu verstehen. Seine Ausführungen im ersten und zweiten Abschnitt der *Grundlegung* sind als eine Erläuterung der Bedingungen eines guten Willens zu lesen. In einem ersten Schritt stellt Kant fest, dass sich ein guter Wille in einem Handeln aus Pflicht ausdrückt. Im Gegensatz zu einem pflichtgemäßen Handeln, das extern betrachtet moralkonform ist, doch aus eigensüchtigen Motiven geschieht, liegt einem Handeln aus Pflicht eine Maxime zugrunde, die sich frei von selbstsüchtigen Absichten aus der Achtung für das „moralische Gesetz" ergibt.

Der gute Wille ist also ein an das moralische Gesetz gebundenes Wollen. Um Kants Explikation des moralischen Gesetzes zu begreifen, ist die schon erwähnte Abgrenzung von allen hypothetischen Moralrechtfertigungen zu bedenken. Wenn der moralische Wert von Handlungen und den dahinterstehenden Prinzipien nicht von den beabsichtigten Wirkungen abhängt, dann folgen daraus zwei Dinge: Erstens, dass der moralische Wert eines Handelns von der Maxime abhängt, die einem Tun zugrunde liegt, und weiters, dass das Wollen, welches sich in der Maxime ausdrückt, keinen materialen, sondern nur einen formalen Bestimmungsgrund darstellen darf.

Diese für den Zuschnitt der kantischen Ethik entscheidende Überlegung kann man sich so verdeutlichen: Wenn man die Moral aus sich selbst begründen will, dann darf das oberste Prinzip der Moral keinen materialen, sondern nur einen formalen Grundsatz darstellen. Denn bei einer inhaltlichen Formulierung des moralischen Gesetzes ergibt sich wiederum das Problem, dass die Moral von externen Zielen abhängig wird. Eben dies will Kant vermeiden: Moral ist für ihn nicht *heteronom*, sondern *autonom*; die Gültigkeit des moralischen Gesetzes sollte für sich genommen einsichtig sein.

2.2 Die Formulierungen des kategorischen Imperativs

Kants Analyse der Voraussetzungen für das Vorliegen eines guten Willens führt zu der Folgerung, dass das moralische Gesetz formal zu sein hat. Ein guter Wille kann nicht den beliebigen Neigungen und Wünschen eines Subjekts nachgeben. Der gute Wille muss sich also selbst ein Gesetz geben. Da aber dieses Gesetz nicht fremdbestimmt, somit nicht material sein darf, ist nur notwendig, dass es das formale Merkmal eines Gesetzes, nämlich die universelle Form erfüllt.

Kants erste Formulierung des kategorischen Imperativs entspricht nun genau dieser Bedingung, da er, wie das folgende Zitat verdeutlicht, den kategorischen Imperativ über die formale Eigenschaft seines Gesetzescharakters definiert: „Was kann das aber wohl für ein Gesetz sein, dessen Vorstellung, auch ohne auf die daraus erwartete Wirkung Rücksicht zu nehmen, den Willen bestimmen muß, damit dieser schlechterdings und ohne Einschränkung gut heißen könne? Da ich den Willen aller Antriebe beraubet habe, die ihm aus der Befolgung irgend eines Gesetzes entspringen könnten, so bleibt nichts als die allgemeine Gesetzmäßigkeit der Handlungen überhaupt übrig, welche allein dem Willen zum Prinzip dienen soll, d.i. ich soll niemals anders verfahren, als so, daß ich auch wollen könne, meine Maxime solle ein allgemeines Gesetz werden.“[5]

Über diese Argumentationsschritte gelangen wir zur ersten Formulierung des kategorischen Imperativs, der Gesetzesformel. Kant gibt aber noch andere Formulierungen des kategorischen Imperativs, die er als gleichwertig mit der Formel des allgemeinen Gesetzes betrachtet. Die verschiedenen Fassungen des kategorischen Imperativs lassen sich in drei Hauptformeln und zwei Unterformeln einteilen:

Formel I, *Formel des allgemeinen Gesetzes:*
„(H)andle nur nach derjenigen Maxime, durch die du zugleich wollen kannst, daß sie ein allgemeines Gesetz werde.“[6]

Formel Ia, *Formel des Naturgesetzes:*
„Handle so, als ob die Maxime deiner Handlung durch deinen Willen zum allgemeinen Naturgesetz werden sollte.“[7]

Formel II, *Formel des Zwecks-an-sich-selbst:*
„Handle so, daß du die Menschheit, sowohl in deiner Person, als in der Person eines jeden andern, jederzeit zugleich als Zweck, niemals bloß als Mittel brauchest.“[8]

Formel III, *Formel der Autonomie:*
„Handle so, daß der (dein) Wille durch seine Maxime sich selbst zugleich als allgemein gesetzgebend betrachten könne.“[9]

5 Kant, *Grundlegung zur Metaphysik der Sitten,* 28, BA 17.
6 Ebd., 51, BA 52.
7 Ebd.
8 Ebd., 61, BA 67.
9 Ebd., 67, BA 76, 77.

Formel IIIa, *Formel des Reichs der Zwecke:*
„Handle so, als ob du durch deine Maxime jederzeit ein gesetzgebendes Glied im allgemeinen Reich der Zwecke wärest." [10]

Die Gründe für den Wortlaut der ersten Formel des kategorischen Imperativs haben wir bereits dargelegt. Die Unterformel dazu, die eine Maxime nur dann für moralisch untadelig erklärt, wenn man diese als allgemeines Naturgesetz betrachten könne, wirkt zunächst irritierend, da der Zusammenhang zwischen Naturgesetz und normativer Sphäre etwas rätselhaft ist. Kant versteht aber unter einem „allgemeinen Naturgesetz" die für die menschliche Natur objektiv gültigen und notwendigen Zwecksetzungen. Die menschliche Natur wird hier teleologisch als System von Zwecken gedacht, wobei ein Zweck als objektiver Grund des Willens definiert ist. Die Frage, ob sich eine Maxime als Naturgesetz verstehen lässt, bedeutet also zu überlegen, ob wir dieses Handlungsprinzip als allgemeines Gesetz der menschlichen Natur und als für alle Menschen verbindlich erachten können.

Auch der Gehalt der zweiten Formel, der Bedingung des Zwecks-an-sich-selbst, erschließt sich über einen Blick auf Kants theoretische Voraussetzungen. Für Kant beruht die Moralphilosophie nicht auf empirischen Gesetzmäßigkeiten, sondern auf objektiven Vernunftprinzipien. Entsprechend trennt Kant subjektive von objektiven Zwecken. Subjektive Zwecke resultieren aus den besonderen Begehren und Wünschen eines Subjekts. Es handelt sich um relative Zwecke, deren Rechtfertigung über hypothetische Imperative erfolgt. Im Gegensatz dazu gibt es nach Kant einen objektiven Zweck, nämlich den Menschen als einen vernünftigen Willen. Der Mensch als vernünftiger Wille existiert als Zweck an sich selbst und hat absoluten Wert. Diese Idee kann nach Kant deshalb zu einem allgemeinen Gesetz werden, weil sie einen Vernunftgrund und mithin ein objektives Prinzip darstellt. Objektiv ist dieses Prinzip deshalb, weil sich nicht nur eine einzelne Person, sondern alle vernünftigen Personen als Zwecke an sich begreifen. Als Vernunftwesen verstehen sie sich als Wesen, deren Wert nicht von den subjektiven Präferenzen und Beliebigkeiten der anderen abhängt.[11]

Menschen dürfen niemals bloß als Mittel, sondern müssen als Zwecke behandelt werden. Was genau versteht Kant darunter? In negativer Hinsicht besagt dieses Prinzip, dass Menschen nicht instrumentalisiert werden dürfen. Diese Bedingung erläutert Kant über die Einwilligungsfähigkeit

10 Ebd., 72, BA 84.
11 Siehe ebd., 59–61, BA 64–67.

der betroffenen Person. Instrumentalisierung ist dann gegeben, wenn die wahren Absichten der handelnden Person für die betroffene Person nicht erkennbar sind und die betroffene Person, sollte sie voll informiert sein, der Art ihrer Behandlung nicht zustimmen würde. So kann die einem lügenhaften Versprechen zugrunde liegende Maxime nicht der anderen Person offengelegt werden. Denn kein vernünftiges Wesen kann in die mit einer Lüge verknüpfte Täuschung durch andere einwilligen. Dieses Kriterium rationaler Zustimmungsfähigkeit ist auch im Kontext aktueller ethischer Probleme relevant.

Der positive Aspekt des Prinzips, andere als Zweck an sich zu behandeln, liegt darin, den inneren Wert und die Würde anderer Personen anzuerkennen. Dies bedeutet, nach Maximen zu handeln, deren Zwecke andere teilen können, und vor allem: nach Maximen zu handeln, die auch den Bestrebungen der anderen Person und ihrer „Glückseligkeit" förderlich sind.[12]

Den kategorischen Imperativ in diesen beiden ersten Formulierungen versteht Kant als Kriterium, um die moralische Qualität unserer Maximen zu prüfen. Er legt auch an vier Beispielen dar, wie er sich den Test mithilfe dieser beiden Versionen des kategorischen Imperativs vorstellt. Ein bekanntes Beispiel ist das des lügenhaften Versprechens, geborgtes Geld zurückzuzahlen. Aus der Perspektive der allgemeinen Gesetzesformel lautet die maßgebliche Frage: Kann ich die Maxime, geliehenes Geld nicht zurückzugeben, als universelles Gesetz wollen? Die Verallgemeinerung einer solchen Maxime ist nach Kant denkunmöglich, da man im Falle einer allgemeinen Praxis über alle Formen von Versprechen, also über jede „solche Äußerung, als eitles Vorgeben, lachen würde".[13] Wenn die Verallgemeinerung einer Maxime zu einem Widerspruch im Denken führt, entspricht es nach Kant einer strikten oder vollkommenen Pflicht, das Handeln nach einer solchen Maxime zu unterlassen.

Kant diskutiert aber auch den Fall, wo die Verallgemeinerung einer Maxime zwar denkmöglich ist, aber vernünftigerweise nicht gewollt werden kann. Die Maxime, dass wir uns nur um unser eigenes Wohlergehen, nicht aber um jenes der anderen kümmern, ist nach Kant durchaus denkmöglich. Doch wir würden unserem eigenen Willen widerstreiten, wenn wir dieses Prinzip als allgemeines Gesetz wollten, da wir ja gleichzeitig auch wollen, dass uns in Notsituationen geholfen wird.[14] Ein solcher Widerspruch im Wollen führt nach Kant zu weiten

12 Kant, *Grundlegung zur Metaphysik der Sitten,* 63, BA 70.

13 Ebd., 53, BA 55.

14 Ebd., 54, BA 56, 57.

oder unvollkommenen Pflichten. In diesem Fall bedingt der durch die Verallgemeinerung erzeugte Widerspruch im Wollen, dass die Maxime, sich nur um das eigene Wohlergehen zu kümmern, unzulässig ist, dass es eine weite oder verdienstliche Pflicht ist, sich um das Wohlergehen anderer zu kümmern. Dieses Moment der weiten Pflicht besagt, dass es den Individuen überlassen bleibt, im jeweiligen Situationskontext genau zu interpretieren, was und wie viel diese Pflicht an Zuwendung für andere verlangt.

Bei der Erläuterung, wie er sich die Anwendung der Gesetzesformel des kategorischen Imperativs vorstellt und welche Pflichten der Kategorische-Imperativ-Test generiert, bringt Kant eine vierfache Unterscheidung von Pflichten ins Spiel, nämlich Pflichten gegen sich selbst und Pflichten gegen andere, vollkommene und unvollkommene Pflichten. Die vier Beispiele, die er als Anwendungsfälle diskutiert, entsprechen diesen Kategorien. Die Pflicht, sich eines lügenhaften Versprechens zu enthalten, ist eine vollkommene Pflicht gegen andere. Das Verbot der Selbsttötung entspricht einer vollkommenen Pflicht gegen sich selbst. Die Wohltätigkeit gegen andere ist eine unvollkommene Pflicht gegenüber anderen, und das Gebot, die eigenen Talente zu entwickeln, stellt eine unvollkommene Pflicht gegen sich selbst dar.[15] Vollkommene Pflichten, bestimmte Handlungsweisen zu unterlassen, ergeben sich, wie erwähnt, wenn die Verallgemeinerung einer Maxime denkunmöglich ist. Eine bestimmte Handlungsweise ist dann eine unvollkommene Pflicht, wenn die Maxime, diese Handlungsweise zu unterlassen – also seine Talente nicht zu fördern, sich um das Wohlergehen anderer nicht zu kümmern – zwar denkmöglich ist, aber nicht widerspruchsfrei gewollt werden kann.

Das Verfahren nach dem kategorischen Imperativ führt zu einem Widerspruch. Dies ist aber kein strikt logischer Widerspruch der Art, dass p und non-p gleichzeitig als wahr behauptet werden, sondern eine Art praktischer Widerspruch. Dieser praktische Widerspruch ergibt sich, wenn man die allgemeine Verbindlichkeit einer Norm behauptet und gleichzeitig für sich selbst eine interessenmotivierte und nicht weiter begründete Ausnahme von dieser Normgeltung einfordert.

Kant erläutert auch die Zweck-an-sich-Formel des kategorischen Imperativs anhand der erwähnten vier Beispiele. Maßgeblich ist dabei immer die Frage, ob eine bestimmte Maxime des Handelns nicht der Be-

15 Die Diskussion dieser Beispiele findet sich in der *Grundlegung zur Metaphysik der Sitten,* 52–54, BA 53–57 (die Anwendung des kategorischen Imperativs in der ersten Formel) und 61–63, BA 67–70 mit Bezug auf die zweite Formel.

handlung anderer als „Zwecke an sich selbst" widerspricht. Nach Kant steht die Selbsttötung nicht im Einklang „mit der Idee der Menschheit, als Zweck an sich selbst".[16] Und ein unehrliches Versprechen bedeutet, eine andere Person zu instrumentalisieren, „sich eines andern Menschen bloß als Mittels bedienen". Denn der, so Kants Argument, „den ich durch ein solches Versprechen zu meinen Absichten brauchen will, kann unmöglich in meine Art, gegen ihn zu verfahren, einstimmen und also selbst den Zweck dieser Handlung enthalten".[17] Gleichermaßen befördert man nicht die Menschheit als Zweck an sich selbst, wenn man die eigenen Talente vernachlässigt oder keinerlei Beitrag zum Wohlergehen anderer leistet.

Die dritte Formel des kategorischen Imperativs, die Autonomieformel, hat einen anderen Status als die beiden ersten Formeln. Sie stellt nicht ein Kriterium für den moralischen Wert oder Unwert von Maximen dar, sondern markiert den Übergang zur Rechtfertigung des moralischen Gesetzes. Die Autonomieformel bringt die Idee der Freiheit ins Spiel, die bei der Begründung des kategorischen Imperativs im dritten Abschnitt der *Grundlegung* maßgeblich wird.

Diese dritte Formulierung des kategorischen Imperativs beinhaltet „die Idee des Willens jedes vernünftigen Wesens als eines allgemein gesetzgebenden Willens".[18] Die Selbstgesetzgebung vernünftiger Wesen ist für Kant der Ursprung der Moralität. Das moralische Gesetz ist das Ergebnis unseres eigenen Willens als vernünftig Handelnde.

Dass Kant die Moral als autonomes Normensystem begreift und somit der eigene gesetzgebende Wille den Ursprung von Moralität bildet[19], hängt mit Kants These zusammen, dass die Normen der Moral unbedingten Status haben. Wenn moralische Gebote und Verbote nicht relativ, sondern bedingungslos gelten, dann muss ihre Gültigkeit aus ihrer Übereinstimmung mit dem moralischen Prinzip folgen, das sich ein freier und vernünftiger Wille gibt. Dann ruht das System der Moral sozusagen in sich selbst.

Diese Tatsache, dass sich die Menschen als gesetzgebende Wesen und insofern als Zwecke an sich verstehen, lässt sich nach Kant mit der Idee eines Reichs der Zwecke verbinden. Darum setzt Kant den weiteren

16 Kant, *Grundlegung zur Metaphysik der Sitten,* 61, BA 67.

17 Ebd., 62, BA 68, 69.

18 Ebd., 63, BA 70.

19 Kant differenziert zwischen einem gesetzgebenden Wollen und subjektiver Willkür. Ein bloß subjektiv beliebiger Impuls des Wollens hat mit einem Handeln nach Prinzipien, die an der Idee der Verallgemeinerung orientiert sind, nichts zu tun.

Schritt von der Autonomieformel zur Unterformel des Reichs der Zwecke. Ein solches Reich der Zwecke wäre ein Bereich, in dem sich alle Menschen als durch den kategorischen Imperativ gebunden verstehen und ihre Mitmenschen auch entsprechend behandeln.

Damit haben wir den Überblick über die verschiedenen Formulierungen des kategorischen Imperativs abgeschlossen. Diese Diskussion hat zweifellos den maßgeblichen Stellenwert der beiden ersten Versionen des kategorischen Imperativs für den Test unserer Maximen klargestellt. Kant verdeutlicht ja auch nur anhand dieser beiden Formulierungen, wie er sich das Prüfverfahren des kategorischen Imperativs vorstellt.

Die Anwendung des kategorischen Imperativs auf Maximen bildet das Kernstück der kantischen Ethik. Maximen sind, so lässt uns Kant wissen, subjektive Prinzipien des Wollens. Der Kategorische-Imperativ-Test soll feststellen, ob ein Handeln nach bestimmten Maximen geboten, verboten oder erlaubt ist. Um die moralische Zulässigkeit oder Unzulässigkeit eines Handelns zu prüfen, kommt es darauf an, wie die der Handlung zugrunde liegende Maxime formuliert ist. Allerdings gibt es unter Kant-Interpretinnen und -Interpreten keine Einhelligkeit, wie der Begriff der Maxime letztlich aufzufassen ist.

Nach Onora O'Neill sind Maximen jene allgemeineren Intentionen, die unsere spezifischen Intentionen leiten. Aus der allgemeinen Intention, dass sich Besucherinnen und Besucher wohlfühlen sollen, leitet sich etwa die spezifischere Intention ab, dass man ihnen Kaffee anbietet.[20] Aber die Reduktion von Maximen auf Intentionen bleibt zu subjektivistisch auf die jeweilige Gerichtetheit von Handlungen bezogen. Für andere Interpretinnen und Interpreten sind Maximen der Ausdruck einer individuellen Vorstellung eines guten Lebens.[21] Dies sind aber sehr allgemeine Orientierungen, die den Einzelfall unterbestimmt lassen. Nach Christine Korsgaard lassen sich Maximen nicht auf Intentionen reduzieren, sondern sind Handlungsgründe mit objektivem Gehalt. Eine Maxime hat nach Korsgaard die Form: Ich tue Handlung X, um Zweck Y zu erreichen. Die Maxime ist also der Gesamtzusammenhang eines Handelns um eines Zweckes willen.[22] Diese Verbindung von Handlung und Endzustand in der Form einer Maxime wird maßgeblich für die Haltung

20 Siehe Onora O'Neill, Consistency in Action, in: dies., *Constructions of Reason.* Explorations of Kant's Practical Philosophy, Cambridge: Cambridge University Press, 84.

21 Siehe Otfried Höffe, *Immanuel Kant,* 2. Auflage, München: C. H. Beck 1988, 186.

22 Siehe Christine M. Korsgaard, Kant's Analysis of Obligation: The Argument of *Groundwork I,* in: dies., *Creating the Kingdom of Ends,* Cambridge GB: Cambridge University Press 1996, 57, 58.

der kantischen Ethik zu den Konsequenzen von Handlungen. Die Standardkritik, dass die kantische Ethik nur die hinter Handlungen stehenden Gesinnungen prüfe, die Konsequenzen von Handlungen aber vernachlässige oder ignoriere, relativiert sich damit erheblich.

2.3 Die Begründung des kategorischen Imperativs

Im letzten Abschnitt der *Grundlegung* bemüht sich Kant um eine Deduktion des Sittengesetzes, wobei diese Rechtfertigung des kategorischen Imperativs auf einer spezifischen Explikation des Zusammenhangs von Vernunft, Freiheit und Moral basiert. Konkret lässt sich Kants Argument in die folgende Form bringen:

> Ein vernünftiger Wille muss sich selbst als freier Wille betrachten.
> Ein freier Wille muss sich selbst als moralischen Willen, als einen unter dem moralischen Gesetz stehenden Willen betrachten.
> Ein vernünftiger Wille muss sich daher als moralischen Willen, als einen unter dem moralischen Gesetz stehenden Willen betrachten.[23]

Wie begründet Kant diesen Übergang von der Vernunft zur Freiheit und dann zur Moralität? Zunächst seien Kants Überlegungen zur Untermauerung seiner ersten Prämisse angeführt. Ein vernünftiges Wesen muss nach Kant unter der Idee der Freiheit handeln. Wir beziehen den Standpunkt der Vernunft, wenn wir Gründe gegeneinander abwägen und uns in unseren Entscheidungen von jenen Gründen leiten lassen, die uns überzeugend scheinen, weil sie das Gewicht des besseren Argumentes auf ihrer Seite haben. Dies setzt voraus, dass wir in unseren Überlegungen und Entscheidungen frei und nicht fremdbestimmt sind. Die Perspektive der Vernunft verlangt einen autonomen Willen.

Der naheliegende Einwand gegen die Zuschreibung von Freiheit und Autonomie lautet, dass Menschen doch determinierte Wesen sind. Dies räumt Kant ein: Personen sind für ihn aber beides, sowohl determiniert als auch frei. Kant sieht Menschen gleichsam aus zwei Blickwinkeln. Auf der einen Ebene können wir unsere Handlungen als natürliche Phänomene betrachten, die wie andere empirische Gegebenheiten vorhergesagt und erklärt werden können. Neben dieser theoretischen Sicht auf uns und

23 Siehe zu dieser Rekonstruktion von Kants Argument Christine M. Korsgaard, Morality as Freedom, in: dies., *Creating the Kingdom of Ends,* 159–187.

unsere Handlungen gilt für Kant eine praktische Perspektive: Wir sind in den sozialen Kontexten unseres Lebens permanent gefordert, unsere Handlungen zu rechtfertigen. Diese Begründungen werden nicht zuletzt deshalb von uns verlangt, weil wir als die Urheber unserer Handlungen gesehen werden. Dies bedingt aber eine Sicht der Person, dergemäß Menschen für jene Handlungen einzustehen haben, die sie frei wählen. Anders gesagt: Wir können uns nach Kant als *Noumena* (als freie intelligible Wesen) oder als *Phänomena* (als kausal determinierte Wesen) betrachten. Kant meint nun, dass die Welt der Noumena die Gesetze der phänomenalen Welt umfasst. Insofern können den Kausalgesetzen unterstehende Wesen wie wir Menschen uns zugleich auch als freie und autonome Vernunftwesen verstehen und das moralische Gesetz als für uns gesetzgebend betrachten. Kant verdeutlicht diesen Zusammenhang folgendermaßen: „Weil aber die Verstandeswelt den Grund der Sinnenwelt, mithin auch der Gesetze derselben, enthält, also in Ansehung meines Willens (der ganz zur Verstandeswelt gehört) unmittelbar gesetzgebend ist, und also auch als solche gedacht werden muß, so werde ich mich als Intelligenz, obgleich andererseits wie ein zur Sinnenwelt gehöriges Wesen, dennoch dem Gesetze der ersteren, d.i. der Vernunft, die in der Idee der Freiheit das Gesetz derselben enthält, und also der Autonomie des Willens unterworfen erkennen, folglich die Gesetze der Verstandeswelt für mich als Imperative und die diesem Prinzip gemäße Handlungen als Pflichten ansehen müssen.“[24] Somit sind Kants Gründe für den in der ersten Prämisse der Deduktion formulierten Zusammenhang von Vernunft und Freiheit dargelegt.

Wie rechtfertigt Kant die zweite Prämisse in dem oben angeführten Argument einer Herleitung des kategorischen Imperativs, also den Schritt von der Freiheit des Willens zum moralischen Gesetz? Ein freier Wille muss nach Kant autonom sein, also ein Wille, der sich selbst sein eigenes Gesetz gibt. Ein freier Wille kann nicht fremdbestimmt sein, ihm kann nicht von außen ein Prinzip aufgezwungen werden. Freiheit bedingt somit Autonomie im Sinne der Selbstgesetzgebung.

Wie ist nun aber die weitere Überlegung zu begründen, dass dieses Prinzip, das sich der freie Wille auferlegt, das moralische Gesetz ist? Manche Interpretinnen und Interpreten haben gemeint, dass Kant den Beweis für diesen Schritt schuldig bleibt. So kritisiert etwa H. J. Paton, dass Kants Argument letztlich nicht über die Behauptung hinausgeht, vernünftig zu sein bedeute, moralisch zu sein.[25] Für andere Interpretinnen und Interpreten, zum Beispiel Christine Korsgaard und Ernst

24 Kant, *Grundlegung zur Metaphysik der Sitten,* 90, BA 111, 112.

25 Siehe H. J. Paton, *Der Kategorische Imperativ,* Berlin: Walter de Gruyter & Co. 1962, 304–313.

Tugendhat, lässt sich aus Kants Argument doch wesentlich mehr gewinnen, nämlich eine Plausibilisierung des Standpunkts der Moral. Wenn man Kants Argument bis zum Punkt der Autonomie und der davon bedingten Selbstgesetzgebung mitvollzogen habe, so werden, wie Tugendhat betont, die Menschen nun grundsätzlich offenstehenden Alternativen deutlicher. Denn das Erfordernis der Selbstgesetzgebung besagt im Kontext der gängigen motivationalen Dispositionen der Menschen, dass sich Menschen angesichts der ihnen offenstehenden Möglichkeiten zwischen der Maxime der Selbstliebe oder dem moralischen Gesetz, also zwischen Egoismus und Moral, entscheiden müssen.[26]

Korsgaard sieht im Übergang zum moralischen Gesetz keinen dezisionistischen Schritt. Nach ihrer Lesart vertritt Kant die starke These, dass der kategorische Imperativ immer schon das Prinzip des freien Willens ist. Korsgaard verweist zur Begründung ihrer Interpretation auf jenes bereits erwähnte Argument Kants, das den Übergang zur ersten Formel des kategorischen Imperativs markiert: den Hinweis darauf, dass sich der Wille ein Prinzip geben muss, aber nichts über den Inhalt dieses Gesetzes gefordert ist. Diese rein formale Bedingung des Gesetzescharakters wird genau von der ersten Formulierung des kategorischen Imperativs erfüllt, die sich ja auf die formale Bedingung der Verallgemeinerung beschränkt. Kants Begründung, dass der kategorische Imperativ das Prinzip des freien Willens ist, lautet nach Korsgaard: Der freie Wille braucht ein Prinzip, und die Eigenschaften dieses Prinzips werden genau vom kategorischen Imperativ erfüllt. Somit ist also der Zusammenhang von Freiheit und Moral hergestellt, da der kategorische Imperativ genau die Lösung für die Frage ist, die vom Erfordernis der Freiheit des Willens aufgeworfen wird.

Diese Argumentation reicht aber für eine Rechtfertigung der zweiten Formulierung des kategorischen Imperativs nicht aus. Denn die Idee, dass Menschen als Menschen Achtung und Anerkennung verdienen und nicht bloß als Mittel zu behandeln sind, geht über die formale Bedingung der widerspruchsfreien Verallgemeinerbarkeit hinaus. Die Prinzipien der Achtung und Anerkennung verlangen nach einer inhaltlichen Ausformulierung in der Sphäre der Individualethik und der öffentlichen Moral. Dies erfordert eine subtile Analyse der verschiedenen Dimensionen personaler Anerkennung, die über das Kriterium der Verallgemeinerbarkeit weit hinausgeht.[27]

26 Siehe Ernst Tugendhat, Vorlesungen über Ethik, Frankfurt am Main: Suhrkamp 1993, 93, 94.

27 Zum Begriff der Anerkennung vgl. Axel Honneth, *Kampf um Anerkennung.* Zur moralischen Grammatik sozialer Konflikte, Frankfurt am Main: Suhrkamp 1994;

Kant selbst war, wie manche Interpretinnen und Interpreten meinen, gegenüber der Deduktion des kategorischen Imperativs im dritten Teil der *Grundlegung* skeptisch. Er war besorgt, dass das Argument zirkulär sei, da die Freiheit des Subjekts einfach vorausgesetzt, nicht aber belegt werde. Der Schritt von der Freiheit zur Moral setze demnach voraus, was erst zu beweisen wäre. Die Kritikerinnen und Kritiker weisen darauf hin, dass Kant in der *Kritik der praktischen Vernunft* eine andere Begründung des obersten Moralprinzips vertrete, nämlich dass dieses einem *Faktum der Vernunft* gleichkomme und uns gleichsam als evident und rational einsichtig gegeben sei.

Die Kontroverse, was genau Kants *Faktum der Vernunft*-Argument belegt, ist komplex.[28] Dass der kategorische Imperativ (Moralgesetz) ein Faktum der Vernunft darstellt, illustriert Kant mit dem folgenden Beispiel: Ein Mann, der unter Androhung der Todesstrafe von seinem Fürsten zu einer falschen Zeugenaussage gezwungen werden soll, kann sehr wohl widerstehen. Dies macht dem Mann bewusst, „daß er etwas kann, darum, weil er sich bewußt ist, daß er es soll, und (er) erkennt in sich die Freiheit, die ihm sonst ohne das moralische Gesetz unbekannt geblieben wäre".[29]

Viel spricht dafür, dass Kant mit diesem Argument nur zeigen will, dass wir vom moralischen Gesetz motiviert werden können, da wir als freie Wesen uns immer schon dieses Gesetzes bewusst sind. Das *Faktum der Vernunft*-Argument bedeutet demnach nicht, dass Kant die Deduktion in der *Grundlegung* für verfehlt gehalten hat und zu einer rational-intuitionistischen Berufung auf das Moralgesetz übergeht.[30]

Auch wenn man Kants Beweis des kategorischen Imperativs nicht akzeptiert, muss man Kant zugutehalten, eine Reihe von Bedingungen vernünftigen Handelns und auch moralischen Handelns verdeutlicht zu haben. So kann vernünftiges Handeln nicht von willkürlichen Impulsen und Begehrlichkeiten abhängig sein. Vernunft ist an Prinzipien gebunden. Doch der Schritt von dieser Einsicht zur Moral ist nach Meinung der

vgl. auch Herlinde Pauer-Studer, *Autonom leben.* Reflexionen über Freiheit und Gleichheit, Frankfurt am Main: Suhrkamp 2000, 54–60.

28 Für eine sehr gute Darlegung der Diskussion vgl. Pauline Kleingeld, Moral Consciousness and the 'Fact of Reason', in: Andrews Reath and Jens Timmermann (Hg.), *Kant's Critique of Practical Reason.* A Critical Guide, Cambridge: Cambridge University Press 2010, 55–72.

29 Immanuel Kant, *Kritik der praktischen Vernunft,* Suhrkamp Werkausgabe Bd. VII, A 54, 140 (Kant, *Gesammelte Schriften,* Akademie-Ausgabe Band IV).

30 Henry E. Allison vertritt die These, dass Kant die Deduktion in der *Grundlegung* für fehlerhaft betrachtet und in der *Kritik der praktischen Vernunft* eine revidierte Fassung der Herleitung des Moralgesetzes präsentiert. Vgl. Henry E. Allison, *Kant's Theory of Freedom,* Cambridge: Cambridge University Press 1990, Kap. 11, 12.

Kritikerinnen und Kritiker offen. Denn nicht jedes prinzipiengebundene Handeln ist demnach schon moralisches Handeln. Eben diesem Einwand versucht Korsgaard den Boden zu entziehen, da sich nach ihrer These eben nur ein einziges Prinzip strukturell dafür qualifiziert, das Prinzip eines vernünftigen und freien Willens zu sein, nämlich das moralische Gesetz.

Fassen wir kurz die wichtigsten Punkte dieses gedrängten Überblicks der kantischen Ethik zusammen: Kants Ethik ist eine Maximenethik. Im Mittelpunkt moralischer Reflexion steht die Prüfung der Zulässigkeit und des moralischen Werts der subjektiven Prinzipien unseres Handelns. Die wesentlichen Testkriterien sind die Verallgemeinerbarkeit von Maximen (ob diese frei von Widersprüchen im Denken oder im Wollen als allgemeines Gesetz gedacht oder gewollt werden können) und deren Übereinstimmung mit der Idee der Achtung von Menschen als Menschen.

Viele von Kants konkreten moralischen Urteilen erscheinen uns als befremdliches Dokument vergangener Zeiten und verdeutlichen die Kraft moralischen Wandels.[31] Doch die von Kant angesprochenen Kriterien des Moralischen, die Idee der widerspruchsfreien Verallgemeinerung und die Bedingung der Achtung und Anerkennung, sind nach wie vor aktuell und aussagekräftig für die Gestaltung unseres sozialen Lebens. Im Folgenden sollen die wichtigsten Einwände gegen die kantische Ethik mit Bezug auf die gegenwärtig aktuellen Debatten der Moralphilosophie diskutiert werden.

2.4 Hegels Kritik: Leerer Formalismus

In seinem *Naturrechtsaufsatz* übt G. W. F. Hegel entschieden Kritik an Kants Moralprinzip: „Und in der Produktion von Tautologien besteht nach der Wahrheit das erhabene Vermögen der Autonomie der Gesetzgebung der reinen praktischen Vernunft; die reine Identität des Verstandes, im theoretischen als der Satz des Widerspruches ausgedrückt, bleibt auf die praktische Form gekehrt ebendasselbe."[32] Und in der *Phänomenologie des Geistes* wirft Hegel Kant vor, das Wesen des Sittlichen nicht

31 Zum Beispiel seine Verurteilung der Selbsttötung und seine Äußerungen zur „Fleischeslust". *Kant, Metaphysik der Sitten. Tugendlehre,* Werkausgabe Bd. VIII, 553–559, A 69–79. Vgl. auch Kant, *Eine Vorlesung über Ethik,* herausgegeben von Gerd Gerhardt, Frankfurt am Main: Fischer Taschenbuch Verlag 1990.

32 G. W. F. Hegel, Aus dem Naturrechtsaufsatz: Kritik an Kants Moralprinzip, in: Rüdiger Bittner und Konrad Camer (Hg.), *Materialien zu Kants ‚Kritik der praktischen Vernunft',* Frankfurt am Main: Suhrkamp 1975, 327, 328.

inhaltlich zu bestimmen, sondern die Sittlichkeit auf einen formalen Maßstab der widerspruchsfreien Gesetzesvorstellung zu reduzieren, womit „(d)ie gesetzgebende Vernunft ... zu einer nur prüfenden Vernunft herabgesetzt“ werde.[33]

Seit Hegels Einwänden begleitet der Vorwurf, die kantische Ethik sei formal und inhaltlich unterbestimmt, die Moralphilosophie. Nun ist diese Kritik sicher ein Missverständnis. Kant geht es darum, ein Prozedere zu entwickeln, um die moralische Qualität von Handlungsprinzipien zu prüfen. Der Umstand, dass sich das Testkriterium auf einen formalen Aspekt wie die Verallgemeinerbarkeit richtet, kann noch kein Grund sein, Kants Ethik als tautologisch oder inhaltsleer zu bezeichnen. Hegels Vorwurf, dass „das erhabene Vermögen der Autonomie der Gesetzgebung der reinen praktischen Vernunft“ „in der Produktion von Tautologien“ bestehe, geht an der inhaltlichen Dimension der kantischen Ethik vorbei. Denn der materiale Gehalt der kantischen Ethik ruht ja in den Maximen. Diese reichen in die Dichte und die Besonderheit von individuellen Lebenskontexten hinein. Wie kontextsensitiv und inhaltlich angereichert die Ethik ist, hängt von der Formulierung der Maximen ab. Und der von Hegel als Kritik gemeinte Hinweis, dass die praktische Vernunft eine bloß prüfende ist, geht ins Leere. Denn charakteristisch für die kantische Ethik ist ja gerade, den kategorischen Imperativ als Grundlage eines Testverfahrens zur Prüfung unserer Maximen zu begreifen und zu sehen, welche subjektiven Handlungsprinzipien auch als moralische Gesetze gelten können.

Desgleichen reduziert sich die Idee der Achtung, die neben dem Verallgemeinerungsprinzip ein Kernstück der kantischen Ethik bildet, nicht auf ein bloß formales Kriterium. Denn das Achtungsprinzip beinhaltet ein Instrumentalisierungsverbot („Menschen nicht bloß als Mittel behandeln“) und positiv gesehen eine Verpflichtung zum Eingehen auf die andere Person und ihre Bedürfnisse („ein Teilen der Zwecke anderer“). Das Prinzip der Achtung und Anerkennung ist auch in den gegenwärtigen Problemkontexten aussagekräftig, in denen die Instrumentalisierung anderer Menschen naheliegt.[34]

33 Hegel, Phänomenologie des Geistes, in: ders., *Werke in 20 Bänden,* herausgegeben von Eva Moldenhauer und Karl-Markus Michel, Band 3, Frankfurt am Main: Suhrkamp 1969–71, 316.

34 Onora O'Neill analysiert die ethischen Implikationen von Kants Zweck-an-sich-Formel mit Bezug auf Arbeitsverhältnisse und sexuelle Beziehungen. Siehe Onora O'Neill, Einverständnis und Verletzbarkeit: Eine Neubewertung von Kants Begriff der Achtung für Personen, in: Herta Nagl-Docekal und Herlinde Pauer-

2.5 Bedingungsloses Sollen und Pflichtenrigorismus

Eine nächste Frage berührt den kategorischen Charakter von Kants Ethik, also die Frage, wie weit Kant nicht von der Vorstellung bedingungsloser Pflichten ausgeht und damit die Ethik auf ein System bloßer Imperative reduziert. Schon Arthur Schopenhauer hat in seiner Streitschrift *Über die Grundlagen der Moral* die kantische Ethik in diesem Punkt hinterfragt: „Die Fassung der Ethik in einer imperativen Form, als Pflichtenlehre, und das Denken des moralischen Werthes oder Unwerthes menschlicher Handlungen als Erfüllung oder Verletzung von Pflichten, stammt mit sammt dem Sollen, unleugbar nur aus der theologischen Moral und demnächst aus dem Dekalog. Demgemäß beruht sie wesentlich auf der Voraussetzung der Abhängigkeit des Menschen von einem andern, ihm gebietenden und Belohnung oder Strafe ankündigenden Willen, und ist davon nicht zu trennen. So ausgemacht die Voraussetzung eines solchen in der Theologie ist; so wenig darf sie stillschweigend und ohne Weiteres in die philosophische Moral gezogen werden. Dann aber darf man auch nicht vorweg annehmen, daß in dieser die imperative Form, das Aufstellen von Geboten, Gesetzen und Pflichten, sich von selbst verstehe und ihr wesentlich sei."[35]

Diese Kritiklinie findet in der Gegenwartsphilosophie eine Fortsetzung. In ihrem 1958 erschienenen einflussreichen Aufsatz *Modern Moral Philosophy* argumentiert die britische Philosophin G. E. M. Anscombe ähnlich wie Schopenhauer, dass die Begriffe „Pflicht" und „Sollen" nur in einem Moralsystem Sinn machen, das die Idee eines Gesetzgebers kennt, etwa in einem theologischen System des Sollens, hinter dem die Instanz Gottes steht.[36] Da aber in säkularen Moralkonzeptionen diese Vorausetzungen nicht mehr gegeben sind, verlieren deontologische Begriffe einer Pflichtenethik nach Anscombe an Bedeutung. Stattdessen hält sie neben einer Analyse moralpsychologischer Begriffe wie „Intention" und „Wollen" die Kategorie der Tugenden für ethisch maßgeblich.

Studer (Hg.), *Jenseits der Geschlechtermoral.* Beiträge zur Feministischen Ethik, Frankfurt am Main: Fischer Taschenbuch Verlag 1993, 335–367.

35 Arthur Schopenhauer, Preisschrift über die Grundlage der Moral, in: ders., *Die beiden Grundprobleme der Ethik,* Zürcher Ausgabe, Band VI, Zürich: Diogenes 1977, 164, 165.

36 Siehe G. E. M. Anscombe, Modern Moral Philosophy, in: *Philosophy XXXII,* 1958; dt., Moderne Moralphilosophie, in: Günther Grewendorf und Georg Meggle (Hg.), *Seminar: Sprache und Ethik,* Frankfurt am Main: Suhrkamp 1974, 217–243.

Auch in Ernst Tugendhats *Vorlesungen über Ethik* sind die Übereinstimmungen mit Schopenhauers Einwänden auffallend. Tugendhat hält einen an die Vorstellung eines unbedingten Sollens geknüpften Vernunftbegriff für eine „philosophische Erfindung". Er kritisiert die Idee einer apriorischen Vernunftbegründung der Moral als „philosophische Verstiegenheit", die im Grunde nur den Wunsch verkörpere, die Berufung auf die allgewaltige Kraft von Gottes Wort in ein säkulares Denksystem herüberzuretten.[37] Vernunft habe auch mit hypothetischen Zweck-Mittel-Überlegungen zu tun. Statt einer Verankerung der Moral in einer absoluten Vernunftkonzeption bemüht sich Tugendhat um die Begründung eines plausiblen Moralkonzepts, demgemäß moralische Urteile nicht mit absoluter Verbindlichkeit gelten, sondern relativ auf ein bestimmtes Moralkonzept, das durch ein „komplexes Gewebe von Gründen und Motiven" gestützt ist.[38]

Der Einwand, dass ein kategorisches Sollen nicht plausibel ist, findet sich gleichfalls in einem berühmten, 1958 erschienenen Aufsatz der britischen Philosophin Philippa Foot, *Morality as a System of Hypothetical Imperatives.*[39] Foot versucht, mit dem Hinweis auf ein anderes Beispiel unbedingten Sollens, nämlich Regeln der Etikette, die Haltlosigkeit der Idee eines unbedingten moralischen Sollens aufzuweisen. Die Regeln der Etikette, zum Beispiel Tischmanieren und Clubgepflogenheiten, gelten in einem spezifischen gesellschaftlichen Kontext bedingungslos. Doch auf die Frage nach dem „Warum" dieser Regeln könne man nur auf die Konvention verweisen und sich letztlich auf die Formel „weil es so ist" berufen. Wenn man nun, so Foots Argument, auch den Regeln der Moral unbedingte Geltung zuschreibe, so bedeute dies ganz analog, deren Begründung abzuschneiden. Aus diesen Gründen interpretiert Foot moralische Regeln als hypothetische Imperative: Moralische Normen gelten nur mit Bezug auf gewisse Bedingungen. Über diese Bedingungen – etwa den Beitrag einer moralischen Regel zum Guten – lasse sich eine Regel rechtfertigen.

Diese Kritik bezieht ihre Plausibilität daraus, dass Begründung und bedingungsloses Sollen auf den ersten Blick schwer verträglich sind. Aber was ist unter einem kategorischen Sollen zu verstehen? Setzt ein solches Sollen den Begriff einer absoluten, von allen Zweck-Mittel-Überlegungen gelösten „absoluten Vernunft" voraus?

37 Ernst Tugendhat, *Vorlesungen über Ethik,* Frankfurt am Main: Suhrkamp 1993, 15.

38 Ebd., 28.

39 Siehe Philippa Foot, Die Moral als ein System hypothetischer Imperative, in: dies., *Die Wirklichkeit des Guten.* Moralphilosophische Aufsätze, Frankfurt am Main: Fischer Taschenbuch Verlag 1997, 89–107.

Kants kategorisches Sollen ist kein begründungsloses Sollen. Worum es Kant ging, wird verständlicher, wenn man sich vor Augen hält, dass sich bei einer hypothetischen Rechtfertigung moralischer Regeln die Rechtfertigung nur verschiebt. Werden moralische Regeln damit begründet, dass sie zum Erreichen eines Zieles beitragen, dann ist zu rechtfertigen, warum dieses Ziel moralischen Wert hat. Ist dieses Ziel wiederum nur hypothetisch zu rechtfertigen, entsteht ein Regress. Dieser ist nur so zu vermeiden, dass eine Reihe von Gründen für ein bestimmtes Sollen als ausreichend gilt. Die vernünftige Einsicht in die Stärke gewisser Gründe, die sich gegenseitig stützen mögen, bildet letztlich die unhintergehbare Instanz moralischen Sollens. Liest man Kants Überzeugung, dass moralisches Sollen nicht an die Geltung gewisser Bedingungen geknüpft werden darf, in dem eben skizzierten Sinn einer Regressvermeidung, so geht die Kritik, dass ein bedingungsloses Sollen strukturell dem Befehl eines allmächtigen Gesetzgebers ähnlich sei, ins Leere. Die Interpretation ist naheliegend, dass Kant unter „Vernunft" ein einsichtsvolles Abwägen und Prüfen von Gründen und Gegengründen versteht und den Begriff der Vernunft nicht mit einer über den Menschen lastenden absoluten Autorität gleichsetzt.

2.6 Pflicht versus Neigungen

Ein bekannter Einwand gegen die kantische Ethik lautet, dass Kant Elemente menschlichen Wollens wie Neigungen, Gefühle, Empfindungen und Begehren vernachlässige. Mit seiner reduzierten Moralpsychologie und der Konzentration auf eine Pflichtenethik werde Kant einer Reihe von Kategorien des Moralischen nicht gerecht. Paradigmatisch für diese Kritik ist Schillers Klage: „Gerne dien ich den Freunden, doch tu ich es leider mit Neigung, Und so wurmt es mir oft, daß ich nicht tugendhaft bin." [40]

Eine Moraltheorie, die das Motiv der Pflicht als den einzigen Beweggrund des moralisch angemessenen Handelns betrachtet, könne, so die Kritikerinnen und Kritiker, die Moral persönlicher Beziehungen nicht angemessen bestimmen. Denn unsere Handlungen seien oft von einer direkten Sorge um das Wohl der anderen Person und nicht von Pflichten motiviert. Im Kontext persönlicher Beziehungen wie Verwandtschaft und Freundschaft werde maßgeblich, dass Empathie und Fürsorglichkeit

40 Friedrich Schiller, *Werke in drei Bänden,* herausgegeben unter Mitwirkung von Gerhard Fricke von Herbert G. Göpfert, Band II, München: Hanser 1966, 743.

unser Handeln bestimmen und wir nicht aus dem Motiv der Pflicht allein handeln.[41] Wir werden, so der Einwand, etwa den speziellen moralischen Verbindlichkeiten innerhalb einer Freundschaft nicht gerecht, wenn wir zwar mit Anteilnahme und Betroffenheit auf die schwierige Situation einer Freundin eingehen wollten, gleichzeitig aber für alle Beteiligten deutlich wird, dass wir dies nur aus dem Beweggrund der Pflichterfüllung tun.

Schillers Vers liegt die These zugrunde, dass Kant einen strikten Dualismus von Pflicht und Neigung vertritt und Neigungen gänzlich ausklammert. Doch diese Lesart wird der kantischen Ethik nicht gerecht. Denn Kant behauptet in seiner praktischen Philosophie nicht durchgehend, dass nur ein Handeln aus Pflicht allein und ohne jede Neigung moralischen Wert hat.

Kant unterscheidet, wie J. H. Paton unterstreicht, drei Arten von Handlungstypen:[42]

Handlungen, die aus unmittelbarer Neigung geschehen
Handlungen, die aus selbstsüchtiger Absicht geschehen
Handlungen, die aus Pflicht geschehen

Selbstsüchtige Absichten und Moral bilden für Kant klar einen Gegensatz. Handlungen, die aus unmittelbarer Neigung geschehen, kommt nicht immer moralischer Wert zu. Offensichtlich haben Handlungen, die aus Neigung geschehen, dann moralischen Wert, wenn wir diese als richtig beurteilen. Dies bedeutet aber, diese Handlungen als verbindlich und geboten, also als Pflicht zu verstehen. Es gibt also eine Kategorie von Handlungen, die aus Pflicht geschehen, die aber von einer Neigung begleitet sind. Damit wird deutlich, dass es zwischen unmittelbarer Neigung und Pflicht keinen zwingenden Gegensatz gibt. Manchmal fehlt die Neigung zu einem bestimmten Tun, und dennoch handeln wir entsprechend, weil es uns als geboten erscheint.

In der Debatte um den Gegensatz von Pflicht und Neigung ist zu beachten, dass Kants Position eine gewisse Veränderung durchmacht. In der *Grundlegung* betont Kant den Dualismus zwischen Pflicht und Neigung. Ein anschauliches Beispiel dafür sind seine Ausführungen über Selbsttötung, welche verdeutlichen, dass nicht die unmittelbare Neigung, sondern das Handeln aus Pflicht zählt: „(W)enn der Unglückliche, stark an Seele, über sein Schicksal mehr entrüstet, als kleinmütig oder

41 Vgl. Lawrence A. Blum, *Friendship, Altruism and Morality,* London: Routledge & Kegan Paul 1980.
42 Siehe dazu H. J. Paton, *Der Kategorische Imperativ,* 40–45.

niedergeschlagen, den Tod wünscht, und sein Leben doch erhält, ohne es zu lieben, nicht aus Neigung, oder Furcht, sondern aus Pflicht: alsdenn hat seine Maxime einen moralischen Gehalt."[43] In seinen späteren Schriften hingegen arbeitet Kant stärker die Vereinbarkeit von Pflicht und Neigung heraus. Er schreibt nun von der Kultivierung und Erziehung unserer Neigungen, vom „fortdauernde(n) Streben zu Bessern"[44] durch den Versuch, die Neigungen untereinander und darüber hinaus mit dem moralischen Gesetz in Einklang zu bringen. „Natürliche Neigungen sind, an sich selbst betrachtet, gut, d. i. unverwerflich, und es ist nicht allein vergeblich, sondern es wäre auch schädlich und tadelhaft, sie ausrotten zu wollen; man muß sie vielmehr nur bezähmen, damit sie sich untereinander *nicht* selbst aufreiben, *sondern* zur Zusammenstimmung in einem Ganzen, Glückseligkeit genannt, gebracht werden können."[45]

Neigungen sind nun nicht nur impulsive emotionale und affektive Reaktionen, welche die Sphäre des Rationalen irritieren. Neigungen können – abhängig von dem Prinzip, das ihnen zugrunde liegt – gut, aber auch schlecht sein. Das zu erkennen, ist die Aufgabe der Vernunft und der praktischen Reflexion. Die als Lösung der Pflicht-Neigung-Debatte skizzierte Verbindung von Pflicht und Neigung kann nicht dahingehend interpretiert werden, dass sich Pflicht und Neigung nie widersprechen. Der mögliche Gegensatz ist nicht auflösbar. Ebenso irrig ist aber die These, dass Neigungen immer der Pflicht widersprechen. Es gibt eine Reihe von Neigungen, die sich in bestimmten Situationen als moralisch angemessen und wertvoll herausstellen.

Hinter der Debatte um Pflicht und Neigung steht letztlich der Gegensatz zwischen Vernunft und Gefühl. Der Ausweg aus der unergiebigen Konfrontation von Vernunft- und Motivebene, von Rationalität und Affektivität liegt sicher in der Verbindung von Verpflichtung und Empfindung, von Sollen und Affekten. Moral ist nicht nur eine Sache des Gefühls, doch auch nicht ausschließliche Angelegenheit rationaler Kalkulation. Manchmal kann es moralisch gesehen unangemessen sein, nicht mit gewissen Empfindungen oder affektiven Haltungen zu reagieren. Manchmal aber sind Gefühle und affektive Reaktionen aus moralischer Perspektive zurückzudrängen. Als normativ reflektierende Personen haben wir bestimmte Haltungen zu unseren Gefühlen und Affekten – wir überdenken, korrigieren und erziehen sie. Das Handeln aus Pflicht

43 Kant, *Grundlegung zur Metaphysik der Sitten,* 23, BA 9, 10.

44 Immanuel Kant, *Die Religion innerhalb der Grenzen der bloßen Vernunft,* Werkausgabe Bd. VIII, 699, B 56/A 52 (Kant, *Gesammelte Schriften,* Akademie-Ausgabe Band VII).

45 Ebd., 710, B 69, 70/A 63, 64.

bezieht sich somit auch auf die Empfindungsebene. Im Kontext persönlicher Beziehungen ist die Verbindung von Pflicht und Anteilnahme wichtig.

2.7 Pflichten um der Pflicht willen

Ein weiterer Vorwurf lautet, dass die kantische Ethik die Kategorie der Pflicht in den Mittelpunkt stellt und dadurch nicht nur andere moralische Werte vernachlässigt, sondern in einer Art Pflichtenrigorismus die moralische Ebene mitunter verfehlt. Eine extreme Variante dieser Kritik ist der Vorwurf, dass die Berufung auf Pflicht auch zur Scheinrechtfertigung höchst unmoralischen Verhaltens benützt werden kann. Als wohl bedrückendstes Beispiel einer solchen Argumentationsstrategie gilt Adolf Eichmanns Prozessaussage 1962, in der dieser, wie Hannah Arendt in ihrem Eichmann-Buch schreibt, „mit großem Nachdruck beteuerte, sein Leben lang den Moralvorschriften Kants gefolgt zu sein, und vor allem im Sinne des kantischen Pflichtbegriffs gehandelt zu haben."[46] Dass diese Aussage angesichts der Taten und Verbrechen Eichmanns eine groteske Instrumentalisierung und Verzerrung einer ethischen Theorie darstellt, ist intuitiv offensichtlich. Doch das genauere Nachdenken darüber, warum solche Berufungen unzulässig sind, ist wichtig, um Kants Moralkonzeption zu verstehen.

Der Pflichtbegriff taucht in der Aussage Eichmanns in der alltagssprachlichen Bedeutung einer Befehlsunterworfenheit auf. Er bleibt eingebettet in eine autoritäre Befehlsstruktur, die verlangt, ein Kommando zu befolgen, ohne dass die inhaltliche Angemessenheit und moralische Vertretbarkeit dieses Befehls zur Debatte steht. Der kantische Pflichtbegriff ist demgegenüber an ein moralisches Prüfverfahren und an ein Handeln aufgrund moralischer Einsicht gebunden. Handeln *aus Pflicht* bedeutet, in Übereinstimmung mit dem grundlegendsten moralischen Prinzip zu handeln.

Der Einwand, dass die kantische Ethik die Kategorie der Pflicht zu stark betont, findet sich auch völlig unabhängig von der pervertierten Form der Pflichtberufung, wie sie der Eichmann-Fall verkörpert. Das Argument lautet dann, dass nicht der gesamte Bereich der Moral vom Begriff der

46 Hannah Arendt, *Eichmann in Jerusalem.* Ein Bericht von der Banalität des Bösen, München: Piper 1986, 232. Für eine Diskussion von Arendts Thesen zu Eichmann siehe Herlinde Pauer-Studer und J. David Velleman, Distortions of Normativity, in: *Ethical Theory and Moral Practice* 13, 5, 2010, 484–512.

Pflicht abgedeckt wird. Neben dem, was aus Pflicht zu geschehen hat, gebe es noch das *Verdienstliche* oder *Lobenswerte*, also jene Handlungen, die nicht verpflichtend sind, die zu tun aber aus ethischer Perspektive etwas Gutes und Wertvolles darstellt. Moral wird demnach konstituiert von Pflichten und vom Verdienstlichen (Supererogatorischen).[47]

Die Frage ist, ob eine auf das Handeln aus Pflicht konzentrierte Ethik die Kategorie des Verdienstlichen integrieren kann. Nach Ansicht mancher Kant-Interpretinnen und -Interpreten findet die Kategorie des Verdienstlichen sehr wohl in Kants Ethik Platz, nämlich im Konzept der unvollkommenen Pflichten.[48] Kant unterteilt, wie erwähnt, die Pflichten in vollkommene und unvollkommene. Dem Verdienstlichen korrespondiere die Kategorie der unvollkommenen Pflichten, da diese Pflichten ja im Gegensatz zu den vollkommenen und strikten Pflichten einen Spielraum lassen. Wohlwollen gegen andere ist nach Kant eine unvollkommene Pflicht – es ist über die Anerkennung dieser Pflicht als einer Grundhaltung hinaus den Einzelnen überlassen, zu bestimmen, was ihnen dies an konkreten Handlungen in ihren besonderen Lebensverhältnissen abverlangt.

Kants unvollkommene Pflichten geben nur zwei verpflichtende Ziele vor: das Ziel der eigenen Perfektionierung und jenes, die Glückseligkeit der anderen zu befördern. Für Kant gibt es viele verschiedene Möglichkeiten, eine gute Person zu sein. Die offene Struktur der unvollkommenen Pflichten ermöglicht eine Vielzahl von Vorzüglichkeiten und lässt Raum für Verdienstlichkeiten, da es dem Individuum und seiner Urteilskraft überlassen bleibt, wie diese verpflichtenden Werte zu erfüllen sind.

Die Kritikerinnen und Kritiker einer allumfassenden Pflichtorientierung sehen die Pflicht als eine Last und Einengung. Moralische Verpflichtung schließe den Bereich dessen, was man mit Neigung und freiwillig motiviert tut, aus. Doch ist zu bedenken, dass sich der Begriff „Pflicht" bei Kant ja nur auf das normativ Angemessene bezieht. Ethik kann nicht hinter das normativ Verbindliche zurückgehen. Selbst Handlungen, die aus unmittelbarer Neigung und Affektivität geschehen, sind auf ihre normative Vertretbarkeit hin zu befragen.

Kant hat die praktische Philosophie wesentlich geprägt. Manche sei-

47 Der Bereich des Moralischen teilt sich in das Verbotene und das Erlaubte, und das Erlaubte wiederum in das Gebotene und Nichtgebotene. Das Verdienstliche fällt nach dieser Lesart unter das Nichtgebotene.

48 Vgl. dazu die detaillierte Analyse in Marcia W. Baron, Kantian Ethics and the Supererogatory, in: dies., *Kantian Ethics Almost Without Apology,* Ithaca und London: Cornell University Press 1995, 21–58. Damit fällt das Verdienstliche unter das Gebotene, genauer: unter das im Sinne der weiten Pflichten Gebotene.

ner Kriterien des Moralischen – etwa die Bedingung der Verallgemeinerung und das Prinzip der Achtung und Anerkennung – sind Ideen, an denen auch andere ethische Theorien nicht vorbeigehen können. Der kategorische Imperativ in der zweiten Formulierung, der verlangt, andere Personen in ihrer Würde zu respektieren, ist ein Prinzip, das im Kontext aktueller moralischer Probleme relevant ist.

3. Utilitarismus

Der Utilitarismus gilt als die klassische Gegenposition zur kantischen Ethik. Die Theorie Kants beurteilt die moralische Vertretbarkeit von Maximen über deren Verallgemeinerungsfähigkeit und deren Vereinbarkeit mit dem Prinzip der Achtung. Im Gegensatz dazu hängt für den Utilitarismus die moralische Qualität von Handlungsweisen von ihren Folgen ab, genauer: von ihrem Beitrag zum allgemeinen Wohlergehen. Der Utilitarismus ist somit eine konsequentialistische Moralkonzeption; die Folgen von Handlungsweisen werden aus dem Blickwinkel der allgemeinen Nutzenmaximierung geprüft. Gemessen an der Einteilung der Moraltheorien in deontologische oder teleologische Theorien gehört der Utilitarismus also klar zu den teleologischen Konzeptionen.

Im deutschen Sprachraum ist der Utilitarismus eher zögerlich rezipiert worden und hat keine breite Beachtung erfahren. Durch den prima facie negativen Beigeschmack des Begriffs „utility“ im Kontext moralphilosophischer Reflexionen war der Utilitarismus häufig Gegenstand einer oberflächlichen und von Klischeevorstellungen geprägten Rezeption. Die Differenzierungen der utilitaristischen Theorie wurden oft übersehen. Der Utilitarismus bildet insbesondere in der angloamerikanischen Philosophie nach wie vor eine maßgebliche Richtschnur ethischen Denkens[1], wenngleich dem Utilitarismus durch die Arbeiten von John

1 Dies gilt auch für Fragen der angewandten Ethik. So wurde in Großbritannien die Empfehlung, Embryonenforschung gesetzlich zuzulassen, von der von der Regierung eingesetzten Ethikkommission mit einer utilitaristischen Argumentation gerechtfertigt: Überzähligen Embryonen erwachse durch diese Forschung kein Schaden, da sie ohnehin kein Bewusstsein, keine Empfindungen und keine Lebenschance hätten. Die Embryonenforschung könne möglicherweise aber einen Beitrag zum Wohlergehen von Menschen leisten. Vgl. Mary Warnock,

Rawls auch im angelsächsischen Raum ein kantisches Gegengewicht erwachsen ist.[2]

Ideen, die das Gute mit dem Angenehmen und Nützlichen verknüpfen, reichen in der Geschichte der Philosophie bis in die Antike zurück.[3] Auch in der Moralphilosophie David Humes wird eine Gruppe von Tugenden, nämlich die künstlichen Tugenden von Recht und Gerechtigkeit, über ihre Nützlichkeit für die Gesellschaft gerechtfertigt.[4] Doch die um Wohlergehen und Nützlichkeit kreisenden Überlegungen formieren sich erst Ende des 18. Jahrhunderts unter dem Begriff „Utilitarismus" in den Schriften Jeremy Benthams zu einer spezifischen philosophischen Position, die im 19. Jahrhundert von John Stuart Mill und Henry Sidgwick philosophisch weiterentwickelt wird. Seine Gründerväter verstanden den Utilitarismus auch als sozialreformerische Theorie. Bentham ging es um eine Reform des englischen Rechtssystems, und John Stuart Mill kritisierte die politischen und gesellschaftlichen Institutionen seiner Zeit und forderte bereits 1851 das Wahlrecht für Frauen.

Als der eigentliche Begründer des Utilitarismus gilt Jeremy Bentham. Er erklärt das Prinzip der Nützlichkeit zum maßgeblichen Prinzip der Moral. Bentham selbst schreibt, dass ihm bei der Lektüre von Humes Texten die Grundthesen des Utilitarismus deutlich wurden. Bentham wollte als Rechtstheoretiker und Sozialphilosoph das ihm unklar und widersprüchlich scheinende englische Recht seiner Zeit reformulieren. Das übergeordnete Ideal der Beförderung des allgemeinen Wohlergehens war die Grundlage seiner Bestrebungen, die Rechtsprechung verständlich und konsistent zu gestalten.

Für Bentham bildet „das Prinzip des größten Glücks der größten Zahl" den wesentlichen ethischen Grundsatz. Handlungen und Hand-

Haben menschliche Zellen Rechte? In: Anton Leist (Hg.), *Um Leben und Tod.* Moralische Probleme bei Abtreibung, künstlicher Befruchtung, Euthanasie und Selbstmord, Frankfurt am Main: Suhrkamp 1990, 215–234.

2 Vgl. John Rawls, *Eine Theorie der Gerechtigkeit,* Frankfurt am Main: Suhrkamp 1979 (stw-Ausgabe), 40–52 und 211–220.

3 Ein Beispiel dafür sind Sokrates' Ausführungen in Platons Dialog *Protagoras* über das Nützliche, die Lust und das Gute, die John Stuart Mill als Beleg für einen von Plato geteilten hedonistischen Utilitarismus versteht. John Stuart Mill, *Essays on Philosophy and the Classics,* herausgegeben von J. M. Robson, Toronto 1978. Kritisch dazu: Peter Spahn, George Grote, John Stuart Mill und die antike Demokratie, in: Ulrich Gähde und Wolfgang H. Schrader (Hg.), *Der klassische Utilitarismus.* Einflüsse – Entwicklungen – Folgen, Berlin: Akademie Verlag 1992, 145–171.

4 Siehe David Hume, *Ein Traktat über die menschliche Natur,* Band II, Buch III, herausgegeben von Reinhardt Brandt, Hamburg: Meiner 1978, 219–245.

lungsweisen sind dann gut, wenn ihre Konsequenzen zu einem Übermaß guter gegenüber schlechter Folgen führen und eindeutig das Wohl oder Glück der Mehrheit verbessern. Doch wie genau ist „utility" zu verstehen? Was ist mit „Wohlergehen" gemeint?

Bentham reduziert die Idee der Nützlichkeit nicht auf den individuellen Vorteil oder Nutzen eines einzelnen Individuums, sondern versteht darunter das allgemeine Wohlergehen oder zumindest das Wohl einer Mehrheit. Der allgemeine Nutzen muss an eine Erfahrung gebunden sein, die für sich genommen (intrinsisch) gut ist, und nach Bentham ist dies „Lust/Wohlbefinden" *(pleasure)* als das Gegenteil von „Unlust/Schmerz" *(pain)*. Das allgemeine Wohlergehen, das größte Glück der größten Zahl, bestimmt sich also über die Abwesenheit von Schmerz und das Vorhandensein von Lust. Das Gute wird definiert als das Überwiegen angenehmer und lustvoller gegenüber schmerzhaften Empfindungen.

Bei der positiven Bestimmung von Lust oder Freude differenziert Bentham zwischen einer Reihe von Freuden, unter anderem zwischen der Sinnenfreude, der Freude an der eigenen Geschicklichkeit, der Freude der Vorstellungskraft und des Geistes, den Freuden des Reichtums und der Freude über das Freisein von Schmerz.[5]

Bentham assoziiert die notwendige Abwägung guter gegenüber schlechten Folgen mit einem rechnerischen Kalkül. Er glaubt, mit einer Nutzenkalkulation die moralische Zulässigkeit oder Unzulässigkeit gewisser Handlungsweisen bestimmen zu können. Die Kalkulation versucht, das Übermaß guter gegenüber schlechten Folgen mit der Zuordnung von quantitativen Größen an Lust und Unlust zu bestimmen. In Benthams eigener Beschreibung: „Sum up all the values of all the *pleasures* on the one side, and those of all the pains on the other. The balance, if it be on the side of pleasure, will give the *good* tendency of the act upon the whole, with respect to the interest of that *individual* person; if on the side of pain, the *bad* tendency of it upon the whole."[6] Bentham will in diesem Abwägungsprozess aber auch Aspekte der Freude oder des Schmerzes wie Dauer, Intensität und Nähe berücksichtigen.

Dem Utilitarismus unterliegt eine spezifische Wertetheorie. Um die Folgen von Handlungen moralisch gegeneinander abzuwägen, bedarf es eines Bewertungsschemas, das erlaubt, die Folgen als positiv oder negativ einzustufen. Bentham setzt eine monistische Wertetheorie voraus, die

5 Siehe Jeremy Bentham, The Principles of Morals and Legislation, Amherst: Prometheus Books 1988, 33, 34.

6 Ebd., 31.

Lust und Unlust, Glück und Schmerz zur einzigen moralisch relevanten Metrik erklärt. Benthams praktische Philosophie übersetzt alle Werte in die axiologischen Kategorien von Lust und Unlust.

John Stuart Mill, Patenkind und Schüler Jeremy Benthams, unternimmt in seiner 1863 erschienenen Schrift *Der Utilitarismus* eine weitere Ausarbeitung der utilitaristischen Ethik. Mill positioniert in seiner Arbeit die utilitaristische Ethik nicht nur im Kontext der Philosophiegeschichte, sondern verteidigt diese auch gegenüber den wesentlichsten Einwänden. Mit einem höchst selbstbewussten Blick auf die Geschichte der Ethik erklärt Mill am Beginn dieser Schrift, dass „das Prinzip der Nützlichkeit oder, wie Bentham es später genannt hat, das Prinzip des größten Glücks, einen bedeutenden Anteil an den Morallehren selbst derer (hatte), die ihm verächtlich alle Verbindlichkeit absprechen".[7] Dies gelte auch für die Theorie Kants.

Mill kritisiert, dass Kants Verallgemeinerungsverfahren „nicht irgendeinen Widerspruch" in „den denkbar unmoralischsten Verhaltensnormen" aufweise, sondern nur zeige, „daß die *Folgen* einer allgemeinen Befolgung dieser Normen derart wären, daß jedermann von ihnen verschont bleiben wollte".[8] Mill ist also der Überzeugung, dass der Utilitarismus Anerkennung zu finden vermag, wenn die utilitaristische Formel sorgfältig und genau geklärt wird.

Doch Mill modifiziert den Utilitarismus erheblich, indem er abweichend von Bentham neben der Quantität auch die Qualität der Freude berücksichtigt. Die These, dass einige Formen der Freude wertvoller sind als andere, hält er für vereinbar mit dem Nützlichkeitsprinzip. Eine Form der Freude ist nach Mill wertvoller als eine andere, wenn sie von fast allen Menschen, die beide Freuden erfahren haben, vorgezogen wird. Die Qualität der Freuden berücksichtigt Mill deshalb, da er den Vorwurf entkräften will, der Utilitarismus entspreche mit seiner Konzentration auf die Lusterfahrung einer „Ansicht, die nur der Schweine würdig wäre".[9]

Die Menschen sind nach Mill höherer Freuden fähig als der „bloß tierische(n) Gelüste", und er verdichtet diesen Gedanken zu folgendem berühmten Urteil: „Es ist besser, ein unzufriedener Mensch zu sein als ein zufriedenes Schwein; besser ein unzufriedener Sokrates als ein zufriedener Narr."[10] Damit bricht aber Mill den quantitativen Kalkül Benthams

7 John Stuart Mill, *Der Utilitarismus,* übersetzt von Dieter Birnbacher, Stuttgart: Reclam 1985, 7.

8 Ebd., 8.

9 Ebd., 14.

10 Ebd., 18.

auf, er verbreitert die Bewertungsbasis des utilitaristischen Prinzips erheblich. Nach Ansicht einiger Kritikerinnen und Kritiker gibt Mill mit der Einführung höherer und niederer Freuden das System eines konsequenten Utilitarismus ohnehin auf. Manche Philosophinnen und Philosophen bezweifeln auch, ob dieser Schritt zu qualitativen Kriterien notwendig und folgerichtig ist. Denn den Vorwurf, der Utilitarismus verkörpere eine an niedrigen Instinkten und Bedürfnissen orientierte Philosophie, könne man auch so entkräften, dass man alle Formen der Lusterfahrung als durchwegs positiv einstufe. Eine Betonung der Sinnenfreude für sich genommen bilde ein wichtiges Element einer angemessenen Vorstellung des guten Lebens.[11]

Doch Mills Vorbehalte gegenüber einem rein quantitativen Kalkül scheinen aus dem Blickwinkel reflexiver Werterfahrung durchaus nachvollziehbar. Was folgt, wenn man jede Differenzierung zwischen höheren und niederen Freuden einebnet? Sollte dann nicht die an eine Lustmaschine angeschlossene Person, deren Gehirn nur angenehme Empfindungen produziert, als am glücklichsten gelten? Mill sieht wohl zu Recht die Probleme eines quantitativen Hedonismus. Er selbst aber entwickelt keine systematische Wertetheorie, sondern übernimmt zu einem Gutteil die konventionellen Wertüberzeugungen seiner Zeit. Seine Beschreibung der höheren Bedürfnisse und Freuden orientiert sich an den Idealen des Bildungsbürgertums, an den Werten einer „gewisse(n) geistige(n) Kultur" und „den Dingen der Natur, den Werken der Kunst, den Gebilden der Poesie".[12] Mill scheinen diese Werte allgemein einleuchtend.

Mill gibt einen Beweis des Nützlichkeitsprinzips. Sein Argument ist kein strikter Beweis, sondern ein Versuch, evidente Gründe für das utilitaristische Prinzip anzuführen. Mill will das allgemeine Glück als wünschenswert begründen. Und Glück ist nach Mill ein Gut, „weil das Glück jedes einzelnen für diesen ein Gut ist und daß daher das allgemeine Glück ein Gut für die Gesamtheit der Menschen ist".[13] Der Übergang von der psychologischen Maxime, dass jede Person ihr eigenes Glück begehrt, zu der These, dass das allgemeine Glück das maßgebliche normative Kriterium darstellt, ist allerdings nicht gültig. Mill nimmt an, dass unsere Motivation, dem Prinzip der Nützlichkeit zu folgen, aus der inneren Sanktion des Gewissens und der äußeren Sanktion der Missbilligung durch die Mitmenschen folgt.[14] Mill trennt also zwischen den

11 Siehe dazu Jean-Claude Wolf, *John Stuart Mills „Utilitarismus"*. Ein kritischer Kommentar, Freiburg/München: Alber 1992, 48, 49 und 61–68.

12 Mill, *Der Utilitarismus,* 25.

13 Ebd., 61.

14 Siehe ebd., 46–50.

Gründen, die ein Prinzip als richtig erweisen, und den motivierenden Gründen.

Henry Sidgwick hat die Theorie des Utilitarismus weiterentwickelt. Vor allem in seiner berühmten Studie *The Methods of Ethics* zeigt er die Verträglichkeit der utilitaristischen Theorie mit Common-Sense-Moralvorstellungen.[15] Die Rückbindung an reflektierte Haltungen des Common Sense ist für Sidgwick unabdingbar für eine akzeptable Moralkonzeption.[16] Sidgwick unterscheidet drei wesentliche moralphilosophische Ansätze: den Egoismus, den Intuitionismus und den Utilitarismus. Intuitionismus und Utilitarismus hält Sidgwick für vereinbar, da er die Grundprinzipien des Utilitarismus – dass das Gute erstrebenswert ist und immer das allgemeine Gute verwirklicht werden sollte – als intuitiv wahr charakterisiert. Die Gegensätze zwischen Egoismus und Utilitarismus, zwischen der rationalen Verfolgung des aus egoistischer Perspektive Guten und dem rationalen Streben nach Verwirklichung des allgemeinen Guten scheinen Sidgwick nicht ausräumbar.

Im klassischen Utilitarismus sind die Parameter „Lust" und „Unlust" als unmittelbare Erfahrungen maßgeblich. Aber die zeitgenössischen Versionen des Utilitarismus haben sich weitgehend von dieser Metrik gelöst und orientieren sich in ihrer Festlegung des Guten an Präferenzen, an dem, was Menschen vorziehen. Das Wohlbefinden der Individuen lässt sich demnach über das bestimmen, wofür sich diese wohl überlegt entscheiden würden. „Das größte Glück der größten Zahl" wird dann im Sinne der größtmöglichen Präferenzerfüllung für alle gelesen.[17]

Recht besehen findet sich der Übergang zu Präferenzen schon bei John Stuart Mill angelegt, der die Frage, welche Freude wertvoller als eine andere ist, so bestimmt: „(V)on zwei Freuden ist diejenige wünschenswerter, die von allen oder nahezu allen, die beide erfahren haben – ungeachtet des Gefühls, eine von beiden aus moralischen Gründen vorziehen zu müssen –, entschieden bevorzugt wird."[18]

15 Henry Sidgwick, *The Methods of Ethics,* Seventh Edition, Indianapolis/Cambridge: Hackett Publishing Company 1981 (unveränd. Nachdruck der 7. Ausgabe 1907).

16 Diese Vorstellung Sidgwicks hat Rawls unter Berufung auf Sidgwick dann in seiner Konzeption des Überlegungsgleichgewichts ausformuliert. Moralische Grundsätze sind dann gerechtfertigt, wenn zwischen ihnen, ihren Konsequenzen und unseren wohl überlegten (also vernünftig reflektierten) moralischen Einzelurteilen ein Überlegungsgleichgewicht besteht. Siehe John Rawls: *Eine Theorie der Gerechtigkeit,* 68–71.

17 Vgl. Richard M. Hare, *Moralisches Denken:* seine Ebenen, seine Methode, sein Witz, Frankfurt am Main: Suhrkamp 1992, 162ff.

18 Mill, *Der Utilitarismus,* 15, 16.

Doch unmittelbare Präferenzen, selbst wenn sie Ausdruck entschiedenen Wünschens sind, können für sich allein kaum als Richtschnur des Werthaften und Guten gelten. Denn zu den unmittelbaren Präferenzen zählen ja auch beleidigende, anstößige oder böse Präferenzen, zum Beispiel rassistische oder sexistische Affekte, die direkter Ausdruck entsprechender Haltungen und Empfindungen sind. Der Utilitarismus darf das Prinzip der größtmöglichen Erfüllung von Präferenzen also nicht auf die unmittelbaren, sondern nur auf die hypothetischen wohl überlegten Präferenzen beziehen. Diese informierten Präferenzen sind recht überlegt nichts anderes als reflektierte Urteile. Damit relativiert sich aber der Stellenwert des utilitaristischen Prinzips der maximalen Präferenzerfüllung, da die Kriterien, denen Präferenzen zu genügen haben, um als wohl überlegt zu gelten, zwangsläufig über das Prinzip einer Nutzenmaximierung und somit über den Utilitarismus hinausreichen.

Richard Hare begegnet in seiner Theorie des Utilitarismus dem Problem böser Präferenzen mit der Unterscheidung zweier Ebenen: Er trennt zwischen der Ebene des intuitiven moralischen Urteilens und der Ebene des kritischen moralischen Denkens. Den Idealstandard des kritischen moralischen Denkens verdeutlicht er an der Figur des Erzengels, der unparteilich alle relevanten Informationen und Aspekte gewichtet. Moralisches Denken setzt für Hare voraus, sich in Konfliktlagen in die Lage der anderen Person zu versetzen und durch Abwägen eine Rangordnung zwischen den eigenen Präferenzen und den Präferenzen der anderen Person zu erzielen. Dies gelingt aber nur, wenn man auf übergeordnete Kriterien zurückgreifen kann. Hare selbst räumt ein, dass seine Lesart des Utilitarismus eine große Nähe zu kantischen Prinzipien, insbesondere dem Verallgemeinerungsprinzip, aufweist. Nach Hare „besteht eine sehr enge Beziehung" zwischen Benthams *Jeder zähle als einer, keiner mehr als einer* und Kants kategorischem Imperativ in der Formulierung *Handle nur nach derjenigen Maxime, durch die du zugleich wollen kannst, dass sie ein allgemeines Gesetz werde.*[19] Fraglich wird aber, wie weit der Utilitarismus bei dieser Annäherung an andere moralische Kriterien nicht seine spezifischen Akzentuierungen verliert.

Der Utilitarismus setzt bei den menschlichen Interessen und Bedürfnissen an und formuliert ein prima facie einsichtiges Moralprinzip: das Wohlergehen aller. Wer wollte dessen moralischen Wert bestreiten? Die Theorie verfügt mit der Orientierung an Interessen und Bedürfnissen über eine nicht weiter rechtfertigungsbedürftige empirische Ausgangsbasis. Denn für gewöhnlich haben Menschen ein Interesse an ihrem

19 Richard M. Hare, *Moralisches Denken,* 43.

Wohlergehen. Diese Wertsetzung des Utilitarismus teilen wohl die meisten Menschen. Was Menschen in pluralistischen Gesellschaften auch immer an möglichen Werthaltungen gutheißen, so wollen sie für gewöhnlich, dass es ihnen und den ihnen Nahestehenden gut geht.

Der Utilitarismus berücksichtigt die Konsequenzen von Handlungsweisen. Damit verwahrt sich die utilitaristische Ethik gegen einen Prinzipienrigorismus, der aufgrund einer absoluten Verpflichtung auf einen bestimmten Grundsatz moralisch problematische Konsequenzen in Kauf nimmt. Die Folgenabwägung verbietet etwa, dass jemand aufgrund eines rigoros verstandenen Lügenverbots unschuldige Menschen ihren Verfolgern ausliefert. Insofern ist der Utilitarismus eine in Teilaspekten durchaus plausible Moraltheorie.

Ungeachtet dieser positiven Seiten ist der Utilitarismus aber auch erheblicher Kritik ausgesetzt. Die Einwände konzentrieren sich darauf, dass sich die Theorie nahezu ausschließlich auf die Nutzenmaximierung konzentriert und andere wichtige Kategorien, zum Beispiel subjektive moralische Rechte, übersieht. Zudem würden Personen auf Nutzenträger reduziert und durch die Gesamtaggregierung von Nutzeneinheiten würden die Unterschiede und Grenzen zwischen Individuen verschwimmen. Der Utilitarismus nimmt, wie John Rawls bemerkt, „in einem bestimmten Sinn die Verschiedenheit der Menschen nicht ernst".[20] Einige dieser Gegenargumente haben zu Modifikationen der utilitaristischen Ethik geführt.

3.1 Handlungsutilitarismus und Regelutilitarismus

Einer der Standardeinwände lautet, dass der Utilitarismus mit der am Prinzip der Nutzenmaximierung ausgerichteten Folgenabschätzung zu Konsequenzen führt, die unseren wohl überlegten moralischen Einzelurteilen widersprechen. Das Problem lässt sich an einer Reihe kontrafaktischer Beispielfälle verdeutlichen:

Was soll geschehen, wenn ein unheilbar kranker Patient, der nur noch kurze Zeit zu leben hat, mit seinen noch intakten Organen das Leben von fünf weiteren Personen, die sofort eine Transplantation benötigen, retten könnte? Müsste nicht nach dem Modell einer Aufrechnung guter gegenüber schlechter Folgen das Glück von fünf Menschenleben

20 John Rawls, *Eine Theorie der Gerechtigkeit,* 214.

schwerer wiegen als das Überleben eines Menschen? Wäre nicht der Tod von fünf anderen ein größerer Verlust?

Was soll ein Journalist in einem mittelamerikanischen Land tun, der zufällig in eine Militäraktion gegen Indios gerät und der vom Militärkommandanten mit dem folgenden Ansinnen konfrontiert wird: Der Kommandant sei gewillt, auf die eben angesetzte Exekution aller Indios zu verzichten, wenn sich der Journalist bereit erkläre, einen der Indios selbst zu erschießen?

Wofür soll sich ein arbeitsloser Wissenschaftler entscheiden, der für seine Familie zu sorgen hat und dem ein lukrativer Job in der chemischen Waffenindustrie angeboten wird?[21]

Aus der Sicht einer strikten Auslegung der utilitaristischen Theorie scheint die Antwort auf diese Beispiele klar: Der Journalist sollte einen der Indios töten, um die anderen zu retten. Der Wissenschaftler sollte den Job in der Militärindustrie annehmen. Das Leben des todkranken Patienten ist durch keinerlei medizinische Maßnahmen zu verlängern, vielmehr durch aktives Zutun zu verkürzen. Dies sind harte und mit unseren Common-Sense-Empfindungen und -Überlegungen unvereinbare Folgerungen.

Alle diese Beispiele, deren Liste sich durch etwas Phantasie beliebig verlängern ließe, zielen auf den Punkt, dass der Utilitarismus basale moralische Prinzipien nicht respektiert. Moralische Institutionen wie Versprechen und grundlegende Rechte auf körperliche Integrität, auf Sicherheit und auf Leben sind, wie Kritikerinnen und Kritiker zu bedenken geben, außer Kraft gesetzt, wenn eine Verletzung dieser Grundsätze ein Übermaß an guten gegenüber schlechten Folgen bedingt und somit eine Nutzensteigerung erzielbar ist.

Die erwähnten Beispiele setzen offenbar die Bewertung von Einzelhandlungen voraus. Die Frage ist jeweils, ob der Akt des Schädigens eines Menschen (durch Täuschen, Belügen oder im Extremfall durch Verletzen oder Töten) *für sich betrachtet* aus der Perspektive des Utilitarismus moralisch erlaubt oder gar geboten ist, sofern eine solche Handlung mehr an guten Folgen generiert.

Eine Reihe von Utilitaristen sieht genau in dieser Konzentration auf Einzelhandlungen das Problem. Sie betrachten es als unzulässig, das utilitaristische Prinzip auf isolierte Akte anzuwenden. Notwendig sei vielmehr, die unser Handeln bestimmenden *Regeln* aus dem Blickwinkel der Nutzen-

21 Die Beispiele stammen von Bernard Williams. Siehe Bernard Williams, A Critique of Utilitarianism, in: J. C. Smart and Bernard Williams, *Utilitarianism For and Against,* Cambridge: Cambridge University Press 1973, 77–150, bes. 97–99.

maximierung zu prüfen. Wenn man somit von dem auf Einzelhandlungen konzentrierten *Aktutilitarismus* zu dem auf die Bewertung von Regeln abzielenden *Regelutilitarismus* übergehe, so zielen die Gegenbeispiele ins Leere.

Die maßgebliche Frage lautet aus der Sicht des Regelutilitarismus nicht, ob eine Einzelhandlung ein Übermaß guter gegenüber schlechter Konsequenzen generiert, sondern ob bestimmte moralische Regeln das allgemeine Wohlergehen sichern. Es geht dann nicht darum, ob es erlaubt ist, einen Menschen zu hintergehen oder gar zu töten, um Schlimmeres zu verhindern, sondern um die Frage, wie weit das Tötungsverbot, das Verbot des Lügens und das Gebot, Versprechen zu halten, für ein gedeihliches Zusammenleben der Gesellschaftsmitglieder unabdingbar sind. Und es ist leicht nachvollziehbar, dass diese Regeln aus utilitaristischer Perspektive gerechtfertigt sind, da sie offensichtlich Übles verhindern und zum allgemeinen Wohlergehen beitragen.

Der Aktutilitarismus bewertet diejenige Handlung als gut, deren Konsequenzen das größtmögliche Glück oder die größtmögliche Präferenzerfüllung befördern. Der Regelutilitarismus definiert hingegen jene Regeln als gut, die ein Übermaß guter gegenüber schlechten Konsequenzen mit relativer Sicherheit zur Folge haben.

Nicht wenige Philosophinnen und Philosophen werten diesen Übergang vom Akt- zum Regelutilitarismus als eine Relativierung der Grundidee des Utilitarismus. Um unbequeme Konsequenzen zu vermeiden, werde die utilitaristische Ethik den gängigen moralischen Überzeugungen einer Gesellschaft so angepasst, dass der reformerische Impetus des Utilitarismus verloren gehe. Konsequente Utilitaristen bleiben, wie etwa J.J.C. Smart betont, Aktutilitaristen.[22] Dieses Argument übergeht aber die wichtige Frage, ob es nicht gute Gründe geben mag, den harten Konsequenzen auszuweichen. Das utilitaristische Prinzip der Nutzenmaximierung steht dann grundsätzlich zur Diskussion.

Bernard Williams hält den Übergang vom Aktutilitarismus zum Regelutilitarismus für keine Lösung der Probleme dieser Theorie. Der Regelutilitarismus könne schon deshalb nicht die Defizite des Aktutilitarismus kompensieren, da Akt- und Regelutilitarismus extensional äquivalent seien. Extensionale Äquivalenz besagt, dass beide Versionen des Utilitarismus die gleichen Arten von Handlungen als erlaubt oder als verboten beurteilen.[23] Und diese Äquivalenz ebnet nach Williams die Unterschiede zwischen Akt- und Regelutilitarismus ein.

22 Siehe J. J. C. Smart, An Outline of a System of Utilitarian Ethics, in: ders. und Bernard Williams, *Utilitarianism For and Against*, 3–74.

23 Unter der Extension eines Begriffs versteht man den Anwendungsbereich eines Begriffs, unter der Intension eines Begriffs dessen Sinn.

Die besagte Äquivalenz begründet Williams folgendermaßen: Moralische Regeln erlauben Ausnahmen. So ist etwa in Situationen der Notwehr das Tötungsverbot aufgehoben, und nicht immer ist es moralisch angemessen, die Wahrheit zu sagen. Eine Ausnahme von der Regel ist aber nur dann gerechtfertigt, wenn in diesem besonderen Fall das von der Regel abweichende Handeln mehr gute als schlechte Konsequenzen generiert. Dies bedeutet, dass die Gründe, die aus der Sicht des Regelutilitarismus die Ausnahme erlauben, die gleichen Gründe sind, die im Fall des Aktutilitarismus die Handlung rechtfertigen. Konkret: Eine Lüge als Ausnahme von der Regel, die Wahrheit zu sagen, ist nur dann zulässig, wenn die Lüge einen größeren Schaden verhindert. Eben diese Überlegung liegt aber auch dem Handlungsutilitarismus zugrunde, und somit verwischen sich die Grenzen zwischen den beiden Utilitarismuskonzeptionen.

Doch das Argument von Williams vermag nicht zu zeigen, dass Akt- und Regelutilitarismus gleich bedeutend sind. Genau genommen verdeutlicht es nur, dass sich beide Positionen von dem gleichen dahinterstehenden Prinzip der Nutzenmaximierung leiten lassen. Dies schließt aber nicht aus, dass aufgrund differenter weiterer struktureller Merkmale dieser beiden Theorien das Nutzenprinzip anders zum Tragen kommt und zu jeweils anderen Ergebnissen führt. Und genau dies ist nach Ansicht der Regelutilitaristen der Fall.

Da der Regelutilitarismus ja im Gegensatz zum Aktutilitarismus bestimmte moralische Regeln als gültig anerkennt, sieht die Konsequenzenabwägung trotz der geteilten Berufung auf das Nutzenprinzip in den beiden Versionen des Utilitarismus anders aus. Der Regelutilitarismus rechnet in diese Abwägung den Stellenwert und das Gewicht der Regel mit ein und wird zu einer begrenzteren Zahl von tolerierbaren Ausnahmefällen kommen als der Handlungsutilitarismus. Eben diese Überlegung hat ein überzeugter Regelutilitarist wie John Harsanyi gegen Williams' Argument vorgebracht: „(I)n many cases rule utilitarianism and act utilitarianism will yield very different practical moral implications. In particular, as we have seen, rule utilitarianism will protect people's moral rights and their special moral obligations in a much wider range of cases, and will permit their infringement in many fewer exceptional situations, than act utilitarianism will. By the same token, rule utilitarianism will permit many fewer exceptions to the moral obligation of keeping our promises – or to that of gratitude to a benefactor, or to that of telling the truth, etc. – than act utilitarianism will. This should finally put to rest the surprising claim, sometimes made even by very distinguished moral philosophers, that rule and act utilitarianism are equivalent as to their practical moral implications.“[24]

Doch wie plausibel ist der Regelutilitarismus? Wie verbindlich sind moralische Regeln, die nur über den allgemeinen Nutzen begründet sind? Verkennt diese Bindung an eine Nutzenabwägung nicht den spezifischen Gehalt moralischer Regeln? Gelten Regeln nicht deshalb, weil sich die von ihnen vermittelte normative Verpflichtung mit guten Gründen rechtfertigen lässt? Wenn es eine Einsicht in das Richtige gibt, gelten dann Regeln nicht für sich genommen? Wie kann der Regelutilitarismus dem Einwand entgehen, dass er in dem Bemühen, den Utilitarismus sozial verträglich zu machen, diesen bis zur Selbstaufgabe transformiert?

Eben dieses Verwischen der Konturen des utilitaristischen Prinzips kritisiert Bernard Williams. Der Utilitarismus kommt nach Williams „dem Regelutilitarismus entweder nicht weit genug entgegen“, um das Problem der kontraintuitiven Konsequenzen des Utilitarismus zu vermeiden, oder er komme „ihm so weit entgegen, dass er schon längst kein Utilitarismus mehr sei“.[25] Beim Regelutilitarismus verhalte es sich wie bei einem Abrechnungsmodell, das Rechnungen über geringfügige Beträge den Kundinnen und Kunden auch dann zustellt, wenn der Rechnungsbetrag nicht einmal die Kosten der Rechnungsbearbeitung deckt, weil diese Form der Abrechnung in Summe kostengünstiger ist als das Aussortieren der geringfügigen Rechnungen.

Der Vergleich besagt also, dass der Regelutilitarismus die Kosten für den Einzelfall übersieht. Doch genau dieses Ignorieren des besonderen Falles ist nach Williams nicht mehr möglich, wenn in einer bestimmten Situation die Ausnahme von der Regel klar die konsequenzenbezogen bessere Alternative ist. Dann wäre es utilitaristisch gesehen irrational, nicht von der Regel abzuweichen.[26] Der Regelutilitarismus, so könnte man diesen Punkt zusammenfassen, ist also inkohärent, da er als Gesamtkonzeption von Einzelfällen abstrahiert, diese dann aber genau wieder ins Spiel bringt, um sich vor dem Einwand des Regelfetischismus zu schützen.

Williams’ Überlegung, dass Ausnahmen manchmal gerechtfertigt sind, stellt noch keinen treffenden Einwand gegen den Regelutilitarismus dar. Denn Ausnahmen von der Regel lässt auch ein Regelutilitarist wie Harsanyi zu. Das Argument verdichtet sich erst dann zu einer Kritik, wenn man

24 John C. Harsanyi, Rule Utilitarianism, Equality, and Justice, in: E. F. Paul (Hg.), *Ethics and Economics,* Oxford: Oxford University Press 1985, 129, 130.

25 Bernard Williams, *Der Begriff der Moral.* Eine Einführung in die Ethik, Stuttgart: Reclam 1978, 103.

26 Ebd., 105.

annimmt, dass die Nutzenkalkulationen im Einzelfall die Verbindlichkeit der Regel zwangsläufig unterwandern. Doch dies ist selten der Fall, wenn wir an etablierte moralische Institutionen, etwa Versprechen, denken. Dann aber ist es so, dass man den Aktutilitarismus bereits als gültig voraussetzt und als die eigentlich aussagekräftige utilitaristische Position versteht. Genau das tut Williams. Der Regelutilitarismus ist demnach ein Kompromiss, mit dem man den harten Folgen des Utilitarismus entkommen will.

Die Frage ist, ob Regelutilitaristen sich in der Diskussion moralischer Fragen nur auf das Kriterium der Nützlichkeit berufen. Dies ist nicht der Fall, wenn man den Zugang utilitaristischer Philosophinnen und Philosophen zu konkreten moralischen Fragen berücksichtigt. Da zählen auch in der utilitaristischen Ethik andere Kriterien, etwa der Respekt vor den Rechten anderer.

3.2 Personale Integrität und moralisches Urteilen

Wie weit deckt der Utilitarismus die moralisch relevanten Kategorien ab? Moral hat mit dem Befolgen von Regeln zu tun, erschöpft sich aber nicht darin. Moral ist auch verknüpft mit dem angemessenen Empfinden und mit jenen Prinzipien, die uns in unseren Grundhaltungen als Personen bestimmen. Es scheint fragwürdig, nur eine Person, welche die gängigen moralischen Regeln befolgt, als eine moralisch gute Person zu definieren. Der Unterschied zwischen einem regelkonformen Verhalten aus selbstinteressierter Strategie und einem, das der Einsicht in die Verbindlichkeit dieser Regeln entspringt, jener von Kant so betonte Aspekt zwischen pflichtmäßigem Handeln und Handeln aus Pflicht, kann von einer auf das Nützlichkeitsprinzip konzentrierten Ethik nicht berücksichtigt werden. Dieser differenzierte Blick auf die Art der Handlungsgründe bleibt ausgespart, wenn wir nur darauf achten, ob die Konsequenzen einer Handlung das Glück befördern oder ob eine Regel dem allgemeinen Nutzen dient.

Ist dies ein Problem? Das hängt davon ab, was wir als die Grundfrage moralischen Nachdenkens betrachten. Wenn wir nicht nur die Überlegung, welche Regeln moralisch richtig sind, zum Kern moralischer Reflexion zählen, sondern auch die Frage, was es bedeutet, eine gute Person zu sein, dann ist es nicht möglich, die inneren Haltungen einer Person zu den moralischen Regeln und ihre Gründe, diese zu befolgen, auszuklammern. Für moralisches Handeln im Kontext der Individualethik ist die Frage, welche Person man sein will, unabdingbar. Denn nur so findet der Gehalt moralischer Regeln eine Umsetzung in Handlungszusammenhängen. Ein System moralischer Regeln gewinnt nur dann normative und soziale Relevanz, wenn die Moralsubjekte die Regeln angemessen anwenden. Eine Voraussetzung dafür ist die Fähigkeit moralischer Wahrnehmung. Personen müssen einen Sinn dafür haben, wann Situationen moralisch gewichtig sind, wann sie ein Anwendungsfall moralischer Regeln sind und wann ein bestimmtes Handeln der Evaluierung bedarf. Moralische Wahrnehmung ist aber, wie manche Philosophinnen und Philosophen argumentieren, ein sensibles reflexives Bewusstsein, das über die Regelerkenntnis hinausgeht und unsere Affekte und Empfindungsfähigkeit berührt.[27] Die Frage ist also, ob der Regelutilitarismus mit seiner schlichten Nutzenbewertung von Regeln nicht zu kurz greift.

Abgesehen vom Problem moralischer Wahrnehmung ergibt sich eine weitere Schwierigkeit, wenn wir ein auf das Personsein erweitertes Moralverständnis zugrunde legen. Dies ist die Frage, wie weit der Utilitarismus nicht die Integrität der Person untergräbt.[28] Nehmen wir Williams' Beispiel des Journalisten, der das Leben einer Reihe von Personen retten kann, wenn er einen Menschen erschießt. Angenommen der Journalist ist ein Mensch, der jede Form der Gewalt verabscheut und der an die Unabdingbarkeit bestimmter moralischer Grundwerte wie der Achtung vor der Person glaubt. Durch die in dieser Situation naheliegende Nutzenkalkulation in Form einer Aufrechnung des Werts eines Menschenlebens gegen andere sieht sich der Journalist zu einer Form des Handelns gedrängt und gezwungen, die mit seinem Selbstverständnis und seinen Ansprüchen an sich selbst nicht verträglich ist. Seine Integrität steht, wie Williams anmerkt, auf dem Spiel in einer Situation, in der sich das Erschießen eines Menschen utilitaristisch betrachtet als richtig darstellt.

27 Vgl. John McDowell, Virtue and Reason, in: Nancy Sherman (Hg.), *Aristotle's Ethics.* Critical Essays, New York et al.: Rowman & Littlefield Publishers 1999, 121–143.

28 Nach Rawls hat der Utilitarismus nicht nur Schwierigkeiten, dem Kriterium der Integrität von Personen gerecht zu werden, sondern kann sogar der Verschiedenheit und Eigenständigkeit der Personen nicht Rechnung tragen. Wenn nur die Maximierung der Gesamtnutzensumme relevant ist, verwischen sich die Konturen der Person in der Aufrechnung der Wohlergehenseinheiten. Nach dem Utilitarismus lässt „man die Bedürfnisse aller Menschen in ein stimmiges System bringen und aus den vielen eine einzige Person machen“. Rawls, *Eine Theorie der Gerechtigkeit,* Frankfurt am Main: Suhrkamp 1979, 45. Diese Kritik wird aber einer Position, wie sie Mill vertritt, nicht gerecht.

Der Einwand ist etwas unklar in seinem Gewicht. Warum kann etwas, das moralisch besser ist, die Integrität einer Person verletzen? Das Selbstverständnis einer Person ist zweifellos gefordert, wenn von ihr etwas zu tun verlangt wird, das mit ihren Überzeugungen nicht vereinbar ist. Aber möglicherweise ist es um die moralische Qualität dieser identitätskonstitutiven Überzeugungen schlecht bestellt. Und dann kann ein Handeln, das aus der Perspektive des moralischen Standpunkts geboten scheint, nicht als Verletzung der Integrität der Person gelten. Doch die harten utilitaristischen Konsequenzen berühren genau deshalb die Integrität von Personen, da sie mit den gängigen Vorstellungen des Rechten und Guten in Konflikt geraten, also mit Vorstellungen, die nicht nur auf gesellschaftlichen Konventionen beruhen, sondern auf moralischer Reflexion und wohl überlegten moralischen Urteilen.

Ein Problem des Utilitarismus ist auch, wie die Konsequenzen gewichtet werden. Ein rein quantitativer Maßstab, etwa die Aufrechnung von Menschenleben, widerspricht wichtigen Grundsätzen wie der Unverletzlichkeit der Person. Es ist bestenfalls in extremen Notsituationen zulässig, den Tod einiger Menschen in Kauf zu nehmen, um eine große Zahl von Menschen zu retten. Doch in solch seltenen Zwangssituationen würden auch andere Ethikansätze zu dieser Folgerung kommen.

Generell ist es sehr schwierig, zu bestimmen, was alles an negativen und an positiven Momenten in die utilitaristische Kalkulation einbezogen werden soll. Sollen etwa die ablehnenden Gefühle jener Menschen, die mit einer utilitaristisch begründeten Normsetzung nicht einverstanden sind, die aber das soziale Leben nachhaltig bestimmt, als Negativfaktoren in der Nutzenbewertung aufscheinen? Doch dieses Problem sollte man nicht allein dem Utilitarismus anlasten. Auch andere ethische Ansätze müssen eine hypothetische Folgenabschätzung zulassen. Der Unterschied ist allerdings, dass sie mehr Kriterien als nur die Nutzenabwägung berücksichtigen und dadurch die Konsequenzengewichtung nicht auf eine so krude Art und Weise der Umsetzung reduzieren wie der Utilitarismus.

Durch die Konzentration auf die nutzenmaximierende Folgenabschätzung untergräbt der Utilitarismus die Bestrebungen von Personen, gut zu handeln und sich moralisch zu perfektionieren. Es gibt wenig bis keinen Platz für moralische Ideale. Tugenden bleiben weitgehend ausgeklammert. Denn gemessen an einer schrecklichen Ausgangssituation scheinen Handlungen, die für sich genommen kaum moralisch tolerierbar sind, die aber zu einer geringfügigen Verbesserung führen, utilitaristisch betrachtet moralisch untadelig. Da nach der utilitaristischen Theorie nur die Nutzensteigerung zählt, können Menschen mit wenig Mühe und geringfügigen Veränderungen moralische Verdienste erwerben.

3.3 Negative und positive Pflichten

Der Utilitarismus, besonders der Handlungsutilitarismus, führt zu radikalen Konsequenzen in Fragen der Ethik. So hat die Haltung mancher Utilitaristen zum Problem der Euthanasie heftigste Reaktionen ausgelöst.

Peter Singer ist etwa einer jener Utilitaristen, die sich nicht der erwähnten Relativierung des Utilitarismus schuldig machen, sondern die den Konflikt zwischen den harten utilitaristischen Folgerungen und den konventionell abgesicherten Moralüberzeugungen in Kauf nehmen. Da der Unterschied zwischen Tun und Unterlassen nicht zählt, ist im Falle von Nichtpersonen das klassische utilitaristische Prinzip angemessen. Nur die Abwägung von Lust und Schmerz (positiven versus negativen Konsequenzen) wird maßgeblich. Deshalb ergibt sich die harte und für viele empörende Konsequenz, dass es besser ist, im Fall von schwerstbehinderten Säuglingen auf lebensrettende Maßnahmen zu verzichten und sie zu töten, statt sie langsam sterben zu lassen.[29]

Doch der Utilitarismus vertritt auch entschieden soziale Anliegen. Und die Haltung von Utilitaristen wie Peter Singer in der Frage der Armutsbekämpfung verdeutlicht, dass die politische Einordnung ihrer Position – Singers Thesen in der Frage der Euthanasie gelten vielen als Weiterführung der Nazi-Ideologie – analytisch gesehen nicht zutreffend ist. Im Fall der Armutsbekämpfung und der Probleme von Arm und Reich führt Singers theoretische Position zu relativ radikalen Umverteilungen. Es gibt eine Verpflichtung, Reichtum zu teilen. Gemessen an der Situation der Entwicklungsländer, der Daten über Kindersterblichkeit, Unterernährung und Krankheiten, die relativ einfach zu bekämpfen wären, kommt Singer zu dem Schluss, dass die Bewohnerinnen und Bewohner der USA, Australiens und der reichen Länder Westeuropas im Prinzip Totschläger sind. Diese radikale Folgerung erklärt sich wiederum aus der Aufhebung der Tun-und-Lassen-Unterscheidung im Utilitarismus. Wenn diese Unterscheidung zwischen aktivem Tun und passivem Geschehenlassen nicht gilt, dann sind wir aufgrund der mangelnden aktiven Maßnahmen der reichen Länder zur Verbesserung der Lebensbe-

29 Siehe Peter Singer, *Praktische Ethik,* 2. Auflage, Stuttgart: Reclam 1994.

dingungen in armen Ländern verantwortlich für den Tod der Bewohnerinnen und Bewohner dieser Länder. Denn unser Nichtstun trägt zu deren Verelendung bei.

Diese Folgerungen Singers erklären sich daraus, dass handlungsorientierte Versionen des Utilitarismus keinen Unterschied zwischen negativen und positiven Pflichten, zwischen Unterlassen und Tun kennen. Wenn nur die Folgen und die Gesamtnutzensteigerung zählt, dann ist einzig die Nutzenmaximierung maßgeblich. Durch welche Form des Handelns der Gesamtnutzen erhöht wird, ob durch Geschehenlassen oder durch aktives Zutun, bleibt unerheblich.

Kantische Ansätze und auch Ansätze der Tugendethik differenzieren hingegen zwischen negativen und positiven Pflichten. Negative Pflichten, also Pflichten der Nichteinmischung, zählen stärker als positive Pflichten. Die meisten positiven Pflichten erstrecken sich nur auf den moralischen Nahbereich, den Bereich spezieller Pflichten zu Angehörigen im Rahmen besonderer Beziehungen. Spezielle Pflichten zählen nach diesen Moralkonzeptionen mehr als generelle Pflichten. Die Pflicht, für unsere eigenen Kinder zu sorgen, ist demnach stärker als die Pflicht, für andere zu sorgen.

Der Unterschied zwischen negativen und positiven Pflichten scheint unabdingbar, um Handlungsweisen in ihrer Feinstruktur moralisch zu analysieren und zu beurteilen. Philippa Foot verdeutlicht den Unterschied zwischen negativen und positiven Pflichten an folgendem etwas drastischen Beispiel: „Die meisten von uns lassen zu, dass Menschen in Indien oder Afrika vor Hunger sterben, und es ist sicher etwas moralisch Falsches daran, dass wir das tun. Die Annahme wäre jedoch unsinnig, dass der Unterschied zwischen dem Verhungernlassen der Leute in den unterentwickelten Ländern und dem Senden giftiger Nahrungsmittel nur im Recht gilt. In unserem Moralsystem ist eine Unterscheidung verankert zwischen dem, was wir anderen Menschen in Form von Hilfe, und dem, was wir ihnen in Form von Nichteinmischung schulden.“[30]

Doch die Unterscheidung zwischen negativen und positiven Pflichten ist nicht ohne Probleme. So kann eine Betonung der negativen Pflichten in Kombination mit der Idee besonderer Verpflichtungen im Nahbereich leicht zu einer Rechtfertigung von Bequemlichkeit und Untätigkeit und zu einer Rationalisierung von moralischen Defiziten wie Habgier, Geiz und Gefühllosigkeit benützt werden. Ein möglicher Ausweg ist, über den Begriff der Tugenden so starke Forderungen an die persönlichen morali-

30 Philippa Foot, Das Abtreibungsproblem und die Doktrin der Doppelwirkung, in: Anton Leist (Hg.), *Um Leben und Tod,* 196–211, hier: 205.

schen Haltungen zu stellen, dass die erwähnten moralischen Fehler nicht tolerierbar sind. Dies gilt sicher für Foots Ethik, da sie Gerechtigkeit und Wohlwollen als die zentralen Tugenden betrachtet, von denen sich die anderen Haltungen und Pflichten ableiten.

Im Rahmen einer kantischen Ethik bietet sich die Möglichkeit, den Begriff der Maxime so zu fassen, dass die potenziellen Konsequenzen unseres beabsichtigten Tuns und Lassens für Menschen in fernen Teilen dieser Welt als Handlungsziel einbezogen werden. Die Frage ist dann nicht, ob die Maxime, nichts zu tun, oder die Maxime, etwas zu tun, moralisch erlaubt ist. Zu überlegen ist vielmehr, ob die Maxime, eine auf das Ziel X gerichtete Handlung zu unterlassen, gerechtfertigt ist, oder ob die Maxime, eine Handlung zu tun, um Ziel X zu erreichen, legitim ist. Und da kann sich durchaus ergeben, dass ein Unterlassen nicht tolerierbar ist.

Das Problem scheint aber, dass eine Maximenethik das Problem der realen Folgen, um die es dem Utilitarismus geht, nicht in den Blick bekommt. Maximen reflektieren ja die Motivationsstruktur und die Gründe der Person und ihre beabsichtigten Handlungsziele. Doch im Falle gravierender sozialer Probleme in armen Ländern handelt es sich in der Regel nicht um beabsichtigte Folgen, zumindest nicht um die von einer konkreten Person A, die in einem Industrieland lebt, beabsichtigten Folgen. Die Maxime einer solchen Person lautet für gewöhnlich ja nicht: Ich unterlasse es, einen Teil meines Einkommens wohltätigen Organisationen zu geben, um damit zum Elend und zum Verhungern von Menschen beizutragen. Diese Folgen sind aber häufig eine indirekte und nicht beabsichtige Nebenwirkung. Und genau die moralische Problematik dieser nicht intendierten Folgen versucht der Utilitarismus aufzuzeigen und dem persönlichen Verantwortungsbereich zuzuordnen.

Der Utilitarismus bringt also mit seiner Betonung der Konsequenzen von Handlungen und von bestimmten Handlungszusammenhängen ein wichtiges Moment in die ethische Diskussion. Allerdings ist es ein Fehler des Utilitarismus, sich ausschließlich auf die Gesamtnutzensteigerung oder die maximale Präferenzerfüllung zu konzentrieren. Dies verkürzt die für eine Beurteilung unseres Handelns maßgeblichen Aspekte. Wenn sich der Unterschied von Tun und Lassen verwischt, so verlieren sich moralisch bedeutsame Feindifferenzierungen unseres Tuns. Denn in vielen Dimensionen sozialen Lebens gebietet der Respekt vor anderen Personen, vor deren Privatheit und Integrität, die Nichteinmischung und den Rückzug. In anderen Situationen wieder ist aktives Handeln geboten.

Die Aufhebung der Trennung von Tun und Unterlassen führt auch leicht zu moralischer Überforderung und in der Folge zu moralischer Nachlässigkeit. Es ist nicht möglich, dass wir für alle Menschen gleichermaßen aktiv sorgen. Eine solche Forderung scheint sinnlos, weil sie nicht einmal in Ansätzen erfüllbar ist. Doch ein Sinn für Angemessenheit ist notwendig, um moralischer Gleichgültigkeit zu entgehen. Es bedarf der Überlegung, wie viel oder wie wenig zu tun in einer bestimmten Situation und Problemlage am besten ist. Manchmal ist Nichteinmischung moralisch geboten, manchmal aber die aktive Intervention.

Die These des Utilitarismus, dass die Folgen unseres Tuns zu berücksichtigen sind, ist richtig. Doch die Einbeziehung der Konsequenzen sollte im Rahmen einer Moraltheorie geschehen, welche die Folgenabschätzung nicht zum alleinigen Kriterium moralischer Beurteilung macht, sondern diese in Beziehung zu anderen Kategorien und Kriterien des Moralischen setzt.

3.4 Rechte und Gerechtigkeit

Als Schwachpunkt des Utilitarismus gilt auch, dass er keine Erklärung für die Kategorie der moralischen Rechte findet. Moralische Rechte sind grundlegende Ansprüche von Menschen. Ein Beispiel dafür sind Menschenrechte, die inzwischen auch in einer Vielzahl von Dokumenten des internationalen Rechts verankert sind. Die Idee, dass Menschen als Menschen moralische Rechte haben, wie das Recht auf körperliche Unversehrtheit und Sicherheit, das Recht auf Religionsfreiheit und freie Meinungsäußerung, das Recht auf elementare gesellschaftliche Güter wie Bildung, bestimmt wesentlich die politische Kultur einer Gesellschaft.

Der Utilitarismus hat mit seiner Konzentration auf die Nutzenmaximierung so gut wie keinen Platz für die Kategorie der Rechte. Die Skepsis gegenüber der Kategorie der natürlichen Rechte kommt bereits bei Bentham voll zum Ausdruck, der Rechte als „nonsense upon stilts“[31] bezeichnet. Wichtig ist aber, die Gründe für diese Skepsis gegenüber Rechten zu betrachten. Denn dies gibt nicht nur Aufschluss über den Utilitarismus und seine etwaigen Schwächen, sondern weist den Weg zu einer befriedigenden Theorie der Moral.

Die Gründe für diese Vernachlässigung von Rechten liegen in dem zentralen Stellenwert der Nutzenmaximierung und der monistischen Wertetheorie des Utilitarismus. Wenn die maßgeblichen moralischen Kategorien die der Lust und Unlust sind, so werden alle anderen Begriff-

31 Siehe Jean-Claude Wolf, *John Stuart Mills „Utilitarismus“*, 175.

lichkeiten diesen Werteinheiten untergeordnet. Alle anderen moralischen Kategorien erfahren dann ihre Rechtfertigung über ihren Beitrag zum Nutzen. Wenn man Menschen Rechte einräumt, so geschieht dies mit Bezug auf deren Nützlichkeit. Aber gerade im Fall der Kategorie moralischer Rechte ist diese funktionalistische Begründung, die leicht in eine instrumentalistische Rechtfertigung kippt, problematisch. Denn sie verkennt offenbar, was den Kern moralischer Rechte ausmacht: die Ansprüche von Menschen als Menschen um ihrer selbst willen zu respektieren.

Dieses Problem vermeidet man nur, wenn man die Verbindung zwischen Nützlichkeit und Gerechtigkeit nicht so eng zieht, dass die Anerkennung von Menschen um ihrer selbst willen ausgeklammert wird. Mill hat dieses Problem klar gesehen. Es war ihm bewusst, dass der Utilitarismus zu einer rein instrumentalistischen Sicht auf die tragenden Begriffe der Moraltheorie tendiert. Und Mill macht sich die Mühe, mit Bezug auf einen Grundbegriff der Moral – den Begriff der Tugenden – zu zeigen, dass der Utilitarismus sehr wohl die Dimension des Verbindlichen „um seiner selbst willen“ zulässt. Der Utilitarismus behauptet, wie Mill schreibt, „nicht nur, daß Tugend erstrebenswert ist, sondern daß sie uneigennützig, um ihrer selbst willen erstrebt werden sollte“.[32] Mill rechtfertigt diesen Schritt über seine auf das Glück bezogene Lesart des Nutzenprinzips. Das Nutzenprinzip verlangt demnach sogar, dass die Tugend um ihrer selbst willen geschätzt wird. Dies ist deshalb so, da Mill das Glück nicht als eine abstrakte Entität versteht, die über eine Reihe von Mitteln erreicht wird. Die verschiedenen Freuden sind nicht Mittel zum darüberstehenden Glück, das Glück ist vielmehr nicht von diesen Freuden trennbar. Die um ihrer selbst willen erfahrenen Freuden sind konstitutiv für das Glück, sie sind, wie Mill sagt, „Teile des Zwecks“.[33] Und Mill fügt an, dass die Tugend gleichermaßen bei jenen Menschen „Teil des Zwecks“ und „Teil des Glücks“ geworden ist, welche „die Tugend ohne eigennützige Motive“ lieben.

Mill sieht den Fall der Rechte ganz ähnlich. Er bindet die Kategorie der Rechte und die Kategorie der Gerechtigkeit insgesamt zwar an die Nützlichkeit, er will aber ihre moralische Verbindlichkeit nicht über ihre instrumentelle Funktion – ihren Beitrag zum allgemeinen Nutzen – begründen. Als „ungerecht“ klassifiziert Mill die Verletzung der gesetzlich verbürgten Rechte von Menschen – die Rechte auf Freiheit und Eigentum – und die Verletzung der moralischen Rechte einer Person (ungerechte Gesetze müssen kritisiert werden können). Als ungerecht sieht er

32 Mill, *Der Utilitarismus,* 62.
33 Ebd., 63.

des Weiteren, einer Person nicht zu geben, was diese verdient, und jemandem gegenüber wortbrüchig und parteiisch zu werden.

Alle diese Rechtfertigungen und Erklärungen der Gerechtigkeit haben recht besehen deontologischen Status. Mill stellt immer wieder an Beispielen klar, dass sich die moralischen Rechte einer Person nicht von dem Nützlichen ableiten: „Wenn aber ein Gesetz für ungerecht gehalten wird, scheint es stets aus demselben Grunde für ungerecht gehalten zu werden, aus dem auch ein Rechtsbruch ungerecht ist, nämlich weil es jemandes Rechte verletzt.“[34]

Wie stellt nun Mill die Verbindung zwischen Gerechtigkeit und Rechten einerseits und Nützlichkeit andererseits her? Der Gehalt eines Rechts besteht nach Mill darin, dass eine Person von der Gesellschaft erwarten und verlangen darf, im Innehaben dieses Rechts geschützt zu werden. Und er betont, dass er nichts „als die allgemeine Nützlichkeit“ als Grund dafür nennen kann, warum die Gesellschaft Rechte schützen sollte. Die allgemeine Nützlichkeit von Rechten leitet sich davon ab, dass ein Rechtssystem zur allgemeinen Sicherheit beiträgt und damit einem Grundbedürfnis der Menschen Rechnung trägt. Doch auch im Kontext dieser Argumentation geht es Mill genau genommen um eine Verbindung der Nützlichkeit mit der Unbedingtheit der Verpflichtung: „Gerechtigkeit ist der Name für eine Reihe moralischer Regeln, die für das menschliche Wohlergehen unmittelbar bestimmend und deshalb unbedingter verpflichtend sind als alle anderen Regeln des praktischen Handelns: in dem Begriff, in dem wir das Wesen der Gerechtigkeitsvorstellung gefunden haben, dem eines Rechtsanspruchs eines Individuums gegenüber anderen, ist diese höhere Verbindlichkeit ausgesprochen.“[35]

Mill kommt hier stark der kantischen Idee nahe, die Unbedingtheit einer Verpflichtung aus sich selbst, aus der Einsicht in ihre Verbindlichkeit zu begründen. Dennoch bezieht er das System der Gerechtigkeit insgesamt auf die Nützlichkeit. Für Mill sind „alle Fälle von Gerechtigkeit auch Fälle von Nützlichkeit“.[36] Zwar sieht er die Gerechtigkeit von einem Gefühl der Vergeltung, des Zorns und der Empörung begleitet, doch der moralische Gehalt der Gerechtigkeit ist nur durch den Bezug auf das Gemeinwohl definiert und daher sind Gerechtigkeit und Nützlichkeit vereinbar.

Mill führt die Begriffe des Rechts und der Gerechtigkeit als für sich stehende Kategorien des Moralischen ein. Doch das Argument, dass

34 Ebd., 77.
35 Ebd., 103.
36 Ebd., 11.

Rechte und Gesetze zum allgemeinen Wohlergehen beitragen, leistet nur eine Rechtfertigung des Gesamtsystems von Rechten, nicht aber die Verbindlichkeit im Einzelfall, die Verbindlichkeit für sich genommen. Mill gibt eine Antwort auf die Frage, warum es gut ist, ein Rechtssystem einzuführen. Die Frage nach den Gründen der Verbindlichkeit einzelner Rechtsregeln und der Grundsätze der Gerechtigkeit abgesehen von deren Nützlichkeit beantwortet er nicht.

Im Zusammenhang mit Fragen der Gerechtigkeit ist dem Utilitarismus auch vorgeworfen worden, keine Theorie der Verteilungsgerechtigkeit begründen zu können. Zwei Möglichkeiten der Verteilung von Gütern stehen dem Utilitarismus offen: die Maximierung des Gesamtnutzens der Gesellschaft oder des Durchschnittsnutzens. Wenn die Erhöhung des Gesamtnutzens das Ziel ist, so geht dies offenbar mit großen Ungerechtigkeiten einher, da ja die Verteilung der gesellschaftlichen Güter auf die einzelnen Gesellschaftsmitglieder keine Rolle spielt. Aber genau die Frage, über wie viele Güter ein einzelner Mensch in der Relation zu anderen Menschen verfügt, die ja ohne besondere Gründe nicht mehr beanspruchen dürfen, ist ein wesentlicher Aspekt der Gerechtigkeit. Die bloße Gesamtnutzensteigerung ist vereinbar mit einer Reihe von Ungerechtigkeiten, etwa der rechtlichen Unterdrückung einzelner Personen oder Minderheiten. Die Maximierung des Durchschnittsnutzens entgeht diesem Problem. Aber hier entsteht das Problem einer Verringerung des Durchschnittsnutzens, wenn die Anzahl der Bevölkerung steigt. Denn bei wachsender Bevölkerungszahl ist trotz sinkendem Durchschnittsnutzen der Gesamtnutzen durch die größere Bevölkerungszahl höher.

Allgemein gerät bei der Verbindung von Gerechtigkeit und Nützlichkeit die Einzelperson in Gefahr, in einem Kalkül der Nutzenaufrechnung aus dem Blickfeld zu geraten. Denn wenn die moralische Perspektive nur von der Aufrechnung von Rechten und Interessen bestimmt ist, dann verliert sich das konkrete Individuum, wie Rawls gegen den Utilitarismus vorbringt, in einer „unindividualistischen Zusammenfassung aller Bedürfnisse zu einem einzigen Bedürfnissystem".[37]

Fassen wir diese Diskussion zusammen: Eine Reihe durchaus plausibler Gründe lässt sich zugunsten des Utilitarismus anführen. Dazu zählt, dass sich der Utilitarismus durch Einfachheit auszeichnet, sich an empirischen Gegebenheiten orientiert und auf die Interessen der Menschen Bezug nimmt. Der Utilitarismus ist eine von metaphysischen Spekulationen und Entrücktheiten freie Theorie, welche die Nähe zur Sozialwissenschaft sucht.

37 Rawls, *Eine Theorie der Gerechtigkeit,* 215.

Doch der für den Utilitarismus zentrale Standard der Nutzenmaximierung ist, wie wir gesehen haben, nicht immer unmittelbar auf die Rechtfertigung konkreter Handlungen anzuwenden. Und auch die Begründung allgemeiner Handlungsregeln über ihre Nützlichkeit verfehlt oft die moralische Dimension. Doch das sozialreformerische, auf das allgemeine Wohlergehen zielende Element des Utilitarismus akzentuiert eine wichtige Ebene moralischen Denkens.

Da die direkte Konzentration auf die Nutzenmaximierung nicht durchzuhalten ist und zu moralisch nicht tolerierbaren Ergebnissen führt, scheint es sinnvoll, das Ziel des Wohlergehens nur als allgemeine Zielvorstellung, als regulativen Standard moralischer Bestrebungen aufzufassen. Die Idee, dass die Moral das Wohlergehen der Menschen zu fördern hat, bildet auch ein wesentliches Element der kantischen Ethik. Die Förderung der Glückseligkeit der Ziele anderer ist neben der eigenen Perfektionierung einer der Grundwerte in Kants Ethik. Die Berücksichtigung des Wohlergehens in einer allgemeinen Form ist also nicht mehr ausreichend, um den Utilitarismus als die maßgebliche Moraltheorie auszuzeichnen.

4. Tugendethik

Bis weit ins 20. Jahrhundert dominierten Kantianismus und Utilitarismus die moralphilosophischen Debatten. Doch einige Philosophinnen und Philosophen verknüpften ihre Skepsis gegenüber diesen beiden Theorien mit der Überlegung, ob nicht der Rückgriff auf eine ältere Tradition der Ethik, nämlich die antike Tugendethik, einen Schlüssel zur Antwort auf die von kantischer Ethik und Utilitarismus nicht gelösten Fragen liefert.

Ausgangspunkt für diese Renaissance der Tugendethik ist der etwas plakative Vorwurf, dass kantische Ethik und Utilitarismus als „Prinzipienethiken" nicht der Feinstruktur moralischer Phänomene gerecht werden. Solche Ethiken, die unter „Moral" ein von einem allgemeinen Moralgrundsatz abgeleitetes System von Prinzipien verstehen, vernachlässigen nach der Ansicht von Kritikerinnen und Kritikern die wichtige Rolle der inneren Haltungen und Dispositionen der Person sowie auch deren perzeptive und affektive Fähigkeiten. Prinzipienethiken bringen zwar ein klares Kriterium des moralisch Richtigen ins Spiel, reflektieren aber nicht hinreichend die Ebenen moralischer Wahrnehmung und Urteilsfähigkeit.

Das Moralprinzip der kantischen Ethik ist der in der Vernunft verankerte Imperativ, die dem Handeln zugrunde liegende Maxime auch als allgemeines Gesetz wollen oder denken zu können. Dem Utilitarismus liegt hingegen das Prinzip zugrunde, das jeweilige Handeln so am Nutzen und am menschlichen Wohlergehen zu orientieren, dass als moralisch gut jene Handlungen gelten, die mehr gute als schlechte Folgen generieren.[1] Diese Standards des moralisch Rechten sind nach einer Reihe von

1 Diese Formulierung des utilitaristischen Prinzips gilt für den Handlungsutilitarismus. Im Fall des Regelutilitarismus verlangt das utilitaristische Kriterium, jene

Philosophinnen und Philosophen nicht genügend differenziert und übersehen wesentliche Aspekte moralischen Handelns. Die von der kantischen Ethik geforderte Verallgemeinerung unserer Handlungsgrundsätze sei nicht genügend kontextsensitiv, da sie nur sehr allgemeine Merkmale von Situationen berücksichtige. Der analoge Vorwurf gegen den Utilitarismus lautet, dass das kalkulierte Abwägen von Nutzen und Schaden nur dann angemessen ist, wenn wir auch erkennen, was wirklich einen Schaden darstellt und schlecht ist. Prinzipienethiken müssen auch eine Antwort auf das Problem der moralischen Relevanz finden, also auf die Frage, wann eine Situation infolge ihrer strukturellen Eigenschaften als moralisch sensibel gilt und unter das Moralprinzip fällt. Prinzipienethiken dürfen Fragen der moralischen Wahrnehmung und der moralischen Motivation nicht vernachlässigen, denn ihre Stärke und Reichweite hängt auch von ihrer Anwendbarkeit ab, nicht zuletzt davon, welche motivationalen Voraussetzungen sie Personen abverlangen. Prinzipien strikter Allgemeinheit und Unparteilichkeit, so lässt sich diese Kritiklinie fortsetzen, kultivieren eine externe Perspektive, die letztlich die Gründe nicht angemessen erfassen kann, die sich aus der internen Sicht auf die kontextuelle Eigenart von Situationen und auf die jeweiligen besonderen Beziehungen der beteiligten Personen ergeben.[2] Unparteiliche Prinzipien gewichten demnach die Ansprüche aller betroffenen Personen gleich, doch manchmal kann das Faktum einer besonderen Beziehung zwischen Personen (A ist das Kind von B, C ist die Ehefrau von D) spezielle Verpflichtungen generieren, denen der Parameter strikter Unparteilichkeit nicht gerecht wird.

4.1 Die Renaissance der Tugenden

Diese Skepsis gegenüber den Prinzipienethiken und die Suche nach einem griffigeren Instrumentarium zur Aufarbeitung der Besonderheiten moralisch relevanter Situationen bewirkte ein verstärktes Interesse an der Tugendethik.[3]

Regeln zu akzeptieren, die ein Übermaß guter gegenüber schlechten Folgen erwarten lassen. Zum Vergleich zwischen Handlungs- und Regelutilitarismus siehe Kapitel 3 dieses Buchs.

2 Siehe dazu Bernard Williams, Personen, Charakter und Moralität, in: ders., *Moralischer Zufall.* Philosophische Aufsätze 1973–1980, Königstein: Hain 1984, 11–29.

3 Vgl. Rosalind Hursthouse, *On Virtue Ethics,* Oxford: Oxford University Press 1999; Christine Swanton, *Virtue Ethics.* A Pluralist View, Oxford: Oxford University Press 2003.

Der 1958 erschienene Aufsatz *Modern Moral Philosophy* von G. E. M. Anscombe gilt als klassischer Auslöser der Renaissance der Tugendethik in der Gegenwartsphilosophie.[4] Anscombe kritisiert die kantische Ethik, aber auch die vom Utilitarismus geprägte angelsächsische Moralphilosophie. Gegen den Utilitarismus wendet Anscombe ein, dass dieser die Frage, was zu tun sei, nur von den Konsequenzen her beantworte. Damit werde aber die Möglichkeit der Bestrafung eines Unschuldigen eingeräumt, sofern diese Bestrafung positive Konsequenzen generiert. Anscombe hält eine Philosophie, die so etwas zulässt, für im Ansatz verfehlt. Die kantische Ethik scheint ihr umgekehrt wegen des strikten Pflichtbegriffs problematisch.

Anscombe vertritt die These, dass unsere modernen Begrifflichkeiten des Moralischen, vorrangig der Begriff der Pflicht, in der aristotelischen Ethik keine Entsprechung haben. Diese Begriffe scheinen Anscombe Restbestände einer christlichen Konzeption der Gesetzesethik. Die aristotelische Ethik und ihre Frage nach dem tugendhaften Menschen biete eine Orientierungshilfe des rechten Tuns und verfüge über Ausdrücke, die Schlechtigkeit und „das Fehlen der relevanten Tugend anzeigen".[5] Eine mit den Vorstellungen des Gebotenen und Verbotenen verknüpfte Gesetzeskonzeption des Ethischen bildet sich nach Anscombe erst durch die Überformung der antiken Ethik durch das Christentum heraus. Und hier verortet Anscombe auch die Schwachstelle dieser Sicht von Ethik: Ohne Glauben an Gott und seine göttliche Gesetzgebungsautorität verlieren die Begriffe von Gebot und Verbot an Substanz. In einer säkularen Epoche, in der sich die Ethik längst als autonome philosophische Disziplin von den theologischen Vereinnahmungen gelöst hat, präsentieren sich nach Anscombe die Begriffe des Sollens und der Verpflichtung als Überbleibsel eines abgelösten Denksystems ohne klare Bedeutung.[6]

Auf eben dieses Phänomen eines semantischen Chaos der zeitgenössischen Moralphilosophie, in der die moralischen Begrifflichkeiten nur noch Versatzstücke aus verschiedenen anderen ethischen Theorieepochen verkörpern, spielt auch Alasdair MacIntyre an. MacIntyre fordert explizit die Rückkehr zu einer aristotelischen Tugendethik, um der Malaise der ritualisierten und unergiebigen Positionskämpfe der moder-

4 G. E. M. Anscombe, Modern Moral Philosophy, in: *Philosophy XXXII*, 1958; dt., Moderne Moralphilosophie, in: Günther Grewendorf und Georg Meggle (Hg.), *Sprache und Ethik.* Zur Entwicklung der Metaethik, Frankfurt am Main: Suhrkamp 1974, 217–243 (Zitiert nach der deutschen Ausgabe).

5 Ebd., 223.

6 Anscombes Kritik an der kantischen Gesetzesethik findet sich bereits bei Schopenhauer vorweggenommen.

nen Ethik zu entgehen.[7] Anders als MacIntyre fordert Anscombe nicht einfach eine Rückkehr zur antiken Tugendethik. Sie empfiehlt vielmehr, die moralische Reflexion in den eingespielten Bahnen so lange hintanzustellen, bis wir über eine angemessene Psychologie der Moral und ein besseres Verständnis der Begriffe der Intention, des Wollens und der Lust verfügen.

Die neueren Entwicklungen der Moralphilosophie, vor allem die Forschungen zu den Querverbindungen zwischen kantischer und aristotelischer Ethik, zeigen, dass einiges von Anscombes Forderungen inzwischen eingelöst wurde. Diese neueren Arbeiten verdeutlichen auch, dass die kantische Ethik häufig fälschlicherweise als externalistisches System von Regeln gelesen wird, das Menschen analog den Zehn Geboten der Gesetzestafel von außen gegenübertritt. Die menschliche Vernunft und die Idee der Selbstgesetzgebung – eine Idee, die Anscombe etwa für „absurd" hält[8] – übernehmen in der kantischen Ethik aber nicht die Funktion eines göttlichen Gesetzgebers, der als externe Instanz seine Befehle den Menschen erteilt. Selbstgesetzgebung bedeutet, sich selbst als ein Wesen zu verstehen, das nach Vernunftgründen für seine Entscheidungen sucht und sich nicht von willkürlichen Impulsen ohne personale Kohärenz treiben lässt. Ein solches Subjekt ist der Idee der moralischen Verpflichtung zugänglich und davon bestimmt. Die Reflexion über die angemessenen Gründe des Handelns führt die Individuen zu der Einsicht, dass sie bestimmte Prinzipien des Handelns als für sich bindend anerkennen müssen. Wenn man einen internalistischen Zugang, der sich um eine Rekonstruktion der ethischen Grundbegriffe aus der Selbstvergewisserung eines kritisch-prüfenden Denkens bemüht, für die angemessene Interpretation der kantischen Ethik hält, verliert Anscombes Kritik viel an Plausibilität.

Ein Kritikpunkt gegenüber der kantischen Ethik und dem Utilitarismus war immer, dass diese Theorien zwar ein Moralprinzip rechtfertigen, dass sie aber nicht klären, wie und warum sich Menschen in ihren konkreten Handlungen an dieses Prinzip gebunden fühlen. Anders ge-

7 Alasdair MacIntyre, *Der Verlust der Tugend.* Zur moralischen Krise der Gegenwart, Frankfurt am Main: Suhrkamp 1995. Ausführlicher zu MacIntyre vgl. Herlinde Pauer-Studer, *Das Andere der Gerechtigkeit.* Moralphilosophie im Kontext der Geschlechterdifferenz, Berlin: Akademie Verlag 1996, Kap. 7.

8 Anscombe, *Moderne Moralphilosophie,* 234. Sie setzt offenbar voraus, dass die Gesetzgebung sich immer nur von einer Autorität an jene anderen Subjekte wenden kann, die dem Gesetz unterworfen sind. Sich selbst ein Gesetz geben bedeutet aber in der kantischen Ethik zu erkennen, dass es gute Gründe dafür gibt, dass man einer Verpflichtung untersteht.

sagt: Prinzipienethiken leisten zwar die Rechtfertigung eines grundlegenden Prinzips der Moral, sie vernachlässigen aber die Frage, was die Subjekte motiviert, sich an dieses Prinzip zu halten. Genau an diesem Punkt kommt die Ebene der Tugenden ins Spiel. Tugenden sind aus der Sicht der Prinzipienethik die motivationale Schnittstelle zwischen Prinzipien und Handlungen, zwischen dem Erkennen des Rechten und der Bereitschaft, in Übereinstimmung mit diesen Prinzipien zu handeln.[9] Tugenden disponieren die Menschen dazu, sich so zu verhalten, wie es die Prinzipien des Rechten vorschreiben. Gemäß dieser kantischen Sicht hängen also Prinzipien und Tugenden zusammen, und der vermeintliche Gegensatz von Prinzipienethik und Tugendethik löst sich auf.

Doch so einfach scheint eine Lösung nicht erreichbar. Denn in Moraltheorien wie Kantianismus und Utilitarismus brechen, wie manche Philosophinnen und Philosophen einwenden, die Ebene der Rechtfertigungsgründe und die Ebene der motivationalen Gründe auseinander. Michael Stocker etwa wirft den modernen Moraltheorien aus diesem Grund *Schizophrenie* vor.[10] Eine Diskrepanz zwischen Motiven und Rechtfertigungsgründen bedeutet nach Stocker, dass Menschen in ihrem Handeln jene Harmonie verfehlen, die für ein gutes Leben unabdingbar ist. Für Stocker stellen die Werte von persönlichen Beziehungen wie Freundschaften einen maßgeblichen Grund der Handlungsmotivation dar. Doch der Gedanke, im Kontext freundschaftlicher Relationen aus Gründen der Pflicht zu handeln, verfehlt, wie er betont, das Spezifische von Beziehungen der Freundschaft oder der Liebe, nämlich „etwas um eines anderen willen zu tun oder sich um einen Menschen nur um dieses Menschen willen zu sorgen".[11]

Stocker begnügt sich aber nicht mit dieser immer wieder gegen die kantische Ethik vorgebrachten Kritik.[12] Er richtet seine Einwände gleichermaßen gegen den Utilitarismus. Mache man sich den utilitaristischen Standard des rechten Handelns zum Motiv, also das Prinzip, dass ein Handeln ein größeres Maß an Lust als Unlust erzeugt, so verfehle man auf groteske Weise die Realisierung jener Werte und Güter, die ein Leben

9 Sehr deutlich wird diese Sicht der Tugenden in Rawls' Theorie der Gerechtigkeit: „Die Tugenden hingegen sind Gesinnungen und Gewohnheiten, die uns zum Handeln gemäß bestimmten Grundsätzen des Rechten veranlassen." John Rawls, *Eine Theorie der Gerechtigkeit,* Frankfurt am Main: Suhrkamp 1979, 476.

10 Michael Stocker, Die Schizophrenie moderner ethischer Theorien, in: Klaus Peter Rippe und Peter Schaber (Hg.), *Tugendethik,* Stuttgart: Reclam 1978, 19–39.

11 Ebd., 24.

12 Vgl. auch die entsprechende Diskussion im Kapitel Kontraktualismus dieses Buches.

zu einem guten Leben machen: also Liebe, Zuneigung, Freundschaft. Denn diese Beziehungen sind nach Stocker nur dann gelingende Beziehungen, wenn man aus den für sie konstitutiven Motiven der Zuwendung und Sorge um ihrer selbst willen handelt, nicht aber aus dem Motiv der Generierung eines Übermaßes von Lust. Fraglich ist aber, wie weit Stockers Kritik die Prinzipienethiken widerlegt und die Tugendethik als einzig plausible Alternative etabliert.

Zweifellos kennzeichnet die zeitgenössische Ethik ein verstärktes Interesse an den Tugenden. Und häufig hängt diese Akzentuierung der Tugenden mit einer Distanz zur kantischen Ethik zusammen. So verbindet etwa Annette Baier ihre Kritik, dass die kantische Ethik Neigungen, Affekte und Empfindungen ausklammere, mit einer Aufwertung von Humes Theorie der natürlichen Tugenden. Nach Hume bildet die Sympathie im Sinne der Fähigkeit, die Empfindungen anderer nachzuvollziehen, die Grundlage moralischen Urteilens.[13] Eine bestimmte affektive Haltung zu anderen wird somit zentral für die Ethik. Doch der Tugendbegriff spielt auch in Kants Ethik eine große Rolle. Kant definiert die Tugend als „die Stärke der Maxime des Menschen in Befolgung seiner Pflicht".[14] Also muss der Unterschied zwischen der Tugendkonzeption Kants und anderen Sichtweisen der Tugend in der unterschiedlichen Interpretation des Tugendbegriffs liegen. Und Kants oben angeführte Definition der Tugend akzentuiert auch die Bezogenheit der Tugend auf Prinzipien, genauer auf jene Prinzipien, die als Pflichten gelten können.

Was macht nun eine Ethik zur Tugendethik und was unterscheidet die Tugendethik von Prinzipienethiken? Wodurch vermag eine Tugendethik Aspekte und Probleme des Moralischen aufzuarbeiten, die von den Gesetzesethiken nicht berücksichtigt werden? Gemeinhin lautet die Antwort, dass eine Prinzipienethik die Frage, was ich tun soll, in den Mittelpunkt stellt. Die Tugendethik hingegen frage nach dem, wie eine Person sein soll, um eine gute Person zu sein. Tugenden sind demnach mit der Identität von Personen verknüpfte Einstellungen und Haltungen, die das Handeln von Menschen bestimmen. Da Tugenden sich im konkreten Handeln von Menschen ausdrücken, ermöglichen sie ein dem jeweiligen Kontext angemessenes Handeln. Doch wie sind die Tugenden ihrerseits definiert und bestimmt? Will man Tugenden nicht einfach als motivationale Verlängerung von Prinzipien betrachten, dann muss man sie un-

13 Siehe Annette C. Baier, *A Progress of Sentiments.* Reflections on Hume's *Treatise,* Cambridge MA und London: Harvard University Press 1991.

14 Kant, *Metaphysik der Sitten. Einleitung zur Tugendlehre,* Frankfurt am Main: Suhrkamp 1977, Suhrkamp-Werkausgabe Bd. VIII, 525, A 28, 29 (Kant, *Gesammelte Schriften,* Akademie-Ausgabe Band VI).

abhängig davon als etwas Gutes bestimmen. Eine Möglichkeit, dies zu tun, ist die aristotelische Methode, Tugenden von dem her zu bestimmen, was ein gutes Leben ausmacht.

Für eine Gewichtung der Debatte um die Tugendethik und ihre Leistungsfähigkeit ist ein genauerer Blick auf die aristotelische Ethik unabdingbar. Denn die aristotelische Ethik bildet implizit oder explizit das Modell für alle späteren Entwürfe einer Tugendethik. Anschließend werde ich dann auf die Frage zurückkommen, ob die Tugendethik eine Alternative zur kantischen Ethik oder zum Utilitarismus darstellt. Dabei werde ich die Argumentationen jener Philosophinnen und Philosophen aufgreifen, die die plakative Dreiteilung *deontologische Ethik versus Utilitarismus versus Tugendethik* für unergiebig halten und die auf tief gehende Verbindungen zwischen kantischer Ethik und aristotelischer Ethik hinweisen. Diese neueren Arbeiten, welche die Parallelen zwischen Kant und Aristoteles betonen, zeichnen auch ein neues Bild der gängigen Moraltheorien, indem sie andere Lösungen für Fragen der Motivation, des rechten Tuns, des Stellenwerts der Gefühle und Affekte, der Gründe zum Handeln und der vernünftigen Erwägung und Entscheidung vorschlagen.

4.2 Das Gute und die Glückseligkeit

Für die aristotelische Ethik ist nicht maßgeblich, was Menschen aufgrund allgemeiner und für alle gleichermaßen geltender Normen tun sollen. Nicht die Frage der Verpflichtung steht im Mittelpunkt, sondern die Frage, worin das Gute für die Menschen besteht. Und das wahrhaft Gute ist nach Aristoteles das Glück der Menschen. Aristoteles verbindet die Moral nicht mit einem universell gültigen Moralprinzip, das auf der Idee der gleichen Achtung und Berücksichtigung aller Moralsubjekte basiert.[15] Aristoteles geht es um das Gute, um das Glück der Einzelnen. Da er die Glückseligkeit an die tugendhafte Haltung der Menschen knüpft, wird die Frage entscheidend, wie sich die Einzelnen zur Tugendhaftigkeit erziehen – es geht um die Kultivierung des Charakters, der Affekte, der moralischen Wahrnehmung.

Gleich am Beginn der *Nikomachischen Ethik* stellt Aristoteles die Frage nach dem Guten für den Menschen, nach dem, was als das oberste

15 Aristoteles gesteht gewissen Menschen (Frauen, Sklaven) keinen gleichwertigen moralischen Status zu.

aller praktischen Güter gelten kann. Seine Antwort lautet, dass dieses Gut die Glückseligkeit ist, die gleichermaßen im „Gut-Leben" und im „Sich-gut-Verhalten" besteht.[16] Glückseligkeit *(eudaimonia)* ist das höchste Gut, jenes Gut, das „stets wegen ihrer selbst und niemals um eines anderen willen gesucht wird".[17] Aristoteles weist auf die Uneinigkeit hin, die darüber besteht, ob die Glückseligkeit mit einem genussorientierten Dasein oder einer politischen oder schließlich einer kontemplativen Lebensform gleichzusetzen ist. Da in den beiden ersten Lebensformen die Glückseligkeit nicht als ein um ihrer selbst willen erstrebenswertes Gutes gelte, bleibe nur die Möglichkeit, die Glückseligkeit über die kontemplative Lebensweise zu erschließen.

In einem nächsten Schritt versucht Aristoteles, das Gute zu bestimmen, indem er bei der für den Menschen „eigentümlichen Leistung" ansetzt.[18] So wie für jede andere Tätigkeit, etwa die des Flöten- und Kitharaspielers, das Gute und Rechte in der angemessenen Ausführung dieser Tätigkeit liege, lasse sich das Gute für den Menschen auch nur so festlegen, dass man nach der für den Menschen charakteristischen Tätigkeit fragt, also nach der dem Menschen angemessenen Leistung.

Für viele Interpretinnen und Interpreten kommt an dieser Stelle die „teleologische Metaphysik" des Aristoteles ins Spiel: Das Gute für den Menschen finde sich in der Erfüllung seiner Funktion, und diese liege eben darin, seinem biologistisch determinierten Telos gerecht zu werden.[19] Jedes Lebewesen hat ein Telos, und wenn es sein Telos verfehlt, dann ist es mangel- und fehlerhaft. Das Gute für ein Ding oder ein Lebewesen besteht also darin, seine Funktion gut zu erfüllen. Die Funktion von Dingen zu definieren fällt relativ leicht: die Funktion eines Messers ist, gut zu schneiden; die Funktion einer Brille ist, das Sehvermögen zu verbessern; die Funktion von Schuhen liegt darin, das Gehen zu erleichtern. Doch worin liegt die Funktion des Menschen? Mehr noch: Bringt diese Art der Fragestellung nicht eine dubiose Metaphysik der biologistischen Wesensdeterminiertheit ins Spiel, die mit der Idee einer vernünftig überlegten und begründeten Entscheidung der Menschen für ihre Ziele unvereinbar ist?

Doch Aristoteles vertritt keinen funktionalistischen Biologismus in einem metaphysisch starken Sinn. Seine Frage nach der Funktion des

16 Aristoteles, *Die Nikomachische Ethik,* aus dem Griechischen und mit einer Einführung und Erläuterungen versehen von Olof Gigon, 3. Auflage, Zürich und München: Deutscher Taschenbuch Verlag 1998, 1095 a 17–19.

17 Ebd., 1097 a 31–38, 1097 b 1–5.

18 Ebd., 1097 b 20–30.

19 Vgl. dazu Alasdair MacIntyre, *Der Verlust der Tugend,* 263.

Menschen ist einfach die Frage nach dem für Menschen angemessenen Tun, und die Antwort darauf hat mit der Erfüllung einer biologistisch vorgegebenen Wesensbestimmung nichts zu tun. Aristotelische Wesen sind um nichts weniger als ihre modernistischen Gefährtinnen und Gefährten auf der Suche nach dem richtigen Tun und den richtigen Entscheidungen. Die dem Menschen eigentümliche Leistung liegt nach Aristoteles in der Ausübung der Vernunft. Das Gute für den Menschen, die Glückseligkeit, besteht für ihn in der „tugendgemäßen Tätigkeit der Seele".[20] Wenngleich nach Aristoteles jedes Wesen nach dem Guten strebt, so ist es doch Aufgabe der Reflexion, herauszufinden, worin genau dieses Gute besteht. Das Gute für den Menschen kann nach Aristoteles nicht unabhängig von den natürlichen Gegebenheiten des Menschen bestimmt werden und muss sich an dem orientieren, was zu einem gelingenden und glücklichen Leben beiträgt. Doch dies ist Sache der Rekonstruktion und der Deliberation, nicht der Fixierung auf Wesensdeterminierungen. Gleichfalls bedarf das auf allgemeiner Ebene definierte Gute der spezifischen Auslegung im Kontext eines besonderen Lebens.

Warum aber nimmt Aristoteles an, dass es ein höchstes praktisches Gut gibt, das allem Handeln letztlich unterliegt? Wie begründet er diese Annahme? In der Aristoteles-Rezeption wurde immer wieder darauf verwiesen, dass Aristoteles sich in diesem Zusammenhang eines Fehlschlusses schuldig mache. Denn aus der aristotelischen Annahme, dass jedes Ding nach einem Gut strebt, folge nicht, dass jedes Ding nach einem gemeinsamen höchsten Gut strebt, sondern dass eben jedes Ding nach einem spezifischen Gut strebt, das von den anderen angestrebten Gütern verschieden sein kann. Doch Aristoteles bringt ein weiteres Argument ins Spiel, warum neben verschiedenen Gütern, die als Zwecke um ihrer selbst willen und nicht bloß als Mittel für andere Zwecke erstrebt werden, ein höchstes Gut, ein intrinsischer Wert anzunehmen ist. Wenn es zwischen verschiedenen Gütern, die um ihrer selbst willen erstrebt werden, zum Konflikt kommt, so bedarf es des Appells an einen höheren Wert, um zwischen den rivalisierenden Gütern abwägen zu können.

Praktische Überlegung setzt voraus, dass es einen Punkt gibt, bis zu dem sich Wertsetzungen zurückverfolgen lassen. Sollen Werte als Konstruktionen vernünftiger Überlegungen gelten, dann leiten sich die Gründe für spezifischere Wertannahmen aus einem grundlegenden Wert ab, einem intrinsischen Gut, das an sich wertvoll ist und dessen Werthaftigkeit sich auch nicht mehr aus einem anderen Wert ableitet. Und

20 Aristoteles, *Die Nikomachische Ethik,* 1099 b 9.

für Aristoteles ist eben dieses höchste Gut das Gedeihen und Wohlergehen der Menschen, das für sie gute Leben.

Viele assoziieren nach Aristoteles die Glückseligkeit mit der Lust. Die körperlichen Lustempfindungen scheinen deshalb besonders begehrenswert, weil sie ein Mittel gegen den Schmerz sind.[21] Doch für sich genommen ist diese Lust, wie Aristoteles betont, nichts Tugendhaftes, wenngleich die ethische Tugend, da sie sich auf Handlungen und Leidenschaften bezieht, mit Lust und Schmerz zusammenhänge. Doch für Aristoteles ist die Lust weder ein Gut schlechthin (nicht jede Lust ist wünschenswert) noch das höchste Gut.

Aristoteles greift im zehnten Buch der *Nikomachischen Ethik* die Frage der Glückseligkeit als des Ziels alles menschlichen Handelns wieder auf. Die Glückseligkeit, so betont er, ist kein bloßes Verhalten, sondern eine Tätigkeit, die an sich und nicht bloß als Mittel erstrebenswert ist. Eben dieses Merkmal, sich selbst genug zu sein, charakterisiert auch die tugendgemäßen Handlungen – tugendhaft zu handeln ist an sich wünschenswert. Für den Tugendhaften ist die der Tugend gemäße Tätigkeit am liebsten. Das glückselige Leben ist also ein tugendhaftes Leben.[22]

Wenn aber die Glückseligkeit eine der Tugend gemäße Tätigkeit ist, so muss sie nach Aristoteles „der Tugend des Besten in uns“ entsprechen. Der vorzüglichsten Tugend angemessen ist die betrachtende Tätigkeit, welche die vollendete Glückseligkeit bedeutet. Die betrachtende Tätigkeit genießt diesen ausgezeichneten Status, da der Geist das Beste in uns ist. In der betrachtenden Tätigkeit des Geistes finden sich all jene Elemente, die man der Glückseligkeit beilegt, nämlich Muße, Freiheit von Ermüdung und Autarkie.[23] Und dies besagt, dass die betrachtende Tätigkeit die vollendete Glückseligkeit des Menschen ist. Die Tätigkeit der Weisheit, die Philosophie, ist nach Aristoteles klar die lustvollste Tätigkeit. Die Philosophie bietet, wie er betont, „Genüsse von wunderbarer Reinheit und Beständigkeit“.[24] Dem betrachtenden Leben an Glückseligkeit nachgereiht ist dasjenige Leben, das den sonstigen Tugenden, also unter anderem der Gerechtigkeit und der Tapferkeit, gemäß ist.

Aristoteles stützt seine These, dass die vollkommene Glückseligkeit eine betrachtende Tätigkeit ist, mit folgendem zusätzlichen Argument: Wir halten die Götter für die glücklichsten und seligsten Wesen. Doch

21 Aristoteles, *Die Nikomachische Ethik,* 1153 a 30–1154 a 5.

22 Ebd., 1177 a 2–a 28.

23 Ebd., 1177 b 20–26. Aristoteles hält die Muße wesentlich für die Glückseligkeit. Krieg und Politik vertragen sich nicht mit der Muße.

24 Ebd., 1177 a 26.

welche Handlungen sollen wir ihnen zuschreiben? Sollen wir von ihnen Handlungen der Gerechtigkeit erwarten oder Handlungen des Mutes oder Handlungen der Freigebigkeit? Alles, sagt Aristoteles, was wir den Göttern zuschreiben können, muss der Götter unwürdig erscheinen. Als einzige der Würde der Götter angemessene Tätigkeit bleibt also die der Betrachtung übrig. Und somit wird von den menschlichen Tätigkeiten jene der Glückseligkeit am nächsten kommen, die der betrachtenden Tätigkeit der Götter am nächsten kommt.[25]

Die ethische Tugend steht nach Aristoteles den Affekten nahe. Die ethische Tugend und die mit ihr verbundene Klugheit nehmen beide auf die Affekte Bezug und beziehen sich somit auf die Gesamtheit aus Körperlichem und Seelischem. Als körperliche Wesen, die mit anderen zusammenleben, bedürfen Menschen auch bestimmter äußerer Güter. Allerdings bedarf es keines Überflusses an äußeren Gütern, auch mit mäßigen Mitteln könne man der Tugend entsprechend handeln. Das Leben wird nach Aristoteles bereits glückselig, wenn es mit den erforderlichen äußeren Mitteln in tugendgemäßer Tätigkeit verbracht wird. Zur Glückseligkeit sind also nicht äußere Güter in einem überbordenden Maß erforderlich. Und der in diesem Sinne Weise wird auch von der Gottheit am meisten geliebt, und auch aus diesem Grunde ist er der Glückseligste.[26]

4.3 Tugenden und die aristotelische Lehre von der Mitte

Die Tugenden unterteilt Aristoteles in die verstandesmäßigen Tugenden und die ethischen Tugenden, also in Weisheit, Klugheit, Auffassungsgabe einerseits und Charaktereigenschaften wie Großzügigkeit, Besonnenheit, Tapferkeit andererseits. Die verstandesmäßigen Tugenden sind das Ergebnis von Belehrung, die ethischen Tugenden ergeben sich durch Gewöhnung und die Einübung in angemessene Praktiken.[27]

Aristoteles entwickelt im Zuge seines Bemühens, genauer zu bestimmen, worin die ethische Tugend besteht, seine *Mesotes*-Lehre, welche die ethische Tugend als das Mittlere zwischen zwei Extremen definiert. Das

25 Ebd., 1178 b 6–1178 b 30. Aristoteles fügt hier an, dass man auch in guten äußeren Verhältnissen leben muss, nur mit der Betrachtung allein können Menschen nicht leben.

26 Ebd., 1179 a 10–34.

27 Ebd., 1103 a 15.

Mittlere gilt nicht als das arithmetische Mittel zwischen zwei Größen, sondern als der angemessene Punkt zwischen zwei Extremen. Die ethischen Tugenden beziehen sich auf Handlungen und Leidenschaften. Diese kennzeichnet aber entweder Übermaß oder Mitte oder Mangel. Im Falle einer Leidenschaft liegt die Mitte nach Aristoteles im richtigen Empfinden und Tun, also so zu empfinden und zu handeln, dass sich weder ein Übermaß noch ein Mangel ergibt. Die Tugend besteht in einer von der Vernunft bestimmten Entscheidung für die angemessene Mitte zwischen zwei Extremen. Aristoteles präzisiert gemäß der Lehre von der Mitte die einzelnen Tugenden folgendermaßen: die Tapferkeit als Mitte von Furcht und Zuversicht, die Besonnenheit als die Mitte hinsichtlich der Lust, die Mäßigkeit als die Mitte bezüglich der Abwesenheit der Lust, die Freigebigkeit – dem Geiz und der Verschwendung entgegengesetzt – als die Mitte hinsichtlich des Vermögens, die Großartigkeit als die Mitte zwischen dem Protzigen und dem Kleinlichen, die Großgesinntheit als die Mitte zwischen Prahlerei und Ängstlichkeit, die Gerechtigkeit als die Mitte zwischen Unrechttun und Unrechtleiden.[28]

Die *Mesotes*-Lehre gilt vielen Interpretinnen und Interpreten als höchst fragwürdig. So fällt es Aristoteles nicht leicht, jede Tugend überzeugend als das Mittlere zwischen zwei Extremen darzulegen. Oft fehlen, wie Olof Gigon bemerkt, Aristoteles die Begriffe, „um die Tugenden nach diesem Prinzip zu katalogisieren (…). So kann man sich wohl ein Zuviel an Genussfreude denken, aber nicht leicht ein Zuwenig."[29] Und zudem scheint es unplausibel, moralische Fehlerhaftigkeit als ein Zuviel oder als ein Zuwenig einer Empfindung zu definieren. Einem Objekt gegenüber im rechten Maße zu empfinden bedeutet, eine angemessene Empfindungshaltung zu haben, also in der rechten Art und Weise zu empfinden. Aber diese Angemessenheit ist über eine grundsätzliche Entsprechung zwischen Objekt und Empfindung, nicht über ein Zuviel oder ein Zuwenig an Empfindung explizierbar. Das Problem kann darin liegen, dass sich die Empfindungen an den falschen Objekten festmachen – etwa wenn jemand seine Tapferkeit in den Dienst moralisch verwerflicher Ziele stellt. Auch sind Charaktermängel, wie sie sich im Verfehlen tugendhafter Haltungen konkretisieren, nicht auf genau zwei Fehler zu reduzieren, nämlich jeweils in eines von zwei gegensätzlichen Extremen zu verfallen. Es gibt viele Formen, die Tugend zu verfehlen,

28 Siehe Aristoteles, *Die Nikomachische Ethik,* Buch III–Buch V.

29 Olof Gigon, Einführung, in der von ihm herausgegebenen Edition der *Nikomachischen Ethik,* 100.

und der grundlegendste Mangel ist wohl, nicht zu erkennen, welche Objekte Wertschätzung verdienen, und nicht jener des Exzesses oder des ungenügenden Vorhandenseins von Empfindungen.[30]

Andere Interpretinnen und Interpreten sprechen der *Mesotes*-Lehre durchaus Sinn zu, vor allem, wenn man diese entsprechend eingrenze. So argumentiert Ursula Wolf, dass die Idee der Tugend als eines Mittleren nicht für alle Tugenden gilt, sondern nur für die ethischen Tugenden im engeren Sinn, die sich auf Haltungen gegenüber uns selbst als Voraussetzungen eines guten Lebens beziehen.[31] Dies sind die Tugenden der Besonnenheit und der Standhaftigkeit. Denn gerade mit Bezug auf die eigene angemessene Lebensform und Lebensführung mache die Vorstellung der Mitte Sinn, da ein befriedigendes Leben eine Ausgewogenheit der eigenen Empfindungen verlangt. Und dies setzt die reflektierte Haltung zu den eigenen Affekten voraus. Doch Tugenden wie etwa die Gerechtigkeit lassen sich schwerlich über die Vorstellung eines Mittleren erläutern. Aristoteles' entsprechender Versuch misslingt, da Gerechtigkeit nur über normative Kriterien des Rechten bestimmbar ist, die über die Ideen von Mangel und Übermaß per se nicht definierbar sind.

4.4 Praktische Weisheit und ethische Ideale

Aristoteles bestimmt die Tugend „als ein Verhalten der Entscheidung", das auf die vernunftmäßig bestimmte Mitte Bezug nimmt.[32] Interpretiert man den Begriff der Mitte im erwähnten Sinne des Angemessenen, so folgt, dass für die Tugend das richtige Entscheiden notwendig ist. Aristoteles grenzt den Begriff der Entscheidung ab von der Begierde, dem Zorn und auch vom bloßen Wollen und Meinen. Entscheidungen haben mit der Überlegung zu tun, zu einem bestimmten Ziel zu gelangen, mit dem Nachdenken darüber, was man selbst zum Erreichen dieses Ziels zu tun vermag. Aristoteles beschreibt die Entscheidung als „das überlegende Streben nach den Dingen, die in unserer Gewalt stehen".[33]

30 Zur Kritik an der *Mesotes*-Lehre vgl. Rosalind Hursthouse, A False Doctrine of the Mean, in: Nancy Sherman (Hg.), *Aristotle's Ethics.* Critical Essays, Lanham-Boulder-New York-Oxford: Rowman & Littlefield 1999, 105–119.

31 Siehe Ursula Wolf, Über den Sinn der aristotelischen Mesotes-Lehre (II), in: Otfried Höffe (Hg.), *Die Nikomachische Ethik,* Berlin: Akademie Verlag 1995, 83–108.

32 Aristoteles, *Die Nikomachische Ethik,* 1106 b 36.

33 Ebd., 1113 a12.

Die Tugend ist rechte Einsicht, eine Disposition zum Handeln aus der rechten Einsicht.[34]

Was aber macht Entscheidungen zu den richtigen? Worin besteht „die rechte Einsicht"? Die Wahrheitserkenntnis und das Handeln werden nach Aristoteles von drei Dingen bestimmt – der Wahrnehmung, der Vernunft und dem Streben.[35] Die Wahrnehmung allein kann niemals das Prinzip des Handelns sein, da auch Tiere über Wahrnehmung verfügen, aber kein Prinzip des Handelns kennen. Wenn nun, wie Aristoteles meint, die ethische Tugend den Willen bestimmt, so muss die Einsicht wahr und das Streben richtig sein. Die praktische Vernunft besteht also im richtigen Streben gemäß der wahren Einsicht. Aristoteles stellt auch klar, dass das Denken allein nicht Handlungen auslöst, sondern nur das auf „einen Zweck gerichtete und praktische Denken".[36] Die Willensentscheidung ist nach Aristoteles ein von der Vernunft bestimmtes Streben, dem ein Prinzip unterliegt.[37]

Praktische Weisheit ist eine Tugend des Intellekts im praktischen Überlegen, und dies ist ein auf wertvolle Ziele und Zwecke gerichtetes Überlegen. Dies setzt auch die Fähigkeit der Klugheit voraus, die Fähigkeit, zu erkennen, mit welchen Mitteln ein Ziel zu erreichen ist. Die Klugheit *(phronesis)* bezieht sich darauf, gut zu überlegen „im Bezug auf das, was für den Menschen gut oder schlecht ist".[38] Klugheit ist die Fähigkeit, das Gute für den Menschen und die dafür notwendigen Mittel richtig zu beurteilen. Die Klugheit beeinflusst das Handeln. Denn zu ihr gehört, „gewandt" zu sein, das heißt, jene Mittel einzusetzen, die zu dem gesetzten Ziel führen. Klugheit allein ist nicht hinreichend für praktische Weisheit, denn Letztere ist nach Aristoteles „mit dem für den Menschen Gerechten, Schönen und Guten befaßt".[39] Die Klugheit steht zwar im Dienste der praktischen Weisheit, doch Letztere ist an noble Ziele gebunden und geht über ein vernünftiges Zweck-Mittel-Denken hinaus.

Welche Kriterien gibt aber Aristoteles an die Hand, um die gewählten Ziele als nobel und wertvoll oder als niedrig und verfehlt zu bestimmen? Aristoteles' Antwort lautet, dass jene Ziele wertvoll sind, die die tugendhafte Person wählt. Doch diese Erklärung scheint in einen Zirkel zu führen: Die Tugendhaftigkeit wird als die wohl überlegte Entscheidung für das Mittlere, also das richtige und angemessene Ziel, definiert, und die

34 Aristoteles, *Die Nikomachische Ethik,* 1144 b 25.
35 Ebd., 1139 a 15–20.
36 Ebd., 1139 a 35.
37 Ebd., 1139 b 1.
38 Ebd., 1140 b 6.
39 Ebd., 1143 b 22.

richtigen und angemessenen Ziele des Mittleren werden ihrerseits über die Tugendhaftigkeit erklärt. Der Zirkel ist hier aber ein scheinbarer, denn es geht um ein Überlegungsgleichgewicht zwischen Tugenden und wertvollen Zwecksetzungen.[40] Die Werthaftigkeit der um ihrer selbst geschätzten Güter ergibt sich nur durch Reflexion auf die Qualitäten dieser Güter. Und von der Werthaftigkeit dieser Zwecke leiten sich die Tugenden ab. Dass diese Güter Wert haben, ist ein Grund dafür, dass sich das Handeln auf sie richten soll. Doch die Tatsache, dass bestimmte Ziele de facto erstrebt werden, macht sie noch nicht zu etwas an sich Wertvollem. Tugendhaftigkeit und wertvolle Ziele sind aufeinander bezogen, aber der Zirkel ist nichts anderes als der nicht vermeidbare Umstand, dass philosophische Begründungen nicht ad infinitum fortgesetzt werden können und gewisse Gründe so gute Gründe sind, dass sich weitere Argumente erübrigen. Praktische Einsicht vermag uns demnach vom Wert bestimmter Zwecke zu überzeugen, und diese Erkenntnis erlaubt uns, die Tugendhaftigkeit als die rechte Entscheidung für diese Zwecke zu bestimmen. Gleichzeitig verweist uns das Nachdenken über die Tugendhaftigkeit auf diese Werte – dies ist aber als weiterer Hinweis auf deren gut begründeten Stellenwert zu lesen, nicht als zirkuläre Instrumentalisierung einer als gültig vorausgesetzten Annahme, die erst zu beweisen wäre.

Als Vorzug der aristotelischen Ethik gilt, dass sie sich nicht in generellen Prinzipien erschöpft, sondern auf die ethische Dimension besonderer Beziehungen zu anderen eingeht. So setzt sich Aristoteles eingehend mit der Freundschaft auseinander. Das Wohlwollen unter Freundinnen und Freunden variiert nach der Art der Freundschaft. Es gibt unter jungen Menschen häufig „zufällige" Freundschaften um der Lust willen, die sich bald auflösen.[41] Unter alten Leuten entstehen oft nutzenorientierte Beziehungen. Doch Freundschaften, die ausschließlich auf dem Nutzen ruhen, enden, wenn der Vorteil schwindet.

Die vollkommene Freundschaft setzt Aristoteles mit der Freundschaft der tugendhaften Menschen gleich. Wesentlich für diese Art der Freundschaft ist, dass man das Gute für die Freundinnen und Freunde um ihrer selbst willen wünscht. Die Tugendhaften sind gut an sich und auch gut für die Freundinnen und Freunde, also für sich genommen gut und auch nützlich.[42] Schlechte Menschen können um des Nutzens willen mitein-

40 Das Überlegungsgleichgewicht drückt eine Übereinstimmung zwischen verschiedenen normativen Parametern aus. Entsteht ein Ungleichgewicht, so muss einer dieser Parameter korrigiert werden. Genauer zum Begriff des Überlegungsgleichgewichts siehe John Rawls, *Eine Theorie der Gerechtigkeit,* 68–71.

41 Aristoteles, *Die Nikomachische Ethik,* 1156 a 13–26.

42 Ebd., 1156 a 7–15.

ander befreundet sein, doch um ihrer selbst willen können nur die tugendhaften Menschen eine Freundschaft pflegen. Tugendhafte Menschen sind gleichzeitig angenehm und nützlich, und die tugendhafte Freundschaft wächst durch die „tätige und korrigierende" Beziehung unter diesen.[43]

Tugenden finden nach Aristoteles in Praktiken Ausdruck und werden durch ein Tätigsein, das sich an Idealen orientiert, erlernt und eingeübt. Zum Erwerb der Tugend sind Gewöhnung und Belehrung wichtig. Es bedarf der rechten Erziehung zur Tugend, und dies erfordert nicht zuletzt, unter Gesetzen aufzuwachsen. Der Zwang der Gesetze ist auch im Erwachsenenalter notwendig. Das tugendhafte Leben bedarf also der Rahmenbedingungen einer gesetzlichen Ordnung. Diese Gesetze sind aber das Ergebnis „der Staatskunst", und für Aristoteles verbinden sich an diesem Punkt individuelle Ethik und politische Moral.

4.5 Stärken und Schwächen der Tugendethik

Die Frage stellt sich, inwieweit die Tugendethik eine Alternative zu den anderen Formen der Ethik darstellt. Das Besondere der Tugendethik ist, das Gute darüber zu definieren, was eine gute, also eine tugendhafte Person tun würde. Das Gesollte wird also über die Handlungsweisen der tugendhaften Person bestimmt. In deontologischen Ansätzen steht nach der gängigen Interpretation der Pflichtbegriff im Mittelpunkt. Die Tugenden sind sekundär, beschränkt auf die Umsetzung des Moralprinzips und die Ausführung der prinzipienbestimmten Handlungsweisen.

Nun ist es sicher überzogen, den Begriff des Sollens überhaupt in Frage zu stellen, wie dies einige Tugendethikerinnen tun.[44] Denn als normative Disziplin kann die Ethik gar nicht ohne die Idee des Gebotenen auskommen, ohne Begriff davon, dass etwas getan werden sollte oder eine andere Handlung zu unterlassen ist. Das Gebotensein von Handlungen wird aber durch den Begriff der Pflicht ausgedrückt. Auch die Tugendethik kann nicht auf die Idee des Sollens verzichten. Selbst wenn man ein Handeln als gut, als anständig, als nobel bezeichnet, so ist der angemessene Grund dafür die Tatsache, dass dieses Handeln diese lobenswerten Attribute verdient, weil es Ausdruck bestimmter Tugenden ist.

43 Aristoteles, *Die Nikomachische Ethik*, 1172 a 8–16.

44 Erinnert sei an die Kritik von G.E.M. Anscombe (siehe FN 3 oben) und Philippa Foot. Vgl. Philippa Foot, Die Moral als ein System hypothetischer Imperative, in: dies., *Die Wirklichkeit des Guten*. Moralphilosophische Aufsätze, Frankfurt am Main: Fischer Taschenbuch Verlag 1997, 89–107.

Dahinter verbirgt sich aber wieder eine Sollensstruktur: Um eine gute Person zu sein, soll man die Haltungen und Einstellungen kultivieren, die als tugendhaft gelten können. Man soll so handeln, wie es den Tugenden entspricht. Eine Ethik, die von uns fordert, unsere Haltungen, unsere Affekte und Empfindungen zu schulen und mit einem bestimmten ethischen Ideal in Einklang zu bringen, unterwirft unser Handeln der Normativität.

Die Kritik der Tugendethiker an den Begriffen der Pflicht und des Sollens kann also nicht als generelle Ablehnung gemeint sein, sondern muss sich gegen die spezifische Form des Sollens in Prinzipienethiken richten. Der Einwand lautet demnach, dass in Prinzipienethiken Normativität in einer problematischen Art und Weise begründet werde.

Diese Überlegung bestimmt etwa Anscombes Argumentation. Denn ihre Kritik geht dahin, dass das Sollen in einem deontologischen Ethiksystem das von einer externen Autorität, einem „göttlichen Gesetzgeber" diktierte Sollen ist. Damit werde das Wesentliche ethischen Handelns aber verkannt.

Diese Einwände, die sich insbesondere gegen die kantische Ethik richten, wurden, wie erwähnt, von Schopenhauer vorgebracht. Schopenhauer argumentiert, dass die kantische Ethik ein Sollen um des Sollens willen charakterisiere. Anders als in einer religiösen Ethik erlasse in der kantischen Ethik die Vernunft anstelle von Gott die Gebote, doch die autoritäre Form der Verpflichtung durch einen allmächtigen göttlichen Gesetzgeber finde sich analog in Kants Berufung auf die Macht der Vernunft, einer Vernunft, die über menschlichen Neigungen und Empfindungen stehe und den moralischen Subjekten als externe Autorität gegenübertritt.[45] Doch eine solche Interpretation ist, wie im Kapitel über die kantische Ethik ausgeführt, in dieser Form nicht haltbar.

Nach Kant steht hinter unserem begründeten Handeln der reflexive Gebrauch der Vernunft. Wenn wir etwas zu Recht als geboten erkennen, dann ist dies eine durch gute Gründe gestützte Einsicht. Das Gebotene ist das Ergebnis eines Prozedere der Anwendung bestimmter Kriterien auf die Analyse der Frage, was zu tun in einer Situation richtig ist. Bei einer differenzierteren Sicht der kantischen Ethik ist die pauschale Kritik am Sollensbegriff nicht mehr haltbar. Sollen resultiert immer aus den

45 Siehe Arthur Schopenhauer, Preisschrift über die Grundlage der Moral, in: ders., *Die beiden Grundprobleme der Ethik,* Zürcher Ausgabe, Band VI, Zürich: Diogenes 1977. Schopenhauer selbst hebt das Mitleid, das Mitempfinden mit anderen als zentrales Element der Ethik hervor. Schopenhauer kann deswegen auch, anders als Kant, Tiere moralisch direkt berücksichtigen. Kant kennt nur indirekte Pflichten gegen Tiere.

gleichen Erwägungen: aus Gründen dahingehend, dass etwas zu tun angemessen ist, weil nicht so zu handeln moralisch schlecht ist, weil eine solche Handlungsweise nicht als allgemeines Gesetz denkbar ist oder wir dies zumindest nicht wollen.

So gesehen gibt es aber keinen Unterschied zwischen verschiedenen Formen des Sollens, einem kantischen unbedingten Sollen und einem schwächeren Sollen der Tugendethik. Wenn überhaupt ein Unterschied im Verständnis von Normativität zwischen kantischer Ethik, Tugendethik und Utilitarismus auszumachen ist, dann nur unter Bedachtnahme auf das jeweilige zentrale Prinzip der Ethik, das ja den verschiedenen Charakter dieser Ethiken ausmacht. Anders gesagt: Das Sollen in der utilitaristischen Ethik verpflichtet uns, nach dem Prinzip der Nutzenmaximierung zu handeln. Das Sollen in der kantischen Ethik verlangt eine Orientierung am kategorischen Imperativ, und das Sollen der Tugendethik fordert, in Übereinstimmung mit gewissen ausgezeichneten Einstellungen und Haltungen zu handeln, die wir aus einer Reflexion auf die besonderen Umstände der Situation und unserem Wissen um die Elemente eines guten Lebens als die in diesem Kontext verbindlichen erkannt haben. Der Unterschied liegt also nicht in verschiedenen Graden der Normativität. Das Charakteristische der Tugendethik ist, dass sie sich mehr auf eine Analyse der Einstellungen und Haltungen konzentriert, die eine Person zu einer guten Person machen.

Demnach ist Vorsicht geboten, einen prononcierten Gegensatz zwischen Tugendethik und kantischer Ethik zu konstruieren. Denn es ist keineswegs so, dass in der kantischen Ethik nur das System der Prinzipien maßgeblich ist und die handelnde Person keine oder nur eine sekundäre Rolle spielt. Denn der Ausgangspunkt von Kants Ethik ist die Frage, was ein Handeln gemäß dem guten Willen ausmacht. Und Kants Antwort lautet, dass eine Person ein guter Wille kennzeichne, wenn eine Person nach Maximen handelt, die verallgemeinerbar sind. Das Handeln nach dem Prinzip des guten Willens verlangt Personen eine Reihe von Eigenschaften und Haltungen ab – die Bereitschaft zur Reflexion und zur unvoreingenommenen Gewichtung von Gründen, die Bereitschaft zum Nachdenken über Handlungen im Kontext des eigenen Lebens und des Lebens von anderen. Richtig ist aber, dass Kant über Eigenschaften der Person wie Besonnenheit, Tapferkeit, Mut und Ähnliches nicht in der Form räsoniert hat, wie uns dies in der aristotelischen Ethik begegnet.

Ein Blick auf die Schwächen der Tugendethik lehrt, nach einer Ethikkonzeption zu suchen, welche die Einsichten der Tugendethik mit Elementen aus anderen ethischen Theorien verbindet. Wenig sinnvoll scheint es, die Tugendethik als radikale Alternative zu den anderen Ansätzen darzustellen. Die Frage, welche Person ich sein möchte oder sein soll, lässt sich nicht scharf abgrenzen von der Frage, was ich tun soll. Denn personale Identität drückt sich im Handeln von Menschen aus. Wer genau Personen sind, wird erst im Tun von Menschen deutlich, vorrangig in der Art, in der sie anderen begegnen.

Die Konzentration auf Tugenden und die damit verknüpften Einstellungen ist wichtig für die Schulung unserer moralischen Sensibilitäten, unserer situationsspezifischen Wahrnehmungsfähigkeiten. Aber die Antwort von Tugendethikerinnen und Tugendethikern, dass gut das ist, was eine tugendhafte Person in dieser Situation tun würde, ist als Bestimmung des Guten nicht ausreichend. Der Hinweis auf die tugendhaft handelnde Person ist als allgemeiner Ratschlag, als Empfehlung zur Kontemplation und als Erinnerung an die kritische Reflexion unseres Tuns wichtig. Aber darüber hinaus bedarf es der Präzisierung dessen, wie die tugendhafte Person ihr Handeln begründet, wie sie eine praktische Entscheidung trifft und nach welchen Überlegungen und Richtlinien sie vorgeht. Und hier kommt wieder die Ebene von Prinzipien ins Spiel. Denn hinter begründeten Entscheidungen stehen Prinzipien.

Oft wird der Tugendethik auch vorgeworfen, dass die ausschließliche Konzentration auf den Charakter von Personen und die Vernachlässigung von Handlungsfolgenbewertungen zu einer Verzerrung des moralischen Urteilens führt. Denn auch als untadelig geltenden Charakteren unterlaufen Fehler, und manche ihrer Handlungen sind schlecht. Vor allem existiert das Problem, dass Menschen zwar über charakterliche Qualitäten verfügen können, diese aber nicht selten in den Dienst eines politisch fragwürdigen Systems stellen.

Die Kritik geht also dahin, dass manchmal einzelne spezifische Handlungen eines Menschen zu bewerten sind, und diese Evaluierung nicht vom a priori untadeligen Ruf dieser Person überdeckt werden dürfe. Wenn man nur auf den Charakter eines Menschen achte, dann – so der Einwand – würde man dazu tendieren, manche seiner konkreten Handlungen nicht genügend scharf zu analysieren und zu bewerten. Wie Robert B. Loudon in einem der Tugendethik gegenüber kritischen Artikel anmerkt: „Doch es ist Sophisterei zu behaupten, die Folgen der Lügen von Gentlemen oder eines aristotelischen *kaloikagathoi* seien nicht sehr wichtig, oder die Implikationen ihres rüden Benehmens würden irgendwie durch den Umstand gemildert, daß sie eben Gentlemen sind. Dieser Gedankengang ist ein Schlag ins Gesicht unserer grundlegenden Überzeugung, moralische Beurteilung müsse nach Unparteilichkeit streben und danach, moralisch irrelevante soziale und ökonomische Fakten auszublenden."[46]

Wie überzeugend ist dieser Einwand? Sicherlich verhält es sich so, dass das Verhalten und Handeln der Menschen den Rückschluss auf ihre grundsätzlichen Einstellungen, Haltungen und Dispositionen zulässt. Und aufgrund einzelner fehlerhafter Handlungen einer Person, sofern diese nicht ein gravierendes und in keiner Weise entschuldbares Unrecht darstellen, kann man nicht auf einen schlechten Charakter dieser Person schließen. Doch im Sinne einer ausgewogenen moralischen Bewertung ist es notwendig, einen Zusammenhang zwischen der Einstellung und dem Handeln herzustellen. Die Bewertung muss sich auf die Gesamtheit von Einstellung und Handeln richten.

Eine Handlung ist die Kombination der Einstellung und des Zwecks, auf den sich die Handlung richtet. Beurteilt wird dann die konkrete Person, die zum Erreichen dieses oder jenes Zweckes so oder so handelt. Die Bewertung konzentriert sich somit auf die Haltung der Person, aus den und den Gründen zum Erreichen dieses oder jenes Zweckes so oder so zu handeln. So gesehen kann man die charakterliche Bewertung von Personen nicht mehr von den Handlungen dieser Personen abspalten, weil Haltungen, Dispositionen und konkretes Tun eine Einheit bilden. Der Tugendethik kann man dann nicht mehr vorwerfen, eine Art „Charaktermystifizierung" zu betreiben, die schlicht ignoriert, dass auch Personen, die als gute und standhafte Charaktere gelten, manchmal schlecht handeln. Diese umfassendere Bewertung der Gesamtheit von Einstellungen und Handlungen relativiert aber die scharfe Trennung von Tugendethik und Prinzipienethiken, denn die Bewertung muss notgedrungen auf andere Kriterien als die bloß untadelige Charakterhaltung zurückgreifen.

Kritisiert wurde auch die angebliche kommunitaristische Begrenztheit der Tugendethik. Aristoteles beziehe sich in seinen Analysen auf relativ kleine homogene Gemeinschaften, in denen das tugendhafte Handeln klarer bestimmbar sei. Doch diese Sicht der Tugenden sei nicht übertragbar auf moderne Gesellschaften, in denen distanzierte Beziehungen zwischen Individuen vorherrschen.[47] Kritikerinnen und Kritiker der Tugendethik geben auch zu bedenken, dass in modernen pluralistischen Gesellschaften die Geschlossenheit der Wertvorstellungen fehlt, um zu einer einheitlichen Tugendkonzeption zu kommen. Manche der von Aristoteles angeführten Tugenden – denken wir an seine Ausführun-

46 Robert B. Louden, Einige Laster der Tugendethik, in: Klaus-Peter Rippe und Peter Schaber (Hg.), *Tugendethik,* 185–212, hier: 205.

47 Ebd., 203.

gen über die Tapferkeit – stehen stark im Kontext der Wertüberzeugungen seiner Zeit.

Selbst MacIntyre weist auf diese vormodernen Konnotationen des Tugendbegriffs und die Schwierigkeit hin, konkrete Tugenden unter den Prämissen liberaler Gesellschaften zu definieren. Selbst ein der Tugendtheorie gegenüber so nostalgischer Denker wie er formuliert letztlich nur eine sehr offene Bestimmung des Tugendbegriffs. MacIntyre versucht, Tugenden über die konstitutiven Komponenten von Praxis, narrativer Ordnung und Tradition zu bestimmen. Unter „Praxis" versteht MacIntyre sozial festgelegte komplexe Tätigkeiten, die auf den Gewinn bestimmter Güter abzielen. Tugenden sind für ihn jene Fähigkeiten, die uns ermöglichen, „*die Güter zu erreichen, die einer Praxis inhärent sind*".[48] Die Gebundenheit an den sozialen Kontext einer moralischen Tradition und die narrative Struktur eines Lebens als einer Gesamtheit bilden für MacIntyre weitere Bedingungen zur Bestimmung von Tugenden. Doch selbst dieser kommunitaristische Definitionsversuch führt MacIntyre nicht über die liberale Aussage hinaus, das Gute für die Menschen bestehe in deren „Suche nach dem Guten".

Die Tugendethik, so lässt sich diese kritische Betrachtung zusammenfassen, betont viele wichtige Aspekte des Moralischen, doch ohne die Verbindung mit Elementen der Prinzipienethiken verliert sie an Plausibilität. Die Notwendigkeit dieser Verbindung mit anderen Konzeptionen der Ethik, vor allem der kantischen Ethik, möchte ich im Folgenden ausführlicher skizzieren. Dabei geht es darum, den Begriff der moralischen Wahrnehmung, den Begriff des moralischen Urteilens und die Frage praktischer Entscheidungen miteinander zu verbinden.

4.6 Aristotelische und Kantische Ethik

Die Tugendethik akzentuiert eine Reihe wichtiger Aspekte des Moralischen. So betont die Tugendethik, den Vorgaben der aristotelischen Ethik folgend, dass gutes Handeln nicht zuletzt von einer Entwicklung unserer affektiven und deliberativen Fähigkeiten abhängt. Es geht der ethischen Reflexion auch um die Kultivierung und Erziehung unseres Charakters. Diese Bedingung hat Konsequenzen für unser Verständnis der Ethik. Sie besagt, dass nicht alle moralischen Defizite den sozialen Verhältnissen sowie den politischen und ökonomischen Rahmenbedingungen zuge-

48 MacIntyre, *Der Verlust der Tugend*, 255 (Kursivsetzung im Original).

schrieben werden können, sondern einiges an moralischen Fehlgriffen in den Bereich individueller Verantwortung fällt. Ein gewisses Maß der moralischen Qualität von Gesellschaften steht und fällt mit den Einstellungen und Haltungen der Gesellschaftsmitglieder, nicht zuletzt deren affektiven Möglichkeiten. Tugenden hängen auch mit der Schulung unserer Empfindungen zusammen. Ohne entsprechende Empfindungen geht unsere moralische Wahrnehmung von Situationen fehl.

Die aristotelische Ethik und die von ihr geprägte Tradition der Tugendethik, welche die Einheit von Empfinden und Handeln in einem tugendhaften Charakter voraussetzt, steht gegen die Ausgrenzung der Empfindungen, wie sie weite Teile der abendländischen Philosophie charakterisiert. Empfindungen sind intentionale Gegebenheiten, und neben der affektiven Komponente haben sie auch kognitiven Gehalt, da sie emotionale Formen der Bewertung darstellen. Durch die Einbindung der Gefühle in die praktische Reflexion ergibt sich eine andere Sicht der Gefühle, als wenn diese nur als Bedrohung der rationalen Oberfläche von Personen gesehen werden. Gefühle gelten nun als korrigierbar und schulbar. Ethisches Streben bedeutet nicht zuletzt, sich um angemessene Empfindungen zu bemühen. Diese wertend-erzieherische Perspektive auf Gefühle wird auch letztlich der Rolle gerechter, die Gefühle in unserem Leben spielen. Denn bestimmte Gefühle und Empfindungen haben für sich genommen für uns einen hohen Wert. Die Moralphilosophie gesteht Emotionen häufig nur eine instrumentelle Funktion zu: Dem individualistischen Kontraktualismus gelten Empfindungen als nützlich zur Stabilisierung der aus Eigeninteresse vereinbarten Regeln.[49] In der kantischen Ethik sind Gefühle gut, weil sie unseren Sinn für das moralische Gesetz sensibilisieren.[50] Doch Empfindungen haben auch Eigenwert – und diesem Gesichtspunkt wird eine Ethik gerecht, die auf Haltungen und Einstellungen achtet und die davon ausgeht, dass gute Handlungen manchmal im Ausdruck von Emotionen bestehen.

Die aristotelische Ethik, die ja paradigmatisch für die Tugendethik ist, vermittelt auch wichtige und unverzichtbare Analysen zum Begriff der praktischen Entscheidung. Praktische Deliberation ist nach Aristoteles eine Sache der Wahrnehmung, des rechten Einschätzens der verschiedenen Aspekte einer Situation und ihres Gewichts. Dies steht in einem deutlichen Gegensatz zu Rationalitätskonzeptionen, die Rationalität auf eine

49 Vgl. das Kapitel Kontraktualismus in diesem Buch.

50 Siehe Immanuel Kant, *Die Metaphysik der Sitten. Tugendlehre,* Werkausgabe Bd. VIII, Frankfurt am Main: Suhrkamp 1977, 595 (Kant, *Gesammelte Schriften,* Akademie-Ausgabe Band VI).

vorgegebene Verhaltensmaxime wie etwa die Maximierung des persönlichen Vorteils reduzieren. Die aristotelische Tugendethik verfügt über keinen Algorithmus der Entscheidungsfindung. Die Tugendethik nach aristotelischem Muster setzt eine Möglichkeit der moralischen Entwicklung voraus. Moralische Entwicklung ist unabdingbar für praktische Deliberation. Gute Entscheidungen zu treffen bedeutet, auf die verschiedenen Aspekte einer Situation angemessen zu reagieren. Dies erfordert ein Zusammenspiel von charakterlicher Haltung und intellektueller Beurteilung der Situation.

Diese Erklärung scheint allerdings nicht genügend präzise und genau. Nicht wenige Philosophinnen und Philosophen betrachten deshalb die Verbindung von Tugenden mit Regeln als unverzichtbar, um zu einer schlüssigen Definition moralisch tugendhaften Handelns zu kommen. Ohne Verweis auf eine Regel oder ein Prinzip bleibe der Begriff der angemessenen praktischen Entscheidung unterbestimmt. Die Frage stellt sich aber, wie sich eine Verbindung von Tugenden und Regeln herstellen lässt, ohne die Konzeption der Tugendethik zu relativieren. Denn möglicherweise verkehrt sich bei einer Verknüpfung von Tugenden und Regeln die Tugendethik in eine Regelethik. Dies ist dann der Fall, wenn die korrekte praktische Entscheidung als Befolgung von Regeln definiert wird und den Tugenden dann nur die sekundäre Rolle zukommt, zur Befolgung dieser Regeln zu disponieren.

Aus der Sicht einer eigenständigen Tugendethik gilt es, das tugendhafte Handeln aus der internen Perspektive der handelnden Person in einer spezifischen Situation zu definieren. Das rechte Handeln bestimmt sich aus den internen Reflexionsressourcen der Person. Die Standards des moralisch richtigen Tuns werden nicht durch eine generelle Regel als klar definiert vorgegeben, sondern entwickeln sich durch die Wahrnehmung einer besonderen Situation durch eine gut überlegende Person mit guten Einstellungen. Doch allen Versuchen einer Klärung des autonomen tugendethischen Entscheidens wird vorgeworfen, dass sie ohne Bezug auf Regeln schwammig bleiben. Zumindest müsse sich die Verbindung zu Regeln in einem entsprechenden praktischen Syllogismus ausdrücken lassen: Die konkrete Handlungsanweisung, was zu tun ist, folgt aus der Anwendung der in der ersten Prämisse formulierten allgemeinen Regel auf die besondere Situation.

Diese Forderung nach einer Ergänzung der tugendethischen Sicht praktischen Entscheidens durch Regeln ist nicht so einfach umzusetzen, ohne dass die für die Tugendethik konstitutiven Elemente verloren gehen. Man muss, wie etwa John McDowell betont, die geforderte Verbindung mit einer Regel genauer überdenken. So kann nach McDowell nicht irgendeine beliebige Regel zu den Tugenden hinzugedacht werden. Es bedarf einer spezifischen Form eines Prinzips oder einer Regel. McDowell verdeutlicht diesen Punkt anhand eines Beispiels Wittgensteins.[51] Jemand kann die Regel akzeptiert haben, die Zahlenreihe der geraden Zahlen aneinandergereiht aufzuzählen (also 2, 4, 6, 8 ...). Diese mechanische Regel kann aber geändert werden – die Person zählt plötzlich nur jede vierte Zahl (also 2, 6, 10 ...). Wenn diese Veränderung der Regeln durch Zufall geschieht – die Person hat den Mechanismus vergessen oder weiß nicht mehr, was sie tut –, dann entsteht eine Unsicherheit. Und diese Unsicherheit versuchen wir nach McDowell durch ein Erfassen und Betonen von Regeln auszugleichen. Wir vertrauen nicht genügend darauf, dass sich aus der internen Perspektive unserer Lebensformen eine Verankerung unserer praktischen Überzeugungen ergibt. Unsere Praktiken, so scheint es, gewinnen nur durch die regelbezogene Bewertung von außen Struktur und Halt.

Eben diese Sicht findet McDowell irrig. Für einen aristotelischen Ethikzugang, wie ihn McDowell verteidigt, ist charakteristisch, das Konzept der praktischen Entscheidung aus der internen Perspektive der handelnden Person zu erklären. Aus einer bestimmten Konzeption des Lebens rekonstruiert die praktisch handelnde Person, welche Aspekte einer Situation Gewicht haben und wie man ausgehend davon handeln sollte. „We do not fully understand a virtuous person's actions – we do not see the consistency in them – unless we can supplement the core explanations with a grasp of his conception of how to live.“[52] Die Rationalität tugendgebundener Entscheidungen ist für McDowell aus einer externen Perspektive nicht erklärbar. Die Nichtkodifizierbarkeit solcher Entscheidungen teile uns aber etwas Wichtiges über moralisches Handeln mit: Durch eine geschulte Form der Wahrnehmung erkennen wir schrittweise, was in Situationen gefordert ist. Eine mechanische Regel sei für moralisches Urteilen nicht erforderlich, doch auf eine Art Systematik des Wahrnehmens und Urteilens könne nicht verzichtet werden.

In *Virtue and Reason* bleibt die Frage des systematischen Urteilens weitgehend offen, doch in einer anderen Arbeit räumt McDowell ein, dass der Bezug auf Prinzipien notwendig ist. In der aristotelischen Ethik selbst sei ein Ansatzpunkt für die Verbindung mit Prinzipien gegeben: „For Aristotle, substantive ethical content is in place already, the product of habituation, before philosophical ethics begins. Ethical reflection is

51 Siehe John McDowell, Virtue and Reason, in: Nancy Sherman (Hg.), *Aristotle's Ethics.* Critical Essays, 121–143.

52 Ebd., 138.

controlled by substantive convictions that predate it and shape its course (...). The very idea of ethical theory takes on a different look in this context. But if we frame the contrast correctly, we can hold on to the idea that something like categorical imperatives are not alien to Aristotelian ethics."[53]

Der Grund für diese Zugänglichkeit gegenüber kategorischen moralischen Prinzipien liegt nach McDowell darin, dass es der Tugendethik aristotelischen Typs ja darum geht, das gute Handeln für sich genommen zu bestimmen. Dieses Handeln hat Wert an sich, es ist nicht nur instrumentell wertvoll, um etwas anderes zu erreichen. Dies bedeutet aber, dass gutes Handeln nicht über einen hypothetischen Imperativ – wenn du X willst, dann musst du Y tun – gerechtfertigt werden kann. Es ist vielmehr für sich genommen als richtig und als in sich wertvoll zu erkennen – und dies setzt die Übereinstimmung mit einem dahinterstehenden unbedingten Prinzip voraus.[54]

Dieser Punkt lässt sich auch folgendermaßen verdeutlichen: Die aristotelische Tugendethik reduziert die ethische Deliberation nicht auf eine mechanische Anwendung von Regeln. Es gibt keinen Algorithmus der ethischen Entscheidungsfindung. Praktische Entscheidungen dürfen aber umgekehrt nicht willkürlich sein. Sie müssen gute Gründe hinter sich haben. Dies verlangt, die möglichen Begründungen zu gewichten und bestimmte Gründe als vorrangig und korrekt zu erkennen. Gefordert ist die Konsistenz in der Einschätzung von Gründen. Beliebigkeit des Urteils bedeutet, Gründen in einem Fall den Vorrang zu geben, die im anderen Fall als irrelevant gelten, ohne dass dies durch entsprechende Situationsdifferenzen gerechtfertigt wäre. Konsistenz des Urteilens verlangt also, sich an Prinzipien zu orientieren, genauer: an Prinzipien, die nicht nur hypothetisch gelten, sondern die für sich genommen überzeugen. So gesehen müssen auch in der Tugendethik die praktische Deliberation und Entscheidung auf Prinzipien rekurrieren. Denn der Tugendethik geht es ja nicht um ein argumentativ nicht entschlüsselbares Erkennen des Guten und Richtigen, sondern um eine nachvollziehbare Deliberation über Gründe, die gewissen Prinzipien des praktischen Denkens folgt.

Die praktische Philosophie betont auch neuerdings die Parallelen zwischen Kant und Aristoteles. Demnach stehen sich Aristoteles und

53 McDowell, Deliberation and Moral Development in Aristotle's Ethics, in: Stephen Engstrom und Jennifer Whiting (Hg.), *Aristotle, Kant and the Stoics*, Cambridge: Cambridge University Press 1996, 19–35, hier: 33.

54 Ebd., 32.

Kant nahe, da sie beide die Ethik als Ausdruck praktischer Deliberation und Vernunft begreifen.[55] Die Differenz liegt darin, dass Aristoteles nicht explizit das Prinzip formuliert, das dem praktischen Entscheiden zugrunde liegt. Er lässt es mit dem Hinweis bewenden, dass sich praktisches Entscheiden den Umständen gegenüber sensibel zeige. Kant hingegen benennt dieses Prinzip – es verlangt, dass sich die Maximen unseres Handelns als universelles Gesetz qualifizieren müssen. Diese Bedingung stellt nicht eine abstrakte Regel dar, aus der mechanisch folgt, was in einer bestimmten Situation zu tun ist. Im Gegenteil: Die Maxime, nach der ein Subjekt handelt, muss – aristotelisch gesprochen – der jeweiligen Situation in ihren Besonderheiten entsprechen. Bereits die Formulierung der Maxime setzt schon Wahrnehmungsfähigkeit im Sinne geschulter Charaktertugenden voraus. Darüber hinaus müssen Maximen noch anderen Kriterien genügen – und einige dieser Standards hat uns Kant in seiner praktischen Philosophie übermittelt. Aristoteles gibt uns, wie Interpretinnen und Interpreten einräumen, keine so klaren Richtlinien wie Kant an die Hand, wann eine Handlung als gut gelten kann. Aristoteles „certainly does not attempt to analyze the motive of nobility to arrive at a formulation of the moral principle, in the way that Kant analyzes the motive of duty to show us what the principle of a good will is."[56] Gemeinsam ist beiden Ansätzen, dass sowohl Aristoteles als auch Kant ethisches Handeln und ethische Deliberation aus der inneren kognitiven – und im Falle von Aristoteles affektiven – Verfasstheit der Person betrachten. So gesehen kann man nicht mehr an der plakativen Gegenüberstellung *deontologische Theorien versus Tugendethik* festhalten.

Die These einer ausgeprägten Gegensätzlichkeit hängt auch damit zusammen, dass deontologische Prinzipienethiken oft als gleichsam extern vorgegebenes System von Prinzipien interpretiert werden. Doch diese Lesart wird der kantischen Ethik nicht gerecht. Die kantische Theorie der Moral stellt eine interne Rekonstruktion jener Prinzipien dar, die von guten Begründungen des Handelns notwendig vorausgesetzt werden. Eine ähnliche Rekonstruktion der Bedingungen guten Handelns unterliegt der aristotelischen Tugendethik, wenngleich die aristotelische Ethik die Rekonstruktion der Gründe unseres Handelns nicht so konsequent bis zu jenem Punkt eines nicht mehr bedingten Prinzips zurückverfolgt hat wie Kant.

55 Christine M. Korsgaard, From Duty and For the Sake of the Noble: Kant and Aristotle on Morally Good Action, in: Stephen Engstrom und Jennifer Whiting (Hg.), *Aristotle, Kant and the Stoics*, 203–236.

56 Ebd., 218.

Wie stellen sich nun aus dieser Perspektive die erwähnten Defizite der Tugendethik dar? Viele der üblichen Einwände verlieren an Plausibilität. Die Kritik, dass sich die Tugendethik mit der Bewertung von Charakteren begnügt und die schlechten Konsequenzen der Handlungen „anständiger" Personen übersieht, ist kein guter Einwand. Denn dieses Argument verwechselt die soziale Reputation, die ein Mensch – möglicherweise ungerechtfertigt – hat, mit der kritischen Beurteilung der Einstellungen, die einem Handeln zugrunde liegen. Zudem sind die Haltungen von Menschen, die sich in Handlungen ausdrücken, nicht völlig von den Konsequenzen der Handlungen abzuspalten. Sowohl Aristoteles als auch Kant werden diesem Umstand gerecht. In beiden Theorien der Ethik können Handlungen nicht mit Einzelakten gleichgesetzt werden. Handlungen bestehen aus einem Akt, der um eines bestimmten Zieles willen getan wird. Doch in der praktischen Deliberation müssen wir uns fragen, ob die Handlungsweise als solche – einen Akt um eines Zieles willen tun – gerechtfertigt ist. In die Bewertung muss also auch die angestrebte Zielvorstellung als Konsequenz des Aktes mit einbezogen werden. So betrachtet erledigt sich der Einwand, dass eine auf Einstellungen und Dispositionen konzentrierte Ethik die Konsequenzen von Handlungen gänzlich ignoriere.

Gewichtiger gegenüber einer Tugendethik ist die Kritik, dass nicht alle Standards moralischer Reflexion auf die Entscheidungen charakterlich geschulter und sensibler Personen reduzierbar sind. Gesellschaften brauchen bestimmte moralische Regeln und Richtlinien für ihr Zusammenleben. Neben individualethischen Prinzipien bedarf es auch der normativen Vorgaben für den öffentlichen Bereich. Die Frage der Charaktertugenden berührt eine andere Ebene als die Frage nach den Standards der öffentlichen Moral. Die Normen, die die Struktur einer Gesellschaft maßgeblich bestimmen sollen, sind nicht aus den Charaktertugenden erschließbar.

Charaktertugenden setzen gesellschaftlichen Fehlentwicklungen nicht genügend Grenzen. Im Gegenteil: Moralische Sensibilität und Feinsinnigkeit zerbrechen in gesellschaftlichen Systemen, die sich grober moralischer Verstöße wie Korruption, Diskriminierung, Unterdrückung, Verfolgung und Misshandlung von Menschen schuldig machen. Die Entwicklung der Tugenden setzt stabile gesellschaftliche Rahmenbedingungen voraus. Wenngleich an der moralischen Erosion von Gesellschaften immer auch konkrete Individuen beteiligt sind, so bietet eine Tugendethik für sich genommen nicht genügend Möglichkeit, diesen Verfehlungen zumindest normativ Grenzen zu setzen. Es bedarf klarer moralischer und rechtlicher Regeln, was tolerierbar und nicht tolerierbar ist. Die Tatsache, dass Gesellschaften auch Standards öffentlicher Moral benötigen, kann aber nicht als Einwand gegen eine tugendethische Auslegung der Individualethik vorgebracht werden. Das Argument zeigt die Grenzen der Tugendethik auf, es relativiert aber nicht diesen ethischen Ansatz.

Der Begriff der Tugenden wirkt überholt. Doch die Reflexion über Haltungen und Dispositionen des Subjekts und die These, dass gute praktische Deliberation mit den Einstellungen der Individuen zusammenhängt, bildet ein unverzichtbares Element moralischen Denkens.

5. Kontraktualismus

Seit der Antike begleitet die Idee, dass die Moral dem Eigeninteresse und den subjektiven Vorteilen der Menschen dienen sollte, die Geschichte der Philosophie. So konfrontiert im ersten Buch von Platons Dialog *Der Staat* Thrasymachos seinen Gesprächspartner Sokrates mit der provokanten These, dass Gerechtigkeit nichts anderes sei als der Vorteil des Stärkeren.[1] Und seit Sokrates' gewichtigen Einwänden gegen diese Meinung des Thrasymachos – dass nämlich das gerechte Tun mitunter von uns ein Handeln verlangt, das unseren unmittelbaren Interessen und dem für uns Vorteilhaften widerspricht – bestimmt die Idee, dass moralische Normen um ihrer selbst willen zu befolgen sind, immer wieder die moralphilosophische Theoriebildung. Demnach führt es zu einer Verfremdung des Wesens der Moral, wenn die Gültigkeit moralischer Normen durch deren etwaige Vorteile oder Kosten bedingt ist.

Warum verbinden sich Selbstinteresse und Moral? Ein Motiv für diese Verknüpfung findet sich in dem Bestreben, die Moral bestmöglich in den Interessen der Menschen zu verankern und ihr damit eine sichere Grundlage zu verschaffen. Die Argumentation der Vertreterinnen und Vertreter einer auf dem Selbstinteresse basierenden Moralkonzeption lässt sich so zusammenfassen: Wenn die Moral in ihrem eigenen Interesse liegt, dann haben Personen ein klares und überzeugendes Motiv, sich an die Regeln der Moral zu halten. Die Charaktermöglichkeiten der Menschen decken einen weiten Bereich ab: Personen können empathisch, großzügig, sensitiv, prinzipienfest und gerechtigkeitsbestrebt sein. Doch auch die üblen Motive der Habsucht, des Neides, der Eifer-

1 Siehe Platon, Der Staat, in: Platon, *Sämtliche Dialoge,* Bd. V, übersetzt und erläutert von Otto Apelt, 11. Auflage, Hamburg: Meiner 1989, 337e–338d 99.

sucht und der Rache liegen ihnen nicht fern. Eine überzeugende Philosophie der Moral sollte sich deshalb nicht auf die Kontingenz des möglichen Gutseinwollens der Menschen verlassen, sondern überzeugende und zwingende Gründe für das System der Moral anführen. Und der stärkste Grund zur Anerkennung der Moral resultiert eben aus dem Selbstinteresse der Menschen.

Verknüpft ist dieser Rückgriff auf das Selbstinteresse mit einer egoistischen oder ökonomischen Rationalitätskonzeption.[2] Rational handeln bedeutet, das aufgeklärte Eigeninteresse so einzusetzen, dass die langfristigen Vorteile der eigenen Person gesichert werden. Als rational gilt jene Person, die ein Maximum der eigenen Ansprüche durchsetzt. Moral ist nach diesem Ansatz das Ergebnis eines rational-egoistischen Kalküls der subjektiven Interessenverfolgung.

5.1 Die Moralkonzeptionen von Thomas Hobbes und David Hume

Das Modell der vorteilsorientierten Einigung auf Normen, die unser Verhalten einschränken und kontrollieren, findet sich in einer systematischen Form erstmals bei Thomas Hobbes entwickelt. Hobbes wendet die egoistische Normrechtfertigung allerdings auf die Grundfrage der politischen Philosophie, die Frage einer Rechtfertigung staatlicher Herrschaft, an. Menschen sind nach Hobbes von zwei Motiven dominiert: dem Streben nach Selbsterhaltung und dem Bestreben, sich möglichst viel an Gütern anzueignen. Da Hobbes eine natürliche Gleichheit der Menschen an Stärken und Fähigkeiten voraussetzt, resultiert aufgrund der Knappheit der Güter ein Kampf aller gegen alle mit dem Ziel, den anderen zu unterwerfen und gegebenenfalls zu vernichten.

Hobbes liefert in seinem 1651 erschienenen Werk *Leviathan*[3] eine anschauliche Schilderung dieser unerquicklichen Verhältnisse. Die Menschen befinden sich „während der Zeit, in der sie ohne eine allgemeine, sie alle im Zaum haltende Macht leben, (…) in einem Zustand (…), der Krieg genannt wird, und zwar in einem Krieg eines jeden gegen jeden". Nach Hobbes gibt es in diesem Zustand „keine gesellschaftlichen Beziehungen, und es herrscht, was das Schlimmste von allem ist, beständige

2 Vgl. dazu Amartya Sen, *On Ethics and Economics,* Oxford und Cambridge MA: Blackwell 1987, 10–22.

3 Thomas Hobbes, *Leviathan,* herausgegeben und eingeleitet von Iring Fetscher, Frankfurt am Main: Suhrkamp 1984.

Furcht und Gefahr eines gewaltsamen Todes – das menschliche Leben ist einsam, armselig, ekelhaft, tierisch und kurz".[4]

Die einzige Möglichkeit, diesem Zustand der permanenten Auseinandersetzung und Gefährdung, dieser Spirale wachsender Gewalt, zu entkommen, sieht Hobbes in einer Übereinkunft über Regeln des sozialen Zusammenlebens, die den Übergang vom anarchischen und bedrohlichen Naturzustand zum zivilen Zusammenleben in einem Staat markieren. Ein Gesellschaftsvertrag, der einem Souverän die Macht überantwortet, über die Rechte und Pflichten der Gesellschaftsmitglieder zu wachen, liegt folgerichtig im Eigeninteresse aller Betroffenen. Hobbes' Individuen sind strategische Rationalisten: Sie entschließen sich zur Unterwerfung unter staatliche Macht, weil ihnen Sicherheit und Schutz als vorrangige Ziele gelten.

Hobbes sieht klar, dass die „natürlichen Gesetze" der Gerechtigkeit und Billigung, die fordern, „andere so zu behandeln, wie wir selbst behandelt werden wollen", für sich genommen „unseren natürlichen Leidenschaften entgegengesetzt (sind), die uns zu Parteilichkeit, Hochmut, Rachsucht und Ähnlichem verleiten".[5] Und Hobbes will nicht einfach darauf vertrauen, dass die Menschen sich in einer übermächtigen Anstrengung gegen ihre eigene Natur und ihre Leidenschaften verpflichten, moralische Normen um ihrer selbst willen anzuerkennen. Insofern sucht er nach einem stärkeren Motiv, sich auf die Moral einzulassen, als die Einsicht in das Gerechte und Billige. Dieses alles beherrschende Motiv findet Hobbes im Streben der Menschen nach Selbsterhaltung, in ihrer Furcht vor dem Tod.

Hobbes' Modell der Rechtfertigung staatlicher Autorität kann nicht direkt auf die Begründung moralischer Normen übertragen werden. Die Institution des Souveräns, der mit staatlichem Zwang die Einhaltung der Gesetze fordert, findet im Bereich der Moral keine Entsprechung. Denn institutionalisierte Zwangsgewalt ist für die Sphäre des Rechts, nicht aber für die der Moral angemessen.

Bei Hobbes gewährleistet eine übergeordnete Autorität in Form eines mit umfassenden Machtbefugnissen ausgestatteten Souveräns die Einhaltung der Gesetze. Doch im Fall der Moral muss die Normbefolgung unabhängig von der Institution eines Souveräns garantiert sein. Überzeugender und dem Wesen der Moral angemessener scheint es, wenn „der Vertrag" zur Einhaltung der moralischen Regeln keiner Absicherung durch eine übergeordnete Autorität bedarf. Denn die Institution der

4 Hobbes, *Leviathan,* 96.
5 Ebd., 131.

Moral ist ja nicht an das Modell staatlicher Machtausübung anzugleichen. Die Moral ist aus der Perspektive der Vertragstheorie ein System informeller Übereinkünfte. Und es bedarf eines Sinnes für Verbindlichkeiten und entsprechender moralischer Empfindungen, damit sich die Gesellschaftsmitglieder an die Vereinbarungen halten. Dies geht aber über ein von staatlicher Autorität gesichertes System hinaus. John Mackie merkt deshalb kritisch an, dass Hobbes' Konstruktion „den Eindruck eines Kartenhauses" vermittle, „das zwar zum Stehen kommt, jedoch sehr schwankt", weil der Zusammenhalt der Teile nur durch die Macht des Souveräns geleistet wird.[6]

Der rational-egoistische Ansatz der Moralbegründung verzichtet in der Folge auch auf Hobbes' Voraussetzung einer übergeordneten Instanz. In der Moralphilosophie David Humes resultiert die rational-individualistische Begründung der Moral rein aus der Logik aufgeklärten Eigeninteresses. Für Hume ist Moral das Ergebnis einer Übereinkunft rational überlegender Menschen, die sehen, dass ihnen das Befolgen moralischer Normen einen langfristigen Vorteil sichert. Die Institution eines Souveräns entfällt. Menschen müssen nach Hume nicht zur Respektierung der Regeln der Moral gezwungen werden. Allein ihre selbstinteressierte Klugheit genügt, um die Moral als Form einer Kooperation im gegenseitigen Interesse zu begründen und sozial zu verankern.[7]

Hume veranschaulicht an folgendem Bild die Genese einer solchen Übereinkunft über Regeln: „Die Handlungen eines jeden von uns beiden sind bedingt durch die Handlungen des anderen und geschehen unter der Voraussetzung, daß auch von der anderen Seite etwas Bestimmtes geschieht. Auch wenn zwei Männer gemeinsam die Ruder eines Bootes bewegen, so tun sie dies auf Grund eines Einverständnisses oder einer Übereinkunft, obgleich sie sich gegenseitig keine Versprechungen gemacht haben."[8] Und er stellt klar, dass eine vorteilsmotivierte Übereinkunft zur gegenseitigen Hilfe nichts mit moralischen Empfindungen der anderen Person gegenüber zu tun hat: „Dein Korn ist heute reif, das meinige wird es morgen sein. Es ist für uns beide vorteilhaft, daß ich heute bei dir arbeite und du morgen bei mir. Ich habe keine Neigung zu dir, und weiß, daß du ebenso wenig eine Neigung zu mir hast."[9]

6 John L. Mackie, *Ethik.* Auf der Suche nach dem Richtigen und Falschen, Stuttgart: Reclam 1981, 142.

7 David Hume (1711–1776) lebte im Gegensatz zu Thomas Hobbes (1588–1679) in einer politisch ruhigeren Zeit.

8 David Hume, *Ein Traktat über die menschliche Natur,* Band II, Buch III: Über Moral, herausgegeben von Reinhard Brandt, Hamburg: Meiner 1978, 233.

9 Ebd., 268.

Für Hume ergibt sich die Anerkennung von Regeln infolge eines Gleichklangs der Interessen. Es erübrigt sich, die Übereinkunft durch ein explizites Versprechen oder durch einen Vertrag wie bei Hobbes abzusichern. Die Institution des Versprechens selbst entsteht vielmehr erst auf der Basis einer solchen normativen Übereinkunft. Diese Einigung auf Normen beruht nach Hume „auf dem allgemeinen Bewußtsein des gemeinsamen Interesses; dies Bewußtsein geben sich alle Mitglieder der Gesellschaft wechselseitig kund und werden so veranlaßt, ihr Verfahren nach gewissen Normen zu ordnen."[10] Auf diese Weise etablieren sich die Regeln der Moral als fester Bestandteil gesellschaftlichen Lebens.

Der wesentliche Grund für die Einführung von Normenordnungen, also von künstlichen Tugenden, liegt nach Hume in dem unbefriedigenden natürlichen Zustand, in dem sich die Menschen befinden. Die natürlichen Stärken und Mittel, über die sie verfügen, bieten Menschen nur minimale Wege zur Befriedigung ihrer zahlreichen Bedürfnisse und Ansprüche. In der Vergesellschaftung liegt die einzige Möglichkeit, wie Menschen ihre naturgegebenen Schwächen und Mängel ausgleichen können. So bilden die für Menschen charakteristischen Eigenschaften der Selbstsucht und limitierten Großmut gegenüber anderen in Kombination mit der Knappheit der Ressourcen nach Hume die Bedingungen für das Entstehen der Rechtsordnung.

Dennoch merkt Hume an, dass die Beschreibungen der Menschen als nur von Selbstsucht getriebene und völlig rücksichtslose Wesen „von der Wahrheit ebenso weit entfernt sind, als die Berichte über Ungeheuer, denen wir in Fabeln und Dichtungen begegnen".[11] Der von Hobbes gezeichnete Naturzustand als ein „Krieg eines jeden gegen jeden" stellt für Hume eine bloße Erfindung dar. Nach Hume bildet die Eigenliebe zwar einen wesentlichen Faktor unseres Verhaltens, doch wir sind auch altruistischer Neigungen fähig. Unser Wohlwollen gegenüber uns Nahestehenden ist aber, wie Hume betont, zweifellos größer als jenes gegenüber fernstehenden Personen. Damit diese Bevorzugung der uns Nahestehenden nicht zur umfassenden Parteilichkeit wird, müssen wir entsprechende künstliche Institutionen schaffen, die über unsere natürlichen Neigungen hinausgehende Vorstellungen und Regeln des Zusammenlebens definieren. Die Menschen sind also zur Einführung eines Regelsystems gezwungen, das ihre natürlichen Affekte einschränkt, insbesondere das Verlangen, „Güter und Besitz für uns und unsere nächsten Freunde zu erlangen", denn diese verbreitete Eigenheit der menschlichen Natur ist nach Hume „unmittelbar zerstörend für die Gesellschaft".[12]

10 Ebd., 233.
11 Ebd., 230.
12 Ebd., 235.

Dieses von Hume unter dem Titel der künstlichen Tugenden skizzierte Verfahren einer Kooperation im jeweiligen individuellen Interesse betrachten manche zeitgenössische Philosophinnen und Philosophen als klaren Beweis dafür, dass Hume eine rational-individualistische Moralkonzeption vertritt. Allerdings ist es höchst fraglich, ob sich Humes Moralphilosophie auf einen aufgeklärten Moralegoismus reduzieren lässt. Denn bei Hume finden sich auch ethische Überlegungen, die über rational-individualistische Interessenerwägungen hinausgehen. So betont Hume den Stellenwert natürlicher Tugenden, also von Eigenschaften und Haltungen, die dem allgemeinen Wohlergehen förderlich sind, die aber nicht wie die künstlichen Tugenden auf eine Übereinkunft zur Sicherung unserer individuellen Interessen rückführbar sind.

Zu diesen natürlichen Tugenden zählt Hume neben einer „natürlichen" Abneigung gegen das Übel und einer Neigung zum Guten eine Reihe positiv besetzter Haltungen wie Güte, Wohlwollen, Menschlichkeit, Treue, Besorgtheit um andere, Sanftmut, Wohltätigkeit, Barmherzigkeit, Großmut, Milde, Mäßigung und Redlichkeit.[13] Zu den natürlichen Tugenden gehören nach Hume auch Anlagen, die den Menschen selbst nützlich sind, wie Fleiß, Ausdauer, Geduld, Tätigkeit, Wachsamkeit, Beständigkeit, Sparsamkeit und Entschlossenheit, und solche Eigenschaften, die anderen unmittelbar angenehm sind, wie Beredsamkeit, Witz und gute Laune.[14] Die „mönchischen Tugenden", also Zölibat, Fasten, Buße, Kasteiungen, Selbstverleugnung, Erniedrigung, Schweigen und Einsamkeit beurteilt Hume als zwecklos und schädigend.

Hume versteht unter „Moral" also auch die Ausbildung und Weiterentwicklung jener Gefühle und Charaktereigenschaften, die uns und anderen angenehm sind und die unsere Billigung finden, weil sie dem Wohl aller förderlich sind. Die Überlegung, welche Eigenschaften man als unparteilicher Betrachter an sich selbst wünschen würde, bildet das Kriterium zur Identifikation von Tugenden. Hume entwickelt eine gegenüber Empfindungen offene Tugendethik. Dabei versucht er nicht, die Ethik auf natürlichen Tugenden als kontingenten Eigenschaften der Menschen aufzubauen. Er rechtfertigt die Billigung gewisser Tugenden und die Ablehnung schlechter Eigenschaften über ihren Beitrag zum Wohlergehen und über ihren Einfluss auf die Gefühle der Lust oder Unlust, also welche Zustimmung und welche Ablehnung sie auslösen. Alle jene Eigenschaften finden unsere Zustimmung, von deren allgemein

13 Hume, *Ein Traktat über die menschliche Natur*, 332 und 358.

14 Siehe Hume, *Eine Untersuchung über die Prinzipien der Moral*, übersetzt und herausgegeben von Gerhard Streminger, Stuttgart: Reclam 1984, 133–175.

nützlichen und wohltuenden Einfluss uns die Sympathie, also unsere Fähigkeit, die Situationen und Gefühle anderer nachzuerleben, überzeugt. Somit bildet das Mitgefühl, die Empathie für andere, ein Kernstück von Humes Reflexionen zur Moral.

Humes Moraltheorie verkörpert eine auf den ersten Blick merkwürdige Spannung von Eigeninteresse und Sympathie, von rational-egoistischem Kalkül und von Tugendethik. Allerdings wäre es verfehlt, Humes Moralphilosophie auf eine dieser Positionen zu beschränken. Eine Auflösung des vermeintlichen Gegensatzes von Egoismus und Sympathie findet sich in Humes eigenen Überlegungen, insbesondere in Humes Erklärung der Gründe für die Einführung der künstlichen Tugend der Rechtsordnung einerseits und für die Begründung der Verbindlichkeit dieser Tugend andererseits: „*So ist Eigennutz das ursprüngliche Motiv* zur Festsetzung *der* Rechtsordnung, *aber* Sympathie *für das Allgemeinwohl ist die Quelle* der sittlichen Anerkennung, *die dieser Tugend gezollt wird.*“[15]

Aus dieser Textstelle folgt, dass Hume zwar dem Selbstinteresse bei der Frage der Entstehung der moralischen Institutionen die maßgebliche Rolle zuschreibt, dass er aber die Frage der Verbindlichkeit in keiner Weise über das Selbstinteresse definiert. Die rational-egoistischen Argumentationen greifen also nur auf der Ebene der Genese moralischer Institutionen. Die interne Struktur moralischer Normen, ihre Verfasstheit und Verbindlichkeit, muss anders beschrieben und begründet werden. Wenn eine rational-individualistische Vertragstheorie aber nicht mehr liefert als eine Erklärung des Entstehens moralischer Institutionen, dann relativiert sich ihr Stellenwert erheblich. Denn von einer Theorie der Moral verlangen wir auch, dass sie uns Gründe dafür liefert, warum wir bestimmte Gebote des Rechten und Guten befolgen sollen, die über eine allumfassende und definitorische Berufung auf das Selbstinteresse hinausreichen. Dies wird ein wichtiger Punkt für die Einschätzung der auch in der Gegenwartsphilosophie vertretenen rational-individualistischen Moralansätze.

15 Hume, *Ein Traktat über die menschliche Natur,* 243, 244 (Kursivsetzung im Original). Die Rechtsordnung kann hier als Modell einer künstlichen Tugend gelesen werden, als einer moralischen Institution im weiteren Sinne.

5.2 Moderne Versionen des rational-individualistischen Kontraktualismus

In der Gegenwartsphilosophie erlebt der rational-individualistische Moralansatz eine verstärkte Beachtung, da sich die auf dem langfristigen Selbstinteresse beruhende Einigung auf die Regeln der Moral durch spiel- und entscheidungstheoretische Argumente plausibilisieren lässt. Die Einigung auf moralische Regeln ist der Ausweg aus einer Situation, in der die ungebremste Verfolgung des Eigeninteresses zum schlechtest möglichen Ergebnis führt. Und Konstellationen, in denen die Kooperation dem langfristigen Selbstinteresse entspricht, durchziehen unser soziales Leben. In solchen Gefangenendilemma-Situationen ist es ratsam, die Fixierung auf den unmittelbar größten Vorteil der eigenen Person aufzugeben und zu einer Kooperation mit anderen bereit zu sein. Man nimmt gewisse Abstriche vom maximalen egoistischen Nutzen in Kauf, sichert sich aber langfristig erhebliche Vorteile.

Eine Gefangenendilemma-Situation ist durch folgende Struktur definiert: Es gibt zwei Spieler, denen jeweils zwei Handlungsstrategien offenstehen – die rein selbstinteressierte und die kooperative. Jede Spielerin scheint für sich persönlich durch die Wahl der selbstinteressierten Strategie das für sie maximale Ergebnis zu erreichen, und zwar unabhängig davon, was die andere Spielerin tut. Aber beide Spieler erreichen das optimale Ergebnis, wenn sie sich kooperativ verhalten. Denn die Situation verunmöglicht jeder Person, das aus ihrer egoistischen Sicht maximale Ergebnis zu realisieren.

Folgende Geschichte veranschaulicht diese Entscheidungssituation: Zwei Gefangene sind eines schweren Verbrechens, zum Beispiel eines Bankraubs, verdächtig. Außer dem leichteren Vergehen des unerlaubten Waffenbesitzes ist ihnen aber nichts nachweisbar. Bei einem getrennten Verhör (eine Absprache der Gefangenen ist ausgeschlossen) werden sie mit folgenden Optionen konfrontiert: Gesteht nur einer von ihnen und der andere schweigt, so wird der Geständige zum Kronzeugen und geht frei, während der andere für 10 Jahre ins Gefängnis wandert. Gestehen beide, so wird die Geständnisbereitschaft strafmildernd berücksichtigt, und jeder kommt auf sechs Jahre ins Gefängnis. Schweigen sie beide, so können sie nur wegen des leichteren Vergehens des illegalen Waffenbesitzes angeklagt werden, was für beide zwei Jahre Gefängnis nach sich zieht. Die optimale Lösung vom Standpunkt individueller Vorteilsmaximierung ist natürlich die Kronzeugen-Variante: Man selbst geht frei. Als rationale Egoisten werden beide Gefangenen diese Alternative wählen und gestehen, was bedeutet, dass sie zu sechs Jahren verurteilt werden. Hätten sie sich aufeinander verlassen können und beide geschwiegen, wären sie mit zwei Jahren Gefängnis davongekommen.[16]

Eine andere Geschichte zur Illustration einer Gefangenendilemma-Situation findet sich bei John L. Mackie. Zwei Soldaten, die weder Funk- noch Sichtkontakt zueinander haben, sind auf Außenposten, während die feindliche Armee vorrückt. Aus der subjektiven Perspektive jedes der beiden Soldaten ist die sofortige Flucht die optimale Möglichkeit. Doch nur bei gemeinsamem Ausharren der beiden besteht die Chance, die feindlichen Truppen bis zum Eintreffen von Entsatzeinheiten aufzuhalten. Fliehen beide, werden sie mit Sicherheit eingeholt und überleben kaum.[17]

Mackie selbst verteidigt den rational-individualistischen Ansatz nicht zuletzt deshalb, da dieser keine problematischen metaphysischen Annahmen trifft. Bei der substantiellen Ausformulierung seiner Konzeption geht Mackie allerdings weit über das aufgeklärte Eigeninteresse hinaus. Inhaltlich gesehen stellt Mackies Theorie eine Kombination eines nichtutilitaristischen Konsequentialismus mit deontologischen Prinzipien und aristotelischen ethischen Kategorien dar. Mackie versteht seine Position als konsequentialistisch, weil sie das allgemeine Wohl der Menschen zur Zielvorstellung der Moral erklärt. Die Anreicherung durch nichtkonsequentialistische Komponenten wie Rechte und Tugenden hält Mackie für notwendig, da Folgenabschätzungen allein das moralisch richtige Handeln nur unzureichend bestimmen. Wir benötigen, wie er betont, auch Prinzipien, die Handlungsarten als geboten oder verboten auszeichnen, da „die Frage nach allen möglichen, unterschiedlichen Folgen der verschiedenen Handlungsalternativen fast immer unbeantwortbar" ist.[18]

Ausgehend von der aristotelischen Frage, worin das gute Leben besteht, versucht Mackie, die wesentlichen Elemente einer überzeugenden Theorie der Moral festzulegen. Die allgemeine Definition des guten Lebens muss nach ihm berücksichtigen, dass Menschen von ihrer Selbst-

16 Die Situation lässt sich durch folgende Matrix veranschaulichen:

		A: Schweigen	A: Gestehen
B	Schweigen	2/2	0/10
B	Gestehen	10/0	6/6

17 Siehe Mackie, *Ethik*, 144, 145.

18 Ebd., 197.

liebe bestimmte Wesen sind, die ihre Interessen und die der ihnen besonders Nahestehenden in den Vordergrund stellen. Doch sollten in die Bestimmung des guten Lebens auch darüber hinausgehende altruistische Prinzipien eingehen, welche die Aufrechterhaltung der über den Nahbereich hinaus erweiterten Beziehungen ermöglichen, in die eine Person eingebunden ist und eingebunden bleiben will. Neben den Grundsätzen eines ichbezogenen Altruismus umfasst eine allgemeine Form des guten Lebens für Mackie noch Freiheits- und Anspruchsrechte sowie Tugenden, zu denen er auch Gefühle einer ausgewogenen Betroffenheit und Anteilnahme zählt.[19]

Die Frage stellt sich, wie weit ein so stark mit den Kategorien anderer Moraltheorien durchmischter Ansatz noch als rational-individualistisch gelten kann. Die Respektierung von Rechten und Freiheiten anderer geht weit über einen moralischen Egoismus hinaus. Dies gilt auch für die Entwicklung von Tugenden, insbesondere, wenn diese affektive Haltungen anderen gegenüber umfassen. Verletzungen von Rechten gelten nicht deshalb als moralisches Unrecht, weil sie unseren Eigeninteressen entgegenstehen (manchmal tun sie dies gerade nicht), und der moralische Wert von Tugenden reduziert sich nicht auf deren Beitrag zur individuellen Vorteilsmaximierung.

Natürlich ist hier die Berufung auf einen definitorischen Egoismus möglich, demzufolge alles Handeln als Folge eigennützigen Strebens gilt. Der Unterschied von „vorteilhaft" und „moralisch wertvoll" wird hier eingeebnet, indem alle mit Argumenten begründbaren moralischen Annahmen und Forderungen per definitionem zu Resultaten der Verfolgung des Selbstinteresses erklärt werden. Damit wird der Rückgriff auf das Selbstinteresse zu einer Art „Leerformel", die jede Handlungs- und Verhaltensform auf egoistische Motivationen zurückführt.

Eine Tendenz zu einem definitorischen Egoismus findet sich durchaus in Mackies Überlegungen. Besonders auffallend wird dies, da Mackie alle jene moralischen Kategorien, die für sich genommen eine rationalegoistische Perspektive transzendieren, immer wieder in die Sphäre der Selbstinteressiertheit verweist. So anerkennt er zwar den Stellenwert moralischer Empfindungen, gesteht diesen aber gleichzeitig nur eine instrumentelle Funktion zur Stabilisierung der im langfristigen Eigeninteresse liegenden moralischen Vereinbarungen zu. Im Fall der beiden Soldaten bedarf es nach Mackie einer spezifischen Form des Drucks, damit beide auf ihren Posten ausharren. Dies können neben externen Sanktionen der Strafandrohung der Appell an soldatische Vorstellungen der

19 Mackie, *Ethik*, 221–242.

Ehre und Treue oder Gefühle der Scham und Schuld sein. Wenn sich die beiden Soldaten aber als moralische Subjekte verstehen, kommt für sie das Halten von Versprechen einer moralischen Pflicht gleich: „Bedeutsam ist hier vor allem die Erkenntnis des praktischen Wertes des Begriffs der Verpflichtung, eines unsichtbaren und in der Tat fingierten Bandes, ob diese nun in der Form der allgemeinen Forderung auftritt, Verträge zu halten, oder aber in der Form verschiedener spezifischer Pflichten wie etwa die der Soldatenehre oder die der Treue gegenüber Freunden bzw. Gruppen.“[20]

Mackie hält, wie nicht zuletzt diese Textstelle belegt, einen umfassenden Egoismus nicht durch. Er betrachtet das Eigeninteresse als starkes Motiv, um Bindungen zu entwickeln. Doch gleichzeitig räumt er ein, dass die „eigeninteressierte Klugheit nicht ausreicht, selbst dann nicht, wenn sie wie bei Hobbes mit einem Zwangsverfahren verbunden wird“.[21] Mackie kann letztlich nicht das Wesen moralischer Verbindlichkeit erklären. Denn Soldatentreue, Kumpelwesen und Parteifreundschaften mögen zwar den Zusammenhalt bestimmter sozialer Gruppen festigen, doch verbürgen sie keineswegs die Moralität dieser Beziehungen. Unter bestimmten politischen Bedingungen leisten diese Bindungsformen schlicht Vorarbeit für Rechtsverletzungen.

Da das Eigeninteresse in letzter Konsequenz nicht genügt, die Gesellschaftsmitglieder auf moralische Normen zu verpflichten, kommt es nach Mackie darauf an, „dass die Neigung, aus moralischen Gründen zu handeln, möglichst weit verbreitet ist“.[22] Mit der Verlagerung der Gründe für moralische Verpflichtung auf die Erwartung, dass sich möglichst viele Menschen an moralische Regeln halten, verspielt Mackie eine philosophische Antwort auf das Problem der Normativität, denn normative Verbindlichkeit und kontingente Neigung sind offensichtlich zwei verschiedene Dinge.

Ein beeindruckender Entwurf einer individualistischen Vertragstheorie der Moral findet sich bei David Gauthier.[23] Moral ist für Gauthier ein System von Einschränkungen, das die effektivste Verfolgung unserer Interessen und die größtmögliche Erfüllung unserer Präferenzen gewährleistet. Dahinter steht klar eine der ökonomischen Theorie entlehnte und am Homo oeconomicus ausgerichtete Rationalitätskonzeption: „Practical rationality in the most general sense is identified with

20 Ebd., 150.
21 Ebd., 156, 157.
22 Ebd.
23 David Gauthier, *Morals by Agreement*, Oxford: Clarendon Press 1986.

maximization."[24] Die zu maximierende Entität ist Nutzen *(utility)*, aber Gauthier interpretiert den Nutzen weder im Sinne des Utilitarismus noch im Sinne der Wohlfahrtsökonomie, die einfach jede Entscheidung, also jedes Vorziehen einer von zwei Alternativen, als Nutzenmaximierung liest. Neben den formalen Bedingungen für eine Präferenzordnung[25] muss nach Gauthier auch die Bedingung erfüllt sein, dass es sich um wohl überlegte Präferenzen handelt: Erst dann erschließt die Zuschreibung von Nutzen zu Präferenzen auch die Ebene von Werten. Werte sind das Produkt unserer durchdachten und geprüften Präferenzen.[26]

Gauthiers von einem egoistischen Rationalitätsbegriff dominierte Moralkonzeption gebietet Kooperation in jenen Situationen, in denen ein nichtkooperatives Verhalten nachteiligere Konsequenzen als die kooperative Interaktion hätte. Moral ist nichts als ein System rationaler Einschränkungen, deren Zweck es ist, „(to) make possible the more effective realization of one's interests, the greater fulfillment of one's preferences, whatever one's interests or preferences may be".[27] Gauthier versucht, genau zu definieren, unter welchen Bedingungen es für Personen rational ist, eine Vereinbarung über gegenseitiges kooperatives Verhalten zu treffen wie auch einzuhalten.

Das Verhandlungsverfahren ist dabei durch folgende Prämissen näher bestimmt: Die Ausgangsposition ist fair, die zulässigen Ergebnisse stellen niemanden im Vergleich zur Ausgangsposition schlechter, und die Einigung kommt nicht durch Täuschung, Betrug oder Gewalt zustande. Gauthier begreift den Verhandlungsprozess als ein Zwei-Stufen-Verfahren. Zunächst erheben die Beteiligten jeweils Anspruch auf einen maximalen Nutzenzuwachs. Da diese Ansprüche im Allgemeinen nicht miteinander verträglich sein werden, machen die Parteien in einem zweiten Schritt Konzessionen, indem sie Abstriche von ihren ursprünglichen Forderungen in Kauf nehmen.

Gauthier formuliert ein Prinzip, das *Minimax-Prinzip der relativen Konzession*, um das Maß der für eine Einigung notwendigen Zugeständnisse zu bestimmen. Das Prinzip besagt, dass aus einer Menge möglicher Ergebnisse, die alle von den Betroffenen ein gewisses Maß an Konzessionen fordern, nur dann ein Ergebnis zu wählen ist, wenn die größte oder maximale relative Konzession, die es verlangt, so minimal wie möglich ausfällt, und das heißt, nicht größer ist als die maximale relative Konzes-

24 Gauthier, *Morals by Agreement,* 22.

25 Die formalen Bedingungen für kohärente Präferenzordnungen sind Vollständigkeit und Transitivität.

26 Gauthier, *Morals by Agreement,* 22–59.

27 Ebd., 103.

sion, die jedes andere Ergebnis mit sich brächte.[28] Rational Handelnde entscheiden sich also für jene Option, die ihnen die wenigsten Konzessionen abverlangt. Gauthiers Programm zielt darauf, das Minimax-Prinzip als Grundlage eines Verhandlungsverfahrens zu betrachten, welches zu gerechten Ergebnissen und auch einer gerechten Güterverteilung führt. Moral ist demnach ein kooperatives Verfahren der gegenseitigen Vorteilssicherung. Eine gerechte Gesellschaft ist für Gauthier eine Gesellschaft, die jeder Person das Erreichen des für sie optimal Guten ermöglicht, sofern die Spielregeln für alle akzeptabel sind.[29]

Ein solches Verständnis von Moral muss eine Symmetrie der Kräfteverhältnisse voraussetzen. Die Kooperation zwischen egoistisch denkenden Wesen funktioniert nur unter der Voraussetzung gleicher Ausgangsbedingungen. Die Individuen entschließen sich zu vertraglichen Übereinkünften, weil sie einander gleichermaßen gefährlich werden können. Doch in der sozialen Wirklichkeit begegnet uns eine Reihe von asymmetrischen Beziehungen, also Beziehungen, in denen andere jenseits rationaler Kalküle Schutz und Hilfe brauchen. Zudem gewährleistet die eigeninteressierte Bereitschaft zu Übereinkünften nicht immer die moralische Qualität sozialer Beziehungen. In vielen Fällen kooperieren Menschen aus egoistischen Interessenerwägungen mit anderen, doch von einer respektvollen Behandlung anderer als Personen ist dies weit entfernt.

5.3 Universalistische Vertragstheorien der Moral

Die kontraktualistischen Ansätze sehen die Moral als Ergebnis einer Vereinbarung, die gleichsam wie ein Vertrag die Menschen an die Regeln der Moral bindet. In den rational-individualistischen Versionen der Vertragstheorie bildet das langfristige Eigeninteresse die motivationale Grundlage für diese Übereinkunft. Die universalistischen Vertragstheorien der

28 Siehe ebd., 133–137. Die „relative Konzession" ist dabei als das Verhältnis zweier Nützlichkeitsdifferenzen oder -intervalle definiert. Dies erlaubt einen Vergleich der jeweiligen Konzessionen der verschiedenen Personen in einer *bargaining*-Situation, ohne einen interpersonellen Nutzenvergleich anstellen zu müssen. Gauthier verdeutlicht diese Idee an folgendem Beispiel: Wenn man drei verschiedene Temperaturen einmal auf der Celsius- und einmal auf der Fahrenheit-Skala misst, so ergeben sich in Graden gemessen unterschiedliche Differenzen oder Intervalle zwischen diesen Temperaturen. Aber das Verhältnis zwischen den Intervallen ist unabhängig von der jeweiligen Skala das gleiche. Ebd., 136.

29 Ebd., 341.

Moral gehen demgegenüber nicht von einem individualistischen Rationalitätsbegriff aus.

Die praktische Philosophie durchzieht ein Gegensatz von Rationalität und Vernunft *(the rational and the reasonable)*.[30] Rationalität korrespondiert einer am Selbstinteresse orientierten Form des Handelns. Rational agiert, wer seine Interessen und Zwecke optimal verwirklicht, also die dafür geeigneten Mittel einsetzt. Rationalität hat demnach mit angemessenen Zweck-Mittel-Überlegungen zu tun und lässt sich insofern Kants hypothetischen Imperativen zuordnen. Vernünftiges Handeln ist hingegen an ein Abwägen aller Handlungsgründe aus einer unparteilichen Perspektive gebunden. Es steht im Einklang mit Prinzipien, die von allen akzeptiert werden können.

Die universalistischen Vertragstheorien der Moral gehen vom Begriff der Vernunft aus und betrachten jene moralischen Grundsätze als gerechtfertigt, die aus einer unparteilichen Perspektive, also einer Situation, in der niemand den eigenen Vorteil uneingeschränkt verfolgen kann, einmütig akzeptiert werden. Ein solches Vertragsmodell findet sich in Rawls' Begründung einer Gerechtigkeitstheorie. Sein Verfahren der Rechtfertigung von Prinzipien einer gerechten Gesellschaft lässt sich aber auf die Begründung moralischer Prinzipien übertragen. Rawls veranschaulicht den für eine universalistische Konzeption wesentlichen Gesichtspunkt der allgemeinen Zustimmungsfähigkeit und die Ausklammerung partikularer Interessen in dem Gedankenexperiment eines „Schleiers der Unwissenheit". Wenn Menschen nur sehr allgemeine Informationen über sich selbst haben und ihre besonderen Stärken und Schwächen gar nicht kennen, dann vermögen sie auch nicht, die Einigung auf Grundsätze zu ihrem Vorteil zu manipulieren. Aus moralischer Perspektive muss man, wie Rawls schreibt, „die Wirkung von Zufälligkeiten beseitigen, die die Menschen in ungleiche Situationen bringen und zu dem Versuch verführen, gesellschaftliche und natürliche Umstände zu ihrem Vorteil auszunutzen".[31]

Eine universalistische Vertragstheorie der Moral findet sich auch bei Thomas Scanlon. Maßgeblich für Scanlons Kontraktualismus ist das

30 Vgl. etwa John Rawls' Ausführungen über das Vernünftige und das Rationale und Habermas' Diskussion von instrumenteller Rationalität versus kommunikativer Vernunft. Siehe John Rawls, *Politischer Liberalismus,* Frankfurt am Main: Suhrkamp 1998, 120–127; Jürgen Habermas, *Theorie des kommunikativen Handelns,* Band 1, Kap. I und III, Frankfurt am Main: Suhrkamp 1981. Vgl. auch das Kapitel über die Metaethik in diesem Buch.

31 Rawls, *Eine Theorie der Gerechtigkeit,* Frankfurt am Main: Suhrkamp 1979 (stw-Ausgabe), 159.

Postulat, dass eine Handlung moralisch legitim ist, wenn sie auf der Grundlage von Prinzipien geschieht, die niemand vernünftigerweise zurückweisen kann. Die kontraktualistische Idee, mit anderen eine Übereinstimmung zu finden, wird von Scanlon bewusst negativ über die Idee des vernünftigen Ablehnens formuliert. Denn die Konzentration auf den Aspekt der vernünftigen Zurückweisung ermöglicht nach Scanlon eine striktere Beurteilung des moralischen Status eines Prinzips als das Kriterium des vernünftigen Akzeptierens. Angenommen, es geht um ein Prinzip, das einigen Personen erhebliche Härten auferlegt, die aber vermeidbar wären. Es mag nun sein, dass diese Menschen bereit sind, die Bürden um des gemeinsamen Guten willen auf sich zu nehmen und dem Prinzip zuzustimmen. Nach Scanlon können wir den gemeinwohlorientierten Personen nicht vorwerfen, unvernünftig zu sein. Umgekehrt wäre es aber durchaus legitim, ein solches Prinzip zurückzuweisen, das nur einigen Personen ein selbstaufopferndes Verhalten abverlangt.

In der 1982 erschienenen Arbeit *Contractualism and Utilitarianism*[32] nimmt Scanlon an, dass Menschen der Wunsch *(desire)* bewegt, ihre Entscheidungen anderen gegenüber so zu rechtfertigen, dass diese die entsprechenden Handlungsprinzipien nicht vernünftigerweise zurückweisen können. Dieser Wunsch motiviere Personen, moralisch zu sein. In seinem Buch *What We Owe to Each Other*[33] distanziert sich Scanlon von dieser Bezugnahme auf Wünsche. Wünsche sind nun für ihn nicht unmittelbar handlungsmotivierend. Nach Scanlons revidierter Auffassung ist vielmehr die Überlegung, den Wunsch zum Anlass für ein Handeln zu nehmen, ausschlaggebend für die Handlungsmotivation. Diese Überlegungen stellen aber nichts anderes als Gründe dar. Scanlon vertritt somit eine von Wünschen gelöste internalistische Position[34], dergemäß wir sagen können, dass eine Person einen Grund hat, X zu tun, selbst wenn es in dem subjektiven Motivationsgefüge der Person keinen Wunsch und kein Bestreben gibt, X zu tun.

Scanlon versteht sein kontraktualistisches Prinzip der vernünftigen Zurückweisung als ein Verfahren zur Bestimmung des moralisch Rechten.

32 T. M. Scanlon, Contractualism and Utilitarianism, in: Amartya Sen und Bernard Williams (Hg.), *Utilitarianism and beyond,* Cambridge: Cambridge University Press 1982, 103–128.

33 T. M. Scanlon, *What We Owe to Each Other,* Cambridge MA: Harvard University Press 1999.

34 Nach einer an Gründe gebundenen internalistischen Position ist die Einsicht, dass Handlung X richtig ist, zugleich die Motivation dafür, X zu tun. Nach einem wunschbasierten Internalismus muss auch ein Wunsch gegeben sein, damit Person A motiviert ist. Eine ausführlichere Diskussion von Internalismus und Externalismus findet sich im Kapitel Metaethik dieses Buches.

Um diese Bedingung zu einer substantiellen Konzeption der Moral auszubauen, müssen nach Scanlon drei Voraussetzungen erfüllt sein: erstens eine klare Vorstellung des Guten und davon abgeleitet ein klares Urteil darüber, was jeweils gut und schlecht für ein Individuum ist; zweitens muss diese Konzeption des Guten mit dem Guten anderer Personen vergleichbar sein; drittens sollte der zu berücksichtigende Standpunkt der anderen nur solche Wesen einbeziehen, denen gegenüber die Idee einer hypothetischen Rechtfertigung überhaupt Sinn macht und die Frage „Kann jemand die Prinzipien, die meiner Argumentation zugrunde liegen, vernünftigerweise zurückweisen?" angemessen scheint.[35]

Auch Stephen Darwalls zweitpersonale Konzeption der Moral ist eine Version eines kantisch-universalistischen Kontraktualismus. Maßgeblich für Darwall ist, mit anderen in Relationen zu treten, in denen wir andere gemäß der Idee von Kants Zweck-an-sich-Formel behandeln. Die Einigung mit anderen drückt sich so aus, dass wir andere nicht nach unserem Gutdünken behandeln können, sondern uns anderen gegenüber mit Gründen rechtfertigen müssen, die vernünftigerweise nicht zurückweisbar sind.[36]

Eine universalistische Vertragstheorie vertritt auch Jean Hampton, die ein nichtindividualistisches Vetragsmodell auch als eine vom feministischen Standpunkt her angemessene Moraltheorie betrachtet.[37] Ein universalistischer Vertragsansatz ermöglicht nach Hampton neben der Antwort auf Fragen der Gerechtigkeit auch die Evaluierung persönlicher Beziehungen. Die Vertragsidee bilde ein Kriterium zur normativen Analyse der sozialen Beziehungen des öffentlichen Raums und jener innerhalb der Familie. Eine universalistische Vertragstheorie umfasst, wie Hampton ausführt, die normativen Begriffe des „intrinsischen Werts von Personen" und der „legitimen Interessen". Wenn man auf der Linie einer universalistischen Vertragskonzeption festlege, dass soziale Interaktionsformen nur dann akzeptabel sind, wenn alle Betroffenen zustimmen können, achte man die Perspektive aller und damit den Wert dieser Personen als solchen.

35 Siehe Scanlon, Contractualism and Utilitarianism, 110–112.

36 Siehe Stephen Darwall, *The Second-Person Standpoint.* Morality, Respect, and Accountability, Cambridge MA und London: Harvard University Press 2006. Vgl. auch die Diskussion von Darwalls Ansatz im Kapitel Metaethik dieses Buches.

37 Siehe Jean Hampton, Two Faces of Contractarian Thought, in: Peter Vallentyne (Hg.), *Contractarianism and Rational Choice.* Essays on David Gauthier's Morals by Agreement, Cambridge: Cambridge University Press 1991, 31–55; Hampton, Feminist Contractarianism, in: Louise M. Antony and Charlotte Witt (Hg.), *A Mind of One's Own.* Feminist Essays on Reason and Objectivity, Boulder, San Francisco und Oxford: Westview Press 1993, 227–255.

Hampton präzisiert diese Idee dann in folgendem Prüftest: Beziehungen seien nur dann moralisch gutzuheißen, wenn wir die damit verbundene Kosten-Nutzen-Verteilung in einer freiwilligen und voll informierten Vereinbarung vom Standpunkt unserer Eigeninteressen her akzeptieren können.[38] Hampton führt hier bewusst den Begriff des Selbstinteresses ein, um den Fall auszuschließen, dass der Einfluss von Zuneigung und Pflichten blind für die tatsächlichen Verluste eines Beziehungspartners in Relation zu den Gewinnen des anderen macht. Aus gleichen Gründen legt sie fest, dass Kosten und Nutzen nicht die Nebeneffekte einer affektiven oder pflichtmäßigen Bindung zwischen den Beziehungspartnern sein dürfen. Mit Hilfe des skizzierten Prüfkriteriums lassen sich nach Hampton Beziehungen daraufhin befragen, ob sie gerecht sind oder auf Ausbeutung beruhen, ob sie den Beteiligten gleichen Status einräumen oder sie diskriminieren und unterdrücken. Gerade im Bereich der Familie werde häufig von Frauen ein Verhalten der Selbstaufopferung ohne entsprechende Reziprozitätsleistungen erwartet. Bei fehlender Reziprozität werde aber Mitmenschen nicht jene Achtung entgegengebracht, die ihnen qua Personsein zusteht.[39]

Im Gegensatz zum individualistischen Kontraktualismus versuchen universalistische Vertragstheorien, wie man an Hamptons Ansatz sieht, moralische Prinzipien auch inhaltlich zu bestimmen. Dennoch sind beide Versionen des Kontraktualismus Einwänden ausgesetzt, die im Folgenden diskutiert werden. Manche der Einwände richten sich gegen die individualistische Vertragstheorie, manche gegen die universalistische.

5.4 Die Unvereinbarkeit von rational-egoistischer Strategie und Moral

Die individualistische Vertragstheorie sieht die Einigung auf moralische Regeln als das Ergebnis rational-egoistischer Nutzenmaximierung. Doch warum sollte ein ökonomisches Rationalitätsmodell den Standard für das Handeln von Menschen schlechthin bilden? Sind die relevanten normativen Kriterien, die menschliche Beziehungen erfüllen müssen, damit sie moralische Billigung verdienen, wirklich keine anderen als jene Konzessionen und Abstriche von ihren Maximalansprüchen, zu denen Menschen um eines langfristig größeren Vorteils bereit sind?

38 Siehe Hampton, Feminist Contractarianism, 240.
39 Siehe ebd., 245ff.

Der individualistische Kontraktualismus erreicht nur dann eine Übereinstimmung der Ergebnisse ökonomischer Rationalität mit den Forderungen der Moral, wenn eine symmetrische Verteilung gesellschaftlicher Machtpositionen angenommen wird. Die Kooperationsstrategie stellt sich bei rein egoistisch denkenden Individuen überhaupt nur aufgrund einer Symmetriebedingung ein: Da bei ausgeglichenen Kräfteverhältnissen jeder dem anderen gefährlich werden kann, entschließen sie sich zu vertraglichen Übereinkünften. Das klassische Beispiel ist die Hobbes'sche Theorie, die eine faktische Gleichheit der Menschen in Bezug auf Stärke und Macht unterstellt: „Die Natur hat die Menschen hinsichtlich ihrer körperlichen und geistigen Fähigkeiten so gleich geschaffen, daß trotz der Tatsache, daß bisweilen der eine einen offensichtlich stärkeren Körper oder gewandteren Geist als der andere besitzt, der Unterschied zwischen den Menschen alles in allem doch nicht so beträchtlich ist, als daß der eine auf Grund dessen einen Vorteil beanspruchen könnte, den ein anderer nicht ebenso gut für sich verlangen dürfte. Denn was die Körperstärke betrifft, so ist der Schwächste stark genug, den Stärksten zu töten – entweder durch Hinterlist oder durch ein Bündnis mit anderen, die sich in derselben Gefahr wie er selbst befinden.“[40]

Doch diese Gleichheitsannahme trifft in der sozialen Wirklichkeit nicht zu. Die Menschen sind einander keineswegs gleich an Kräften und Möglichkeiten. Eine Reihe von Personen – Kleinkinder, alte, kranke und behinderte Menschen – ist anderen nicht nur an Kräften weit unterlegen, sondern schlicht von anderen abhängig und auf deren Hilfeleistungen angewiesen. Genau wegen des fehlenden empirischen Machtgleichgewichts zwischen Personen driften egoistisches Kalkül und Moral auseinander. Es lassen sich unzählige Beispiele finden, wo Menschen aus egoistischen Interessenerwägungen mit anderen kooperieren, dies aber von einer respektvollen Behandlung anderer als Personen weit entfernt ist. Der rationale Individualismus kann für sich genommen nicht verhindern, dass der von der Maxime egoistischer Nutzenverfolgung bestimmte Umgang mit anderen Menschen in deren Instrumentalisierung kippt.

Fraglich ist auch, ob eine egoistische Rationalitätsstrategie immer zum bestmöglichen Ergebnis führt. Gregory S. Kavka demonstriert an folgendem fiktiven Beispiel, dass ein solches Verständnis rationalen Handelns nicht zur Maximierung des Eigennutzens, sondern zum gegenteiligen Effekt führen kann: Ein exzentrischer Millionär macht Person A an einem Montag folgendes Angebot. Am Dienstagnachmittag werde A offeriert, ein Gift zu trinken, das für 24 Stunden extreme Übelkeit nach sich ziehe,

40 Hobbes, *Leviathan*, 94.

aber sonst keine anhaltenden Konsequenzen habe. A erhalte eine Million Dollar genau dann, wenn Montag um Mitternacht eine mit einem perfekten „Gehirn-Scanner" arbeitende Kommission von Psychologen zu der Auffassung gelangt, dass A tatsächlich die Absicht hat, Dienstagnachmittag das Gift zu trinken. (Vorausgesetzt wird, dass die Kommission in jedem Fall zu einem absolut verlässlichen Ergebnis über die vorliegende oder fehlende oder nur vorgetäuschte Absicht kommt.) Die Entscheidung der Kommission werde unmittelbar nach der Befragung bekannt gegeben und A erhalte sofort das Geld, sollte das Gremium zu dem Urteil gelangen, dass A wirklich die fragliche Absicht hegt. Die Million gehöre A, selbst wenn A nach Erhalt des Geldes das Gift nicht trinke. Entscheidend sei, ob A Montag um Mitternacht die Absicht hat, Dienstagnachmittag das Gift zu schlucken.[41]

Das Problem stellt in dem Fall nicht die Glaubwürdigkeit dar. Sofern Person A das Gifttrinken intendiert, wird die Kommission ihr glauben. Die entscheidende Frage, die Kavka mit diesem Beispiel aufwirft, ist, ob es A überhaupt möglich ist, die fragliche Absicht zu entwickeln. Und Kavka verneint dies: Wenn Person A rational (im Sinne der Maximierung des Eigennutzens) ist, bleibt für sie die Million Dollar unerreichbar. Denn Dienstagnachmittag wird – unabhängig davon, ob sie die Million Dollar bekommen hat oder nicht – A keinerlei Grund haben, das Gift zu trinken. Da sich A per definitionem rational verhält, wird sie Dienstagnachmittag das Gift nicht trinken. Aber all das weiß A bereits am Montag, was bedeutet, dass sie am Montag schlichtweg nicht die ehrliche Absicht entwickeln kann, am Dienstag das Gift zu trinken. Das Beispiel verdeutlicht, dass in manchen Situationen ein prinzipienorientiertes Verhalten – einmal geformte Intentionen werden durchgehalten – einer simplen nutzenorientierten Handlungsstrategie überlegen ist.

Der Rationalitätsbegriff ist wohl in einem allgemeineren Sinn zu definieren als dem der ökonomisch-strategischen Rationalität. Die instrumentelle Rationalität, also das Wählen der geeigneten Mittel zum Erreichen eines Zieles, ist ein unverzichtbares Element einer Definition des rationalen Handelns. Es ist aber nur ein Aspekt, denn über die *Art und die Werthaftigkeit der Ziele* ist damit nichts gesagt. Die Ziele werden im Kontext persönlicher Beziehungen andere sein müssen als in ökonomischen Handlungskontexten. Und der Moral fällt die Aufgabe zu, aus dem Bereich der beliebigen Handlungsziele die zulässigen herauszufiltern.

41 Siehe Gregory S. Kavka, The Toxin Puzzle, in: *Analysis* 43, 1983, 33–36. Vgl. dazu auch Hampton, *The Authority of Reason,* Cambridge: Cambridge University Press 1998, 199–204.

Das ökonomische Rationalitätsverständnis darf also nur für einen begrenzten Bereich unserer Handlungsmöglichkeiten Gültigkeit beanspruchen, nämlich jene, in denen Zweck-Mittel-Überlegungen angemessen sind. In unzähligen Situationen des Alltags (das geeignete Verkehrsmittel wählen, um rasch zum Bahnhof zu gelangen; die geeignete Schul- und Studienlaufbahn wählen, um einen bestimmten Beruf ausüben zu können; ein entsprechendes Lauftraining absolvieren, um körperlich fit zu bleiben) sind Kalkulationen zur individuellen Nutzenmaximierung angebracht. Doch das Phänomen des moralischen Handelns kann über die ökonomische Rationalitätskonzeption nicht entschlüsselt werden. Für den Kontext der *moralisch relevanten* Situationen ist charakteristisch, dass nur bestimmte Handlungsziele als legitim gelten, nämlich jene, die aus einer unparteilichen Perspektive der Abwägung aller Gründe zulässig sind. Und dieses Kriterium erfüllt das mit dem ökonomischen Rationalitätsbegriff verknüpfte Handlungsziel der egoistischen Nutzenmaximierung – die individuelle Parteilichkeit par excellence – gerade nicht.

Naheliegend ist hier der Versuch, alle Einwände, die auf die Unvereinbarkeit von moralischen und eigeninteressierten Überlegungen hinweisen, durch eine Konzentration auf das langfristige Eigeninteresse zu entkräften. Wann immer sich eine direkte und ungebremste Optimierung des Eigennutzens moralisch verbietet, wird ein entsprechender Verzicht damit begründet, dass dieser gerade im langfristigen Selbstinteresse liege. Aber damit ergibt sich ein definitorischer Egoismus. Ein definitorischer Egoismus verwischt die Differenz zwischen jenen Interessen, die dem Subjekt zuschreibbar sind, die sich aber auf das Wohlergehen anderer richten, und rein egoistischen Interessen, deren Inhalt sich auf den subjektiven Nutzen dieser konkreten Person beschränkt.

5.5 Egoistische Vereinbarungen – ein limitiertes Modell menschlicher Beziehungen

Ein maßgeblicher Einwand gegen kontraktualistische Moralansätze lautet, dass die Angleichung der Moral an ein nutzenoptimierendes *bargaining game* nicht jenen Beziehungsformen gerecht werde, die im Grunde die Basis unseres sozialen Lebens bilden. Die Übertragung des Vertragsgedankens auf alle Bereiche menschlicher Aktivität bedeute, Bindungen mit verhandelbaren Objekten gleichzusetzen und eine Reihe von Interaktionsformen auszugrenzen: Beziehungen der Anteilnahme, der Einfühlung, der Sorge wie auch Freundschaft und Liebe blieben mit der

Vertragsidee unvereinbar. Feministische Philosophinnen weisen auf die für das Bestehen von Gesellschaften hohe Bedeutsamkeit der Beziehung zu Kindern hin, die sich von einem Vertragsverhältnis unterscheide. Eine gelungene Beziehung zwischen Eltern und Kind, zwischen Kindern und ihren primären Bezugspersonen, könne schwerlich auf eine strategische Kalkulation von Leistung und Gegenleistung reduziert werden. Familienbeziehungen seien keine wie Marktartikel instrumentalisierbaren und verhandelbaren Objekte. Das „Robinson-Crusoe"-Image rational handelnder Personen gehe, so die Kritik, an Personen wie Kindern, kranken, alten oder behinderten Menschen, die auf Sorgeleistungen anderer angewiesen sind, völlig vorbei.[42] Nicht zuletzt deshalb beurteilt Annette C. Baier den rational-individualistischen Ansatz und seine Angleichung von Moral an die Lösung von Gefangenendilemma-Situationen „(as) a big boys' game, and a pretty silly one too".[43]

Feministische Philosophinnen sehen ein Anliegen der Moral vielmehr darin, uns für die Präsenz konkreter Anderer, für deren Verletzbarkeiten, Abhängigkeiten und Bedürfnisse zu sensibilisieren. Ein kontraktualistisches Moralverständnis biete aber keine Anknüpfungsebene für eine Moral, der Empfindungen und sorgend-anteilnehmende Haltungen als wertvoll gelten. Ein am *Rational-choice*-Paradigma orientierter Ansatz sei nur für die Beziehungen zwischen erwachsenen Menschen angemessen, die einander zutiefst misstrauen. Der Kontraktualismus vernachlässige Phänomene wie Empathie, Fürsorge und die Anerkennung der besonderen Person in ihrer partikulären Situiertheit.

Diesen Einwand weist David Gauthier explizit zurück. Die Kritik verkenne, dass der Kontraktualismus zwei Ebenen unterscheide: eine abstrakte Makroebene, auf der wir überlegen, wie die Institution der Moral überhaupt Anerkennung gewinnt, und eine Mikroebene der Moral, auf der wir die spezifischen Beziehungen analysieren, in denen Menschen zueinander stehen. Die Vertragstheorie der Moral beansprucht nach Gauthier keineswegs, dass diese spezifischen Beziehungen immer kontraktualistischer Natur sind. Er selbst erläutert diesen bescheideneren Anspruch der Vertragstheorie folgendermaßen: „Es erscheint mir reichlich absurd, dass Menschen ihre Zustimmung zu einer Gesellschaft geben würden, in der alle Beziehungen zu unseren Mitmenschen kontraktualistischen Charakter haben. Niemand würde in einer derartigen Gesellschaft leben wollen.

42 Siehe Virginia Held, *Feminist Morality.* Transforming Culture, Society, and Politics, Chicago und London: The University of Chicago Press 1993, 192–214.

43 Annette C. Baier, *Moral Prejudices.* Essays on Ethics, Cambridge MA und London: Harvard University Press 1994, 2.

(...) Es geht vielmehr darum, dass das kontraktualistische Argument auf der Makroebene, auf der gesamtgesellschaftlichen Ebene, Geltung hat, also dort, wo eine Gesellschaft Zustimmung findet, die bestimmte zwischenmenschliche Beziehungen fördert.“ [44]

Doch mit dieser Replik nimmt Gauthier eine wesentliche Einschränkung der individualistischen Vertragstheorie in Kauf. Denn wenn sich die unterschiedlichen konkreten Beziehungen der Menschen nicht alle auf vertragliche Vereinbarungen reduzieren lassen, dann bedeutet dies, dass sich die moralische Qualität und Legitimität dieser Beziehungen an anderen Parametern bemessen muss als an kontraktualistischen Kriterien. Dies bedeutet gewissermaßen eine Zurückstufung des Kontraktualismus auf die Ebene der Moralgenese. Der individualistische Kontraktualismus kann zwar erklären, wie es zur Entstehung der Institution der Moral kommt und warum wir diese Institution als gerechtfertigt betrachten; er vermag aber nicht, eine Binnenperspektive auf die moralischen Phänomene zu vermitteln, und muss zu deren Verständnis auf Elemente und Kriterien anderer Moraltheorien zurückgreifen.

Diese begrenzte Reichweite des kontraktualistischen Ansatzes lässt sich auch an der Mehrdeutigkeit des Begriffs „mein Interesse“ verdeutlichen. Der Kontraktualismus beansprucht, dass Moral im Selbstinteresse der Individuen liegt, und für gewöhnlich wird dieses Selbstinteresse mit den egoistischen Interessen der jeweiligen Person gleichgesetzt. Doch der Begriff „mein Interesse“ kann sich auf „mein Interesse an meinem egoistischen Nutzen“ beziehen oder schlicht auf den Umstand, dass ich als Person bestimmte Interessen habe, die aber nicht auf egoistische Überlegungen reduzierbar sind. „Es liegt in meinem Interesse“ kann zum einen bedeuten, dass etwas nur zu meinem persönlichen Vorteil ist, und zum anderen, dass etwas zwar mein Interesse ist, dieses sich aber auf etwas Überindividuelles wie die Bedürfnisse und Lebensumstände anderer richtet. Anders gesagt: Der Inhalt meiner Interessen kann altruistisch sein.

Die Zuschreibung von Interessen berührt eine andere Ebene als die Frage nach dem Inhalt der Interessen. Minimal rational ist eine Person, wenn sie ihr System von Präferenzen und Zielen in eine konsistente Ordnung bringt und jene Mittel wählt, die notwendig sind, um ihre Ziele zu realisieren. Doch jene Philosophinnen und Philosophen, für die sich deswegen ein aufgeklärter Egoismus zwingend nahelegt, übersehen die Differenz zwischen der Zuschreibung von Zielen (die von einer Person

44 Gauthier, Selbstinteresse, rationale Übereinkunft und Moral, in: Herlinde Pauer-Studer (Hg.), *Konstruktionen praktischer Vernunft.* Philosophie im Gespräch, Frankfurt am Main: Suhrkamp 2000, 112.

gesetzten Ziele sind immer ihre individuellen Ziele) und dem Gehalt der Ziele.

Gauthier, der an einem Hobbes'schen Moralansatz festhalten will, betont allerdings selbst diese Differenzierung im Begriff des Selbstinteresses: „Wenn von einer am Selbstinteresse orientierten Theorie gesprochen wird, geht es m.E. häufig um (...) Interessen, die das Selbst an sich selbst hat. Ich halte dagegen, dass diese Interessen in allem möglichen bestehen können. Einige Interessen sind sicherlich Interessen am Selbst, andere können Interessen an ganz unterschiedlichen Dingen sein: an anderen Menschen, an Idealen, an der Erhaltung von Dampflokomotiven, um etwas zu nennen, das mir selbst am Herzen liegt."[45] Die Kritik, dass ein rational-individualistischer Moralansatz alle Ziele von Menschen auf eine egoistische Ebene reduziert, geht somit an Gauthiers Position vorbei. Doch den Einwand, dass der individualistische Kontraktualismus zwar eine rationale Erklärung für die Sinnhaftigkeit moralischer Institutionen entwickelt, aber nicht über diese genetische Begründung hinaus zu einer inhaltlichen Bestimmung des Moralischen gelangt, vermag Gauthier nicht wirklich zurückzuweisen.

Gauthier betont vielmehr selbst diese genetische Blickrichtung des Hobbes'schen Ansatzes. Der Hobbes'sche Ansatz erwartet von der Moral, dass sie Möglichkeiten für die Überwindung jener Konflikte bereithält, die sich zwischen Menschen aufgrund ihrer unterschiedlichen Ansprüche unweigerlich entwickeln. „Wenn wir diese Konflikte einfach austragen, wenn jeder von uns direkt seine eigenen Interessen und Anliegen verfolgt, geht es uns allen letztlich weniger gut, als wenn wir uns auf die Einhaltung bestimmter Prinzipien einigen. Jeder von uns profitiert mehr von den Zwängen, die die anderen Menschen durch Einhaltung dieser Prinzipien ausüben, als er verliert, wenn er sich selbst entsprechend diesen Prinzipien Zwänge auferlegt. *Dies scheint mir eine sehr klare Grundlage von Moral zu sein,* eine Grundlage, die m.E. keine unplausiblen Annahmen braucht."[46]

Der Kontraktualismus liefert nach Gauthiers eigenen Angaben eine Basis für moralische Prinzipien. Doch aus der Idee der rationalen Übereinkunft für sich genommen erschließt sich nicht der Gehalt der Prinzipien. In Gauthiers eigener Begrifflichkeit bedeutet dies, dass der individualistische Kontraktualismus eine Analyse der Makroebene der Moral liefert, uns aber über die Mikroebene der Moral nichts sagt. Denn wie Gauthier selbst in seiner Zurückweisung der feministischen Kritik betont,

45 Gauthier, Selbstinteresse, rationale Übereinkunft und Moral, 100.
46 Ebd., (Kursivsetzung von mir).

sind die konkreten moralischen Beziehungen nicht alle kontraktualistischer Natur. Damit entzieht sich aber ein weiter Bereich der Moral einem rational-individualistischen Interpretationsansatz.

Fraglich ist auch, ob ein von Hobbes' Prämissen ausgehender Moralansatz die universelle Verbindlichkeit moralischer Normen überhaupt begründen kann. Denn das einer Hobbes'schen Moralkonzeption zugrunde liegende Rationalitätsverständnis kann nicht die Stabilität des Systems sicherstellen. Die Gleichsetzung von Rationalität und Maximierung des Selbstinteresses fördert die starke rationale Versuchung, moralische Regeln zu verletzen, wann immer es möglich ist, dies in gewissen Grenzen oder heimlich zu tun. Rational betrachtet ist es optimal, sich selbst den moralischen Anforderungen zu entziehen, während die Mitmenschen sich daran halten. Dem Problem des Trittbrettfahrers (Humes *sensible knave*) kann die Hobbes'sche Theorie nur mit dem Argument begegnen, dass Menschen, die sich nicht kooperativ verhalten und die andere zu übervorteilen suchen, auf lange Sicht das Vertrauen der Mitmenschen verlieren. Doch dieses Argument räumt indirekt ein, dass sich die geschickten Schwindler bequem in einer von Hobbes' Denken geprägten moralischen Welt einrichten können. Denn nicht alle Regelverstöße werden entdeckt, nicht alle werden geahndet und zur Not helfen den Trittbrettfahrerinnen kleine Zugeständnisse und verlogene Ad-hoc-Kompromisse. Aber die innere Haltung gegenüber Verbindlichkeiten, das Bewusstsein davon, dass aus allgemein geltenden Prinzipien auch eine Verpflichtung des eigenen Selbst zur Anerkennung dieser Forderungen folgt, kann der individualistische Kontraktualismus für sich genommen nicht garantieren.

In Hobbes' Philosophie ist der Vertrag der Gesellschaftsmitglieder zur Einsetzung eines Souveräns in derem Eigeninteresse, da diese Einigung den Ausweg aus einem unkontrollierten Krieg eines jeden gegen jeden und das Überleben sichert. Doch Moral und ethisches Handeln berühren auch die Qualität unserer Interaktionsformen jenseits der elementaren Frage von Leben oder Nichtleben und der Eingrenzung eines Zustands manifester Aggression.

5.6 Universalistische Vertragstheorien – ein Ansatz mit eigenen Konturen?

Der rational-individualistische und der universalistische Vertragsansatz unterscheiden sich. Die individualistische Vertragstheorie betont die mit einer Vereinbarung erreichbare individuelle Nutzenmaximierung, der universalistischen Vertragskonzeption gilt hingegen die Akzeptanz einer Vereinbarung aus der Perspektive einer fairen Berücksichtigung aller Betroffenen als maßgebliches Kriterium. Wesentlich für eine universalistische Vertragskonzeption ist die Überlegung, dass jene Grundsätze, Regelungen und Bestimmungen als gerechtfertigt gelten, auf die sich Individuen in einem fairen unparteilichen Verfahren einigen würden. Mit Scanlon kann man diese Idee auch negativ formulieren und jene Grundsätze als gerechtfertigt aufweisen, die niemand vernünftigerweise zurückweisen könnte.

Die Frage stellt sich aber, wie weit ein universalistischer Kontraktualismus überhaupt noch als Vertragstheorie gelten kann. Die moraltheoretische Dimension der Forderung einer fairen Einigung auf Grundsätze ist nichts anderes als eine spezifische Interpretation der Verallgemeinerungsidee. Doch die Bedingung, dass moralische Grundsätze universalisierbar sein müssen, findet sich in einer Reihe von Moraltheorien und ist nicht spezifisch für den Kontraktualismus.[47] Insbesondere Scanlons Ansatz weist wenig Gemeinsamkeiten mit dem kontraktualistischen Zugang auf. Für die Vertragstheorien ist eine Einigung über bestimmte Bedingungen, etwa die Akzeptanz von moralischen oder politischen Institutionen, im Interesse der Vertragsparteien. Der Aspekt des Aushandelns von Prinzipien aus der Perspektive des Selbstinteresses fehlt in Scanlons Kriterium der Orientierung an Prinzipien, für deren Zurückweisung es keine vernünftigen Gründe gibt. Denn Scanlons Kriterium ist ein allgemeiner Prüfstein akzeptierbarer Grundsätze, der sich auch in nichtkontraktualistischen Moraltheorien, also in kantischen Theorien oder im Utilitarismus und auch in Tugendethiken findet. Diese Konzeptionen liefern nur spezifische Interpretationen dessen, woran sich die vernünftige Zurückweisung festmacht: ob an der Nichtverallgemeinerungsfähigkeit bestimmter Grundsätze wie in der kantischen Theorie, deren Unverträglichkeit mit einer Steigerung des allgemeinen Wohlergehens oder deren Unvereinbar-

47 Neben der kantischen Ethik findet sich die Universalisierungsbedingung auch in bestimmten Utilitarismuskonzeptionen (etwa jener Richard Hares) explizit betont.

keit mit grundlegenden Tugenden wie Gerechtigkeit und Wohltätigkeit. Es gibt keinen Grund, die Idee vernünftiger Zurückweisung zum definierenden Charakteristikum des Kontraktualismus zu erklären.

Scanlon verteidigt die Zuordnung seiner Position zum Kontraktualismus mit zwei Argumenten. Zum einen finde sich die Idee der Begründbarkeit gegenüber anderen als wesentliches Merkmal bei Denkerinnen und Denkern der Vertragstradition wie etwa Rousseau. Zum anderen würden in seinem Ansatz Urteile über „richtig“ und „falsch“ aus einem hypothetischen Begründungsprozess resultieren, in dem durch Einbeziehung der anderen und fairer Berücksichtigung dessen, was diese als nicht zurückweisbar empfinden, das Richtige und Falsche nicht einer abstrakt-metaphysischen Ebene überantwortet werde.[48] Doch auch hier gilt, dass keines dieser Argumente ausreicht, um Scanlons Ansatz als spezifisch kontraktualistisch auszuweisen. Jede Moralkonzeption, die Plausibilität beansprucht, muss ihre besonderen Prinzipien und Kriterien als anderen gegenüber begründbar verstehen und sich um diesen Nachweis bemühen. Und auch nichtkontraktualistische Moralansätze versuchen eine nicht-metaphysische Rekonstruktion des Richtigen und Falschen über rational einsichtige Gründe.

Im Kontext der politischen Philosophie ist die fiktive Vorstellung eines hypothetischen Vertrags aller Bürgerinnen und Bürger eine maßgebliche normative Konstruktion, um den gerechten Zuschnitt gesellschaftlicher Institutionen zu prüfen. Paradigmatisch dafür ist die egalitäre Vertragstheorie von John Rawls, in der sich die Gesellschaftsmitglieder in einer Situation, in der sie ihre besonderen Stärken und Schwächen und ihre spätere Position in der Gesellschaft nicht kennen, fragen, welche allgemeinen Grundsätze der Gerechtigkeit für alle akzeptabel sind. Doch im Kontext der Moralphilosophie bringt eine universalistische Perspektive vernünftiger Einigung oder vernünftiger Zurückweisung von Prinzipien nicht mehr an Überlegungen ins Spiel, als sich in universalistischen Moralansätzen ohnehin findet.

Der individualistische Kontraktualismus gibt eine durchaus befriedigende Antwort auf die Genese moralischer Institutionen. Das Eigeninteresse bildet einen machtvollen motivationalen Faktor, um gesellschaftlichen und persönlichen Konflikten durch kooperative Einigungen, die im individuellen Interesse aller Beteiligten sind, entgegenzuarbeiten. Der Appell an das aufgeklärte Selbstinteresse ist eine in Fragen der persönlichen und der gesellschaftlichen Moral wesentliche Argumentationsform, um

48 Siehe T. M. Scanlon, Der Kontraktualismus und was wir anderen schulden, in: Herlinde Pauer-Studer (Hg.), *Konstruktionen praktischer Vernunft*, 73, 74.

den Stellenwert moralischer Übereinkünfte und Regeln zu verdeutlichen. Doch offensichtlich erschließen sich der Gehalt und die Verbindlichkeit moralischer Normen nicht über diese Perspektive. Die universalistische Interpretation der Vertragsidee versucht, dieser inhaltlichen Ebene gerecht zu werden. Damit löst sich aber das Gewicht der moralischen Kriterien weitgehend vom Vertragsgedanken. Das Kriterium allgemeiner Zustimmungsfähigkeit vermag eine Reihe von Normen als nicht legitim auszuschließen, es ist aber zu wenig differenziert, um die moralische Dimension der Haltungen zu anderen und der angemessenen Empfindungen in ihrer komplexen Struktur zu reflektieren.

6. Feministische Ethik

Unter „feministischer Ethik“ ist nicht eine in sich geschlossene Theorie der Moral zu verstehen, sondern eine *gender*bezogene Analyse der Moralphilosophie und konkreter moralischer Probleme. Im Mittelpunkt steht der Versuch, die methodischen Voraussetzungen und die Grundsätze der einzelnen normativen Theorien der Ethik unter dem Blickwinkel der Geschlechterdifferenz auf ihre allgemeine Gültigkeit hin zu befragen. Maßgeblich wird die Frage, wie weit die Theorien des Normativen durch Ausblenden des Geschlechterkontexts nur über eine eingeschränkte Sicht konkreter ethischer Fragen verfügen. Eine feministische Ethikanalyse steht über den bekannten normativ-ethischen Theorien wie Utilitarismus, kantische Ethik und Kontraktualismus. Sie analysiert und hinterfragt diese Konzeptionen aus dem Blickwinkel der Geschlechterdifferenz. Die feministische Ethik bemüht sich auch um eine Aufarbeitung jener für die Interessen von Frauen relevanten Problemstellungen, die von den klassischen Moraltheorien zumeist ignoriert wurden wie Abwertung, Demütigung, sexuelle Belästigung und Gewalt gegen Frauen, strukturelle Ungleichheit im öffentlichen und privaten Leben, Benachteiligung von Frauen auf dem Arbeitsmarkt und ungerechte Aufteilung der Hausarbeit.

Die Unterscheidung zwischen persönlicher und öffentlicher Moral ist in der feministischen Ethikdebatte nicht immer klar gezogen. So erstreckt sich der Bereich der feministischen Analyse auf Fragen der Moraltheorie im engeren Sinn sowie auf Probleme der Sozialethik wie Gleichheit, Gerechtigkeit, Differenz und soziale Arbeitsteilung.

Im Folgenden möchte ich jetzt einige Diskussionsstränge innerhalb der feministischen Ethik aufzeigen, die Fragen nach den methodischen Voraussetzungen der Mainstream-Moralphilosophie und auch Probleme der normativen Ethik und der angewandten Ethik berühren.

6.1 Universalismus, Partikularismus, Unparteilichkeit

Die Moralphilosophie verknüpft moralische Prinzipien und Normen mit einem Universalitätsanspruch: Moralische Normen sollen für alle Subjekte gleichermaßen gelten. Des Weiteren soll sich in den grundlegenden moralischen Prinzipien ein über partikulare Interessen hinausgehender Standpunkt reflektieren. Der moralische Standpunkt gilt als ein die Ebene von rein subjektiven Ansprüchen überschreitender Gesichtspunkt.[1] Moralisches Urteilen verlangt nach einer überpersönlichen Perspektive, von der her die Interessen aller gleiche Berücksichtigung und gleiche Gewichtung finden. Die Überlegung hinter dieser Annahme ist, dass die Moral nur dann Kriterien zur Regelung von Interessenkonflikten liefern kann, wenn moralische Grundsätze die Ebene subjektiven Wollens transzendieren. Eine von allen Partikularismen und Kontingenzen freie Sicht auf moralische Phänomene scheint jedoch einer Reihe von Philosophinnen befremdlich, da kontextuelle Besonderheiten und Differenzen ignoriert werden.

In der Kontroverse um Universalismus und Partikularismus sind mehrere Ebenen angesprochen, die zu trennen sinnvoll ist. So ist der Vorwurf, dass die Aufklärungsmoral und ihre Nachfolgeansätze eine „falsche" Universalität propagieren (eine universalistische Rhetorik verdecke oft, dass moralische Argumentationen nicht immer alle Betroffenen berücksichtigen), von der Frage zu trennen, ob die Idee der Universalität per se keine Rolle spielen soll. Die pauschale Zurückweisung der Idee universeller Geltung scheint wenig plausibel. Der Universalitätsanspruch der Aufklärungsphilosophie beruht auf einer wichtigen politischen Idee, die auch für die feministische Theorie bestimmend ist: die Konzeption einer Gesellschaft, die Machtprivilegien sozialer, ethnischer und geschlechtsspezifischer Art nicht kennt. Wenn moralische Normen nicht mehr einer Befragung von einer übergeordneten Ebene her unterworfen sind, dann wäre Moral tatsächlich auf die faktischen Überzeugungen partikulärer gesellschaftlicher Gruppen reduziert. Aber diese Relativierung kann nicht Anliegen eines feministischen Moralansatzes sein, der ja auch auf allgemeine Verbindlichkeit abzielt.

Die feministische Ethik zeigt sich auch skeptisch gegenüber der Idee der Unparteilichkeit. Die Forderung der Unparteilichkeit stimme, wie

1 Vgl. Richard M. Hare, *Moralisches Denken:* seine Ebenen, seine Methode, sein Witz, Frankfurt am Main: Suhrkamp 1992; Thomas Nagel, *Der Blick von Nirgendwo,* Frankfurt am Main: Suhrkamp 1992.

feministische Philosophinnen und Philosophen einwenden, nicht mit der Art moralischer Rechtfertigungen überein, die wir im Zusammenhang persönlicher Beziehungen zulassen. Denn im Kontext des Persönlichen würden wir Begründungen unseres Handelns, die mit unserer besonderen Beziehung zu einer besonderen Person zu tun haben, als legitim betrachten. Moralisches Urteilen kann im Rahmen persönlicher Beziehungen nicht einem Modell der unparteilichen Gewichtung entsprechen, denn dies würde, wie Bernard Williams anmerkt, eine „Idee zu viel" in die Rechtfertigung einbringen.[2] Williams illustriert diesen Einwand mit folgendem Beispiel: Angenommen, ein Mann kann nur eine von zwei sich in Gefahr befindenden Personen – eine der beiden Personen ist seine Frau – retten. Wenn er sich für die Rettung seiner Frau entscheidet, so bedarf sein Tun keiner weiteren Begründung. Jede unparteiliche Rechtfertigung – „nach neutraler Gewichtung aller Gründe habe ich mich für deine Rettung entschieden" – wäre für die Frau zutiefst irritierend. Nach Williams äußern sich „tiefgreifende Bindungen an andere Personen" in einer Art und Weise, „die nicht zugleich die unparteiische Sicht verkörpern".[3]

Die feministische Ethik geht gleichfalls davon aus, dass positive Nahbeziehungen und persönliche Bindungen einen bedeutsamen moralischen Wert darstellen. Doch besondere Beziehungen zu anderen bringen eine gewisse Form der Parteilichkeit mit sich, da diese Personen für uns einen Stellenwert haben, den wir aus Gründen der Überforderung nicht allen anderen gleichermaßen einräumen können. Doch eine Moraltheorie hat Parteilichkeiten auch Grenzen zu setzen, da über Freundschaftsbeziehungen und die affektive Bevorzugung Nahestehender kein nach Gesichtspunkten der Gerechtigkeit strukturiertes Gemeinwesen aufzubauen ist.

Um Unparteilichkeit und Parteilichkeit zu versöhnen, scheint die Unterscheidung verschiedener Bereiche der Moraltheorie notwendig. Unparteilichkeit ist auf der abstrakten Ebene allgemeiner und grundlegender Moralprinzipien geboten. Hier ist von spezifischen sozialen Zugehörigkeiten und Bindungen, aber auch von egoistischen Interessen zu abstrahieren. Doch in der Sphäre konkreter Interaktionen im Nahbereich ist Unparteilichkeit wenig dienlich. Die Standards moralischen Handelns müssen in diesem Bereich Parteilichkeit in der Form von spezifischen Verantwortlichkeiten und persönlichen Bindungen berücksichtigen. Die

2 Bernard Williams, Personen, Charakter und Moralität, in: ders., *Moralischer Zufall*. Philosophische Aufsätze 1973–1980, Königstein: Hain 1984, 11–29, bes. 20–28.

3 Ebd., 27.

Erfordernisse der unparteilichen Moral lassen einen Spielraum, in dem Partikularismen handlungsrelevant werden. Dennoch müssen sich persönliche Werte von einer höheren Ebene überpersönlicher Werte her befragen lassen, denn wie Thomas Nagel bemerkt, entspricht „nicht jedem beliebigen persönlichen Grund, den ein Individuum dafür haben kann, etwas zu tun, auch ein triftiger neutraler Grund dafür, dass es geschieht".[4]

Auch aus der Sicht feministischer Ethik spricht viel für diese Verbindung von Unparteilichkeit und Parteilichkeit. Eine feministische Ethik kann sich nicht nur auf persönliche Beziehungen und damit verknüpfte besondere Beziehungen beschränken. Eine angemessene Moraltheorie muss auch Menschen in einem entfernten Land in den Bereich moralischer Überlegungen einbeziehen. Dies gilt insbesondere für die feministische Ethik, da ein wesentliches Moment der Frauenbewegung die mit lokaler Eingrenzung schlecht verträgliche Solidarität mit Frauen aus allen Kulturen ist. Gerade Frauen können nicht auf die aus einer gewissen Distanz erfolgende Evaluierung jener sozialen Strukturen verzichten, in die ihre Lebensgeschichten eingebettet sind.

Viele feministische Philosophinnen und Philosophen irritiert auch der mit einer partikularistischen Sicht der Ethik häufig verknüpfte sentimentale Blick auf Nahbeziehungen angesichts des Gewaltpotenzials dieser Beziehungen, für das nicht zuletzt die feministische Analyse sensibilisiert hat. Eine feministische Ethik darf nicht nur affektive Werte betonen, sondern muss auch über Kriterien zur Aufarbeitung von Problemen wie Abwertung, Demütigung und Gewalt verfügen.

6.2 Rechte – Tugenden – affektive Werte

Die feministische Analyse der Moralphilosophie verdankt den moralpsychologischen Arbeiten Carol Gilligans entscheidende Impulse.[5] Gilligan argumentierte anhand empirischer Untersuchungen zum moralischen Urteilen, dass den moralischen Urteilen von Frauen eine andere Konzeption von Moral zugrunde liege als den moralischen Urteilen von Männern. Während den moralischen Urteilen von Männern eine Ethik der Rechte und der Gerechtigkeit korrespondiere, reflektiere sich in den mo-

4 Nagel, *Der Blick von Nirgendwo,* 296.

5 Carol Gilligan, *Die andere Stimme.* Lebenskonflikte und Moral der Frau, München: Piper 1984.

ralischen Bewertungen und Einschätzungen von Frauen eine den Idealen der Fürsorglichkeit und Anteilnahme verbundene Sicht der Moral, eine Ethik des *Caring*.

Wenngleich Gilligan damit lediglich eine empirische These der Moralpsychologie formuliert, legt sich der Schritt zu einer normativen Auslegung ihrer Annahmen nahe. Diese besagt: Eine auch den Bedürfnissen und der Perspektive von Frauen angemessene Ethik hat eine Ethik der Anteilnahme und der Fürsorglichkeit zu sein. In der Folge konzentrierte sich ein Gutteil der feministischen Ethikdebatte auf eine detailliertere Ausformulierung einer *Care*-Ethik. Wichtig wird aber auch die Einordnung und Beurteilung einer solchen Ethik vor dem Hintergrund der klassischen deontologischen und tugendorientierten Moralansätze. Die Frage stellt sich, ob eine Ethik der Anteilnahme und Fürsorglichkeit als eigenständige Moralkonzeption gelten kann oder ob die klassischen Theorien der Ethik bei entsprechender Modifikation ohnehin den spezifischen Wertakzentuierungen der *Care*-Ethik gerecht zu werden vermögen.

In den Arbeiten von Nel Noddings und Sara Ruddick findet sich die Vorstellung einer *Care*-Ethik deutlicher als bei Gilligan dargelegt.[6] Moral ist für Noddings, die eine rigorose Prinzipienethik ablehnt, eine Sache des Fühlens und Empfindens. Einer „männlich" akzentuierten Prinzipienethik setzt sie ein „weibliches" Moralverständnis entgegen, das nicht Rechte und Prinzipien, sondern die moralische Hinwendung zum konkreten Anderen und die expressive Dimension propositional nicht erfassbarer moralischer Gefühle als wesentlich erachtet. Noddings beurteilt eine Ethik der Prinzipien als „zweideutig und instabil", denn die Orientierung an Prinzipien beinhalte auch das Zulassen von Ausnahmen. Da aber die Kriterien für Ausnahmen meist offenblieben, eröffne sich ein weiter Raum für Manipulationen. Im Mittelpunkt ihrer Ethik steht das Sorgen, das Eingehen auf die konkreten Anderen. Moralität hängt für Noddings damit zusammen, wie und mit welchen Gefühlen wir anderen Personen gegenübertreten, ob wir Interesse an anderen als Personen haben und wie wir dieses Interesse über Gefühle und die Sensibilität für Situationsgegebenheiten umsetzen.

Das Personenkonzept, welches diesem Ansatz unterliegt, betont die Empfindungsfähigkeit moralischer Subjekte. Personen stehen in engen Beziehungen zu anderen und versuchen, den Anforderungen dieser

6 Nel Noddings, *Caring*. A Feminine Approach to Ethics and Moral Education, Berkeley u.a.: University of California Press 1984; Sara Ruddick, *Maternal Thinking*. Towards a Politics of Peace, Boston: Beacon Press 1989.

Relationalität gerecht zu werden. Sorgende moralische Akteurinnen und Akteure richten ihr Handeln auf das Wohlergehen der anderen Person und die Wahrnehmung ihrer Bedürfnisse. Sorgen im echten Sinn ist mit dem Versuch verknüpft, die Realität des anderen zu erfassen. Es geht dabei nicht um das abstrakt-intellektuelle Durchspielen des Standpunkts der anderen Person, sondern um ein tiefes, gefühlsmäßiges Begreifen und Nacherleben von deren Realität.

Modell für Noddings' ethische Haltung des Sorgens ist die in der intakten Mutter-Kind-Beziehung modellhaft vorgelebte Beziehung der Fürsorglichkeit und Liebe. Diese natürliche Form des *Caring* erklärt Noddings zum ethischen Ideal: Fürsorglichkeit sei eine Tugend, um deren Verwirklichung wir uns bemühen sollten. Mit dieser Normativierung der Fürsorglichkeit versucht Noddings dem Problem zu begegnen, dass uns nicht immer entsprechende spontane Neigungen in unserem Handeln bestimmen. Maßgeblich für die ethische Situierung von Sorge und Empathie wird, welche Person wir sein wollen. Denn die Vorstellung der Sorge um uns selbst und unsere ethischen Ideale hat normative Funktion und motiviert uns zu einem bestimmten Handeln.

Zentrale Komponenten von Noddings' Personenkonzept sind moralische Sensibilität, das Nachempfinden der Situation des moralischen Gegenübers und die Kultivierung des Ideals der Fürsorglichkeit. Ihre Sicht des moralischen Subjekts ist somit stark an altruistischen Werten und Tugenden orientiert. Wegen der irrtümlichen Gegenüberstellung von Prinzipienmoral und *Care*-Ethik übersieht Noddings aber die Verwobenheit moralischer Reflexion mit Prinzipien, die grundlegende moralische Haltungen verkörpern. Prinzipien umfassen Grundsätze, die unsere Einstellungen anderen gegenüber zum Ausdruck bringen. Noddings kann ihre Ablehnung einer Prinzipienethik nicht durchhalten, da die sorgend-affektive Haltung gegenüber anderen gleichfalls einem Prinzip entspricht. Sorgen ist eine moralische Einstellung, die der Formung und der reflexiven Prüfung bedarf. Damit verweist der Personenbegriff aber auf die Rolle der praktischen Vernunft, womit sich die teils plakative Gegenüberstellung von Affektivität und Rationalität erheblich relativiert. Um die Normativität der von ihr betonten affektiven Werte zu sichern, kann Noddings' Ethik nicht auf den Vernunftbezug verzichten. Denn Verpflichtung kann nur über Vernunfteinsicht generiert werden, also über die Einsicht, dass etwas aus guten Gründen moralisch verbindlich ist.

Noddings ist sich im Klaren, dass sie das *Caring* mit ethischer Verbindlichkeit verknüpfen muss, da nicht alle moralischen Akteurinnen und Akteure auf gleichsam natürliche Weise sorgende Beziehungen zu anderen unterhalten. Eine *Care*-Ethik kann sich nicht nur auf natürliche

Phänomene beziehen. Sie bliebe damit auf eine von den spontanen Regungen eines direkten Altruismus bestimmte Sympathieethik reduziert, die für sich genommen an die Grenzen faktischer Disponiertheiten stößt. Ohne eine übergeordnete normative Absicherung ist der Schritt von wertvollen kontingenten Empfindungen zu einer Ethik nicht zu schaffen. Dies bedeutet aber, dass der Personenbegriff Vernunft und Affektivität verbinden muss. Das moralische Subjekt sollte seine Vernunftfähigkeiten selbstredend auf mehr moralische Dimensionen richten als nur die Erziehung zu altruistischen Werthaltungen. Notwendig ist auch die Einsicht in Grundsätze des Rechten und der Gerechtigkeit, denn altruistische Werte können nicht von Gerechtigkeitsprinzipien abgekoppelt werden. Die Frage, wem, in welchem Ausmaß und warum wir Anteilnahme zeigen, verweist auf berechtigte moralische Ansprüche und somit auf übergeordnete Abwägungskriterien. Das moralische Selbst darf nicht nur Sensibilität für Forderungen der Anteilnahme beweisen, sondern auch für Fragen der Gerechtigkeit.

Auch Sara Ruddick betont den moralischen Wert der in der positiven Mutter-Kind-Beziehung verkörperten Haltung des Sorgens. Im Gegensatz zu Noddings, die das *Caring* unabhängig von kontingenten Empfindungen zu einem ethischen Ideal verklärt, verbleibt Ruddick aber auf der Ebene einer intuitiven Wertphänomenologie, der die normative Einordnung fehlt.

In den an Gilligan anknüpfenden Ansätzen zu einer Ethik der Anteilnahme kontrastieren Gerechtigkeit und *Care*. Diese Trennung ist nicht angebracht. Fürsorglichkeit ist nicht in allen Situationen gleichermaßen geboten, und die Frage der Angemessenheit von Anteilnahme verweist auf Standards der Gerechtigkeit. Gerechtigkeitskriterien müssen verhindern, dass sich Fürsorglichkeit in Selbstausbeutung verkehrt. Eine Ethik des *Caring* kann nicht gegen eine Ethik der Prinzipien und Rechte ausgespielt werden, da die Gebotenheit von Fürsorglichkeit ohne Kriterien der Gerechtigkeit nicht entscheidbar ist. Eine strikte Sphärentrennung von Gerechtigkeit und fürsorglicher Anteilnahme hätte die unliebsame Konsequenz, dass der für eine *Care*-Ethik vorrangig relevante Bereich der Nahbeziehungen von Gerechtigkeitskriterien ausgenommen wäre.

Eine *Care*-Ethik bleibt gewissermaßen auf die Beziehungen zu besonderen Anderen beschränkt. Denn im Fall der Übertragung auf Personen des Fernbereichs resultiert eine auf die Haltungen von Anteilnahme und Zuwendung verpflichtete Fürsorglichkeitsmoral leicht in moralischer Überforderung. Eine Ethik, die Moralität vorrangig auf die positivsten Aspekte persönlicher Nahverhältnisse bezieht, vermag die Konsequenzen bestimmter Handlungsweisen für unbekannte Dritte nicht in relevanter Art und Weise zu thematisieren.

Die feministische Tendenz zu einer *Care*-Ethik scheint vor dem Hintergrund einer mit den gängigen Geschlechtersymbolismen einhergehenden und tief verankerten moralischen Arbeitsteilung zwischen den Geschlechtern ambivalent. Fürsorgliches Verhalten wird von Frauen eher als von Männern erwartet. Um diese Reproduktion klassischer Geschlechterstereotype zu umgehen, muss die Haltung sorgender Anteilnahme in bestimmten Situationen allen Moralsubjekten gleichermaßen abverlangt werden. Diese normative Überformung bedeutet, dass *Caring* als ein je nach situativem Kontext zu interpretierendes Prinzip zu verstehen ist. Damit erweist sich aber die strikte Gegenüberstellung einer Ethik der Prinzipien und einer *Care*-Ethik als unhaltbar.

6.3 Die feministische Auseinandersetzung mit dem Kontraktualismus

Die Vorstellung einer Ethik der Fürsorglichkeit und Anteilnahme, die auch asymmetrische Beziehungen zu abhängigen Anderen berücksichtigt, bildet gleichsam die Folie für die feministische Auseinandersetzung mit den klassischen Theorien der Moral, etwa den Vertragskonzeptionen der Moral, der kantischen Ethik und der Diskursethik. Die von einem individualistischen Rationalitätsmodell ausgehende Vertragstheorie der Moral versteht, wie wir gesehen haben, Moral als Ergebnis einer auf dem Eigeninteresse der Menschen beruhenden Übereinkunft. Ihr rationales Eigeninteresse, ihr Streben, den eigenen Vorteil zu sichern, motiviert Individuen, sich an die Regeln der Moral zu halten, sofern dies auch die anderen tun. Denn diese kooperative Einigung verspricht den größeren individuellen Nutzen. Nun vernachlässigt diese Konzeption der Moral genau die von feministischen Philosophinnen und Philosophen akzentuierten Beziehungen zu abhängigen, schwächeren und auf Hilfe angewiesenen Menschen. Die Motivation zur Kooperation zwischen egoistischen Individuen stellt sich zwingend nur dann her, wenn beide Seiten daraus Vorteile ziehen können. Dies verlangt, dass sie zu gleichen Bedingungen in den Kooperationsvertrag einzutreten vermögen. Doch diese Kooperationsgleichheit ist in der Realität nicht gegeben. Eine Reihe von Personen – Kleinkinder, alte, kranke und behinderte Menschen – sind anderen an Kräften weit unterlegen und sind auf deren Unterstützung angewiesen. Sie vermögen nicht in einem kooperativen Austausch von Leistungen und Vergütungen anderen etwas für ihre Zuwendung zurückzugeben. Nicht alle sozialen Beziehungen, so die feministische Kritik, entsprechen dem Muster einer vertraglichen Vereinbarung zwischen vorteilsoptimierenden Individuen.[7]

In ihrer Antwort auf diese Einwände von Seiten feministischer Philosophinnen und Philosophen geben die Vertreterinnen und Vertreter einer individualistischen Vertragstheorie zu bedenken, dass sie keineswegs alle sozialen Beziehungen, sondern nur einige grundlegende als Vertragsbeziehungen konzipieren. Diese Einschränkung unterläuft aber die Reichweite des Kontraktualismus erheblich, denn sie besagt, dass der Kontraktualismus zwar rational plausibel das Entstehen der Institution der Moral erklärt, dass aber Kooperationsverhältnisse nicht die maßgebliche Kategorie moralischer Beziehungen verkörpern. Damit relativiert sich auch der Gegensatz zwischen dem Kontraktualismus und Werten wie Fürsorglichkeit und Anteilnahme.

Einige feministische Theoretikerinnen und Theoretiker sehen eine universalistische Vertragstheorie, wie sie sich in der politischen Philosophie von Kant und Rawls paradigmatisch findet, als viel versprechenden Anknüpfungspunkt einer feministischen Moraltheorie. Vernünftige und unparteilichen Abwägungen zugängliche Individuen einigen sich demnach aus Gründen der allgemeinen Interessenerfüllung auf moralische Prinzipien. Nach Jean Hampton ermöglicht ein universalistisches Vertragsmodell die Evaluierung der Relationen im öffentlichen Raum wie in dem der persönlichen Nahbeziehungen.[8] Wenn man entsprechend einer kantischen Vertragstheorie soziale Beziehungen als nur dann akzeptabel betrachtet, wenn alle Betroffenen zustimmen können, achte man den Wert der beteiligten Personen als solchen. Mit Hilfe der Idee allgemeiner Zustimmungsfähigkeit ließen sich Beziehungen daraufhin befragen, ob sie gerecht sind oder auf Ausbeutung beruhen, ob sie alle Beteiligten als Gleiche anerkennen oder diese abwerten und benachteiligen. Der normative Parameter einer fairen Vereinbarung scheint aus feministischer Perspektive besonders wichtig, da Frauen in sozialen Beziehungen häufig ein Verhalten der Selbstaufopferung ohne entsprechende Gegenleistung abverlangt wird. Die universalistische Vertragstheorie gilt auch als Gradmesser, um die soziale Arbeitsteilung in der Familie normativ zu durchleuchten.

7 Vgl. Virginia Held, *Feminist Morality.* Transforming Culture, Society, and Politics, Chicago und London: The University of Chicago Press 1993, Kap. 10.

8 Siehe Jean Hampton, Feminist Contractarianism, in: Louise M. Antony und Charlotte Witt (Hg.), *A Mind of One's Own.* Feminist Essays on Reason and Objectivity, Boulder u. a.: Westview Press 1993, 227–255.

Das Personenkonzept des universalistischen Kontraktualismus unterscheidet sich damit erheblich von dem rationalen Egoismusmodell der individualistischen Vertragstheorien der Moral. Allerdings haben die universalistischen Vertragstheorien Schwierigkeiten, jene Elemente zu integrieren, die in der feministischen Ethikdebatte so stark betont wurden, nämlich Anteilnahme, Fürsorglichkeit und moralische Gefühle. Die fiktive Vorstellung eines Vertrages ist ein wichtiges theoretisches Mittel, um die Einigung auf gesellschaftliche Grundregeln des Zusammenlebens zu verdeutlichen. Aber die Vertragsidee ist ungeeignet, die Tiefendimension des Moralischen auszuloten. Moralische Empfindungen und Haltungen der Fürsorglichkeit und Anteilnahme entziehen sich der Idee einer vertraglichen Vereinbarung. Selbst wenn man davon ausgeht, dass sich die Subjekte mittels Vertrag auf die normative Anerkennung dieser moralischen Phänomene einigen, so hat man nur deren Genese erklärt. Die inhaltliche Ebene moralischer Empfindungen und Haltungen der Empathie, wie auch deren Angemessenheit und Relevanz, ist über den Vertragsgedanken nicht einholbar.

6.4 Moralische Prinzipien und affektive Werte: Kant und Hume im Spiegel feministischer Analyse

Wichtig für die philosophische Diskussion um eine feministische Ethik wurde die Auseinandersetzung mit Klassikern der Moraltheorie wie Kant und Hume. Die Kritik feministischer Philosophinnen und Philosophen an der kantischen Theorie knüpft an prominente Themen der Kant-Rezeption an wie die Diskussionen um den Formalismus der kantischen Theorie, den Dualismus von Pflicht und Neigung und die Ausklammerung moralischer Gefühle. Konkret lassen sich die feministischen Bedenken in folgende Punkte fassen: Kant stelle mit dem kategorischen Imperativ ein formales Testkriterium, das nur abstrakte Situationsgemeinsamkeiten berücksichtige, in den Mittelpunkt seiner Moraltheorie. Insofern mangle es dieser an Kontextsensitivität und der Möglichkeit, substantielle moralische Normen zu generieren. Sie bleibe deshalb in der Aufarbeitung konkreter Problemstellungen unterbestimmt. In ihrem an die Einsichtsfähigkeit abstrakter Vernunftwesen gebundenen Universalismus übersehe die Theorie Kants, dass moralische Angemessenheit nicht unabhängig von kontextuellen Besonderheiten bestimmbar ist. Kant verkürze Moralität, indem er diese an ein von Neigungen und Interessen abstrahiertes Handeln aus Pflicht binde. Seine Pflicht-Neigung-Psychologie räume moralischen Empfindungen keinen angemessenen Platz ein. Kant mache die der traditionellen Geschlechtersymbolik entsprechende Abwertung von Empfindungen mit. Gefühle des unmittelbaren Wohlwollens, der Anteilnahme und der Empathie blieben ausgeklammert.

Für Philosophinnen und Philosophen, die Kants Theorie weitgehend folgen, stellt sich das Pflicht-Neigung-Problem gar nicht.[9] Denn mit dem Vorrang der Pflicht vor der Neigung behaupte Kant nicht, dass Neigungen niemals eine Rolle spielen. Er lege nur fest, dass ein kontingenter Faktor wie die Neigung zu einem Handeln für sich genommen nicht ausreiche, um eine Handlung als gut oder richtig zu beurteilen. Auch der Formalismusvorwurf geht aus dieser Perspektive ins Leere. Kants Ethik sei eine Maximenethik. Kant formuliere ein Kriterium, um die unseren Handlungen zugrunde liegenden Maximen zu prüfen. Maximen stellen aber kontextspezifische Prinzipien des Handelns dar. Der kategorische Imperativ ist, wie bereits ausgeführt, nicht als Generierungsinstanz moralischer Regeln, sondern als Testkriterium unserer Maximen zu verstehen. Der kategorische Imperativ verlangt, dass wir uns nur nach den Maximen richten, von denen wir denken oder wollen können, dass sie allgemeines Gesetz werden, und wir keine Maximen wählen, die andere Menschen instrumentalisieren. Als Test unserer Maximen liefert der kategorische Imperativ selbstredend substantielle Folgerungen – Maximen sind ja gehaltvolle subjektive Grundsätze und bleiben an situative Gegebenheiten und Besonderheiten gebunden. Um zu bestimmen, welche Maximen unser Handeln leiten, müssen wir die partikularen Umstände unseres Handelns reflektieren. Maximen repräsentieren gewissermaßen die materiale Seite von Kants Moraltheorie und stellen die Verbindung zur Lebenswelt her, die Verbindung zwischen kategorischem Imperativ und konkretem Handeln.

Verbindlichkeit beziehen moralische Grundsätze nach Kant aus der A-priori-Reflexion rein rationaler Subjekte. Für die Kritikerinnen und Kritiker bleibt damit offen, wie etwas, das Gültigkeit für allen Bindungen entrückte und von ihren empirischen Bestimmungen abgespaltene Wesen hat, auch Relevanz für konkrete, in dichte Lebenskontexte integrierte Individuen beanspruchen kann. Häufig wird moniert, dass Kant zwei Subjektebenen voneinander trennt und die Erklärung der Verbindung von empirischem und transzendentalem Subjekt schuldig bleibt.

9 Vgl. Marcia W. Baron, *Kantian Ethics Almost Without Apology,* Ithaca und London: Cornell University Press 1995; Barbara Herman, *The Practice of Moral Judgement,* Cambridge MA und London: Harvard University Press 1993; Christine M. Korsgaard, *Creating the Kingdom of Ends,* Cambridge: Cambridge University Press 1996.

Doch ungeachtet seiner teils missverständlichen Ausdrucksweise darf Kants Rede von der sensiblen und der intelligiblen Welt nicht ontologisch interpretiert werden. Kant hat nicht zwei Welten eingeführt, sondern macht auf zwei mögliche Standpunkte der Betrachtung aufmerksam. Wir können uns unter zwei Gesichtspunkten sehen: zum einen als von unseren Neigungen, Bedürfnissen und Wünschen determinierte Wesen, zum anderen als Wesen, die über die Fähigkeit kritisch-rationaler Überprüfung verfügen und somit über die Berechtigung ihrer spezifischen Begehren zu reflektieren vermögen.

Gewichtiger scheint das Argument, dass Kants Theorie der Bedeutsamkeit moralischer Empfindungen nicht gerecht wird. Der Einwand ist allerdings dahingehend zu präzisieren, dass Kant nicht moralische Gefühle generell ausgrenzt, sondern ihnen nur instrumentellen Status zugesteht. Kant übersieht nicht die Bedeutsamkeit von Phänomenen wie Wohltätigkeit und Anteilnahme. Er versucht, über den Begriff der Liebespflichten gegen andere Menschen, die er unterteilt in Pflichten der Wohltätigkeit, Pflichten der Dankbarkeit und Pflichten der Teilnehmung, die Ebene altruistischer Werte in seine Theorie zu integrieren. Doch affektiven Haltungen und moralischen Empfindungen für sich genommen kommt in Kants Ethik kein moralischer Wert zu.

Moralische Empfindungen sind nach Kant Hilfsmittel, um unseren Sinn für moralische Pflichterfüllung zu schulen. Sie sensibilisieren uns dafür, wann ein Handeln aus Pflichterfüllung angebracht ist. Deutlich wird der gleichsam instrumentelle Status altruistischer Empfindungen in der folgenden Textpassage aus der *Metaphysik der Sitten*: „Ob zwar aber Mitleid (und so auch Mitfreude) mit anderen zu haben an sich selbst nicht Pflicht ist, so ist es doch tätige Teilnehmung an ihrem Schicksale und zu dem Ende also indirekte Pflicht, die mitleidige natürliche (ästhetische) Gefühle in uns zu kultivieren, und sie, als so viele Mittel zur Teilnehmung aus moralischen Grundsätzen und dem ihnen gemäßen Gefühl zu benutzen.“[10]

Moralische Empfindungen sollten aber für sich genommen moralischen Wert haben. Kants Konzept der Verpflichtung muss auf affektive Haltungen und auf Empfindungen ausgedehnt werden. Dies bedeutet eine Abweichung von Kants Moralpsychologie, denn Kant hat diese erweiterte Interpretation von Verpflichtung abgelehnt. Kant differenziert zwischen zwei Formen der Liebe: der „praktischen Liebe“, die auf dem

10 Immanuel Kant, *Die Metaphysik der Sitten,* Werkausgabe Bd. VIII, Frankfurt am Main: Suhrkamp 1977, 595 (Kant, *Gesammelte Schriften,* Akademie-Ausgabe Band VI).

Motiv der Pflicht basiert, und der „pathologischen Liebe", der Liebe aus Neigung.[11] Kant gelten moralische Empfindungen wie etwa die emotionale Anteilnahme am Wohlergehen anderer als Spielart pathologischer Liebe. Damit aber fallen Gefühle aus dem normativen Bereich heraus, da Verpflichtung nach Kant dem Phänomen der pathologischen Liebe fremd ist. Kants Liebespflichten haben nichts mit Gefühlen zu tun, weil es nach Kant keine Verpflichtung zum Gefühl geben kann. Doch die kantischen Liebespflichten decken nur dann das Phänomen der Wohltätigkeit und eines direkten Altruismus ab, wenn sie moralische Empfindungen einbeziehen. Denn was soll den Gegenstand von Liebespflichten bilden, wenn die Gefühlsebene ausgeblendet wird?

Wohlwollen, Anteilnahme und Empathie sind nichts anderes als Formen emotionaler Zuwendung. Maßgeblich wird, diese Empfindungen normativ verbindlich zu machen. Der Schritt zur Verpflichtung ist unabdingbar, um die moralischen Empfindungen dem Spiel des Zufalls auf der Ebene faktischer Disponiertheiten zu entziehen. Gefühle der Empathie und Anteilnahme sind in bestimmten Kontexten moralisch verpflichtend und nicht nur eine kontingente Option für empfindungsbezogene Naturen. Unter gewissen situativen Bedingungen ist es schlicht moralisch unangemessen, nicht mit Wohlwollen und Anteilnahme zu reagieren. Moralität verlangt die kritische Reflexion und normative Überformung unserer Gefühle.

Kant irrt sich, wenn er Gefühle dem normativen Zugriff enthoben sieht. Liebespflichten beziehen ihre normative Gültigkeit aus der Tatsache, dass die entsprechenden Maximen mit dem moralischen Gesetz konform gehen. Aber Maximen können auch empfindungsbezogenen Haltungen korrespondieren, und auf dem Prüfstand steht dann die Angemessenheit dieser Empfindungen. Bezogen auf Kants Ethik würde dies wohl bedeuten, auf das mit dem kategorischen Imperativ in der zweiten Formulierung verknüpfte Prinzip der Achtung oder Anerkennung anderer als Personen Bezug zu nehmen, nicht so sehr auf das mit der Gesetzesformel verknüpfte Widerspruchsverfahren. Kants Konzeption des Selbst ist dahingehend zu modifizieren, dass dieses Selbst Vernunft und Emotionalität umfasst und seine Vernunftmöglichkeiten auch für die reflexive Prüfung und Schulung seiner Empfindungen einsetzt. Ein so transformiertes kantisches Selbst berücksichtigt die von Hume so stark betonten affektiven Momente des Moralischen.

11 Ebd., 523f. Vgl. auch Immanuel Kant, *Grundlegung zur Metaphysik der Sitten,* Werkausgabe Bd. VII, herausgegeben von Wilhelm Weischedel, Frankfurt am Main: Suhrkamp 1974, 25f. (Kant, *Gesammelte Schriften,* Akademie-Ausgabe Band IV).

Die neuere Kant-Interpretation stellt unmissverständlich klar, dass sich Kants transzendentales Subjekt auf nichts anderes bezieht als auf die Reflexionsfähigkeit konkreter Personen wie uns mit unserer praktischen Identität.[12] Die Bedenken gegen diese lebensbezogene Lesart von Kant gehen dahin, dass damit Kants spezifischer, mit der Idee des Transzendentalen verknüpfter Begründungsanspruch relativiert wird. Diese Kritik aber übersieht, dass auch in Kants praktischer Philosophie die Begründung grundlegender Moralprinzipien nur über die Vernunftreflexion konkreter Subjekte eingelöst werden kann. Nur interne Einsicht vermag uns zur Akzeptanz moralischer Grundsätze zu bewegen.

Wenn sich das normative Bewusstsein eines solchen Subjekts auch auf Empfindungen und altruistische Haltungen erstreckt, dann formt sich eine Subjektkonzeption, die den von der feministischen Philosophie vorgegebenen Kriterien weitgehend entspricht. Mit einem Subjektbegriff, der Vernunft und Empfindungsfähigkeit normativ zueinander in Beziehung setzt, ist ein wesentlicher Schritt zu einer Ethik gewonnen, die Achtung gegenüber Frauen als Rechtssubjekten, aber auch als besonderen Anderen mit spezifischen Verletzlichkeiten zur Norm erhebt.

Philosophinnen wie Annette C. Baier, die dem rationalistischen Zuschnitt der kantischen Ethik nach wie vor skeptisch gegenüberstehen, sehen in David Humes Moralkonzeption vielversprechendere Anknüpfungspunkte für eine feministische Ethik. Denn Hume begreife Moral als eine Angelegenheit des rechten Gefühls. Hume vertrete, wie Baier betont, eine Ethik, die Moralität mit einer Differenzierung unserer moralischen Gefühle und Wahrnehmungen, einer fortschreitenden Reflexion der Empfindungen und einer Vertiefung wie auch Korrektur unserer Einsichten in Charakterhaltungen und Tugenden identifiziert. Mit ihrer Reflexion auf Affekte und Gefühle und die Verfeinerung unserer empathischen Fähigkeiten stehe Humes Moraltheorie durchaus in der Nähe zu einer feministischen Ethik. Hume integriere, ganz auf der Linie feministischer Überlegungen, von anderen abhängige und ihnen an Stärke, Entscheidungsspielraum und Vernunftfähigkeit unterlegene Wesen in den Bereich der Moral. Ähnlich wie Hume sehen auch feministische Philosophinnen und Philosophen „die Hauptaufgabe der Moralität (darin), Situationen in der Weise neu zu gestalten, dass die Interessen einander nicht mehr entgegengesetzt sind".[13]

12 Siehe etwa Korsgaard, *The Sources of Normativity,* Cambridge: Cambridge University Press 1996, 100ff.

13 Annette C. Baier, Hume, der Moraltheoretiker der Frauen? In: Herta Nagl-Docekal und Herlinde Pauer-Studer (Hg.), *Jenseits der Geschlechtermoral.* Frankfurt am Main, Fischer Taschenbuch Verlag 1993, 105–134, hier: 128.

Hume begreift Moral als eine Angelegenheit des rechten Empfindens und des Gefühls. Dem Verstand kommt nur eine begrenzte Rolle in Fragen des ethischen Tuns zu, denn aus dem Verstand allein kann niemals das Motiv eines Willensaktes resultieren. Die Funktion des Verstandes liegt darin, Fakten zu ordnen, uns über empirische Zusammenhänge zu belehren, Gegenstandsbeschreibungen zu liefern und jene Tatsachen zu ermitteln, die für unsere moralischen Empfindungen maßgeblich werden und mitbedingen, ob diese von positiver oder negativer Art sind.

Hume unterscheidet zwischen künstlichen und natürlichen Tugenden. Die künstlichen Tugenden, zu denen etwa der Rechtssinn zählt, basieren auf dem aufgeklärten Eigeninteresse der Subjekte. Die mit der Entstehung der künstlichen Tugenden geschaffenen moralischen Institutionen werden von den Individuen aufgrund der Überlegung akzeptiert, dass die Unterwerfung unter ein Normensystem wie das Recht ihnen langfristig Vorteile verschafft.

Die natürlichen Tugenden bringen demgegenüber die empfindungsbezogene Ebene der Moral zum Ausdruck. Die natürlichen Tugenden betonen stark altruistische Haltungen; sie sind individuelle Eigenschaften, die dem allgemeinen Wohlergehen förderlich sind, die aber nicht wie die künstlichen Tugenden auf eine Übereinkunft im gegenseitigen Interesse rückführbar sind. Neben einer „natürlichen" Abneigung gegen das Übel und einer Tendenz zum Guten zählt Hume positiv besetzte Haltungen wie Güte, Wohlwollen, Menschlichkeit, Treue, Besorgtheit um andere, Sanftmut, Wohltätigkeit, Barmherzigkeit, Großmut, Milde und Redlichkeit zu den natürlichen Tugenden.[14]

In der zeitgenössischen Rezeption von Humes Ethik lassen sich zwei Lesarten unterscheiden.[15] Die eine Interpretation orientiert sich an Humes Konzeption der künstlichen Tugenden und versteht Humes Theorie als Version eines aufgeklärten Egoismus. Die andere Auslegung stellt Humes Ausführungen über natürliche Tugenden in den Mittelpunkt und begreift seine Moralkonzeption als Variante einer empfindungsbezogenen Tugendmoral. Demnach ist für Moral eine Kultivierung und Verfeinerung unserer empathischen Fähigkeiten notwendig. Ohne Schulung der Empfindungen sind angemessene moralische Urteilsreaktionen nicht zu gewinnen. In Humes Theorie kommt demnach das Selbst als reales soziales Wesen mit besonderen Beziehungen zu anderen ins Blickfeld – ein

14 Siehe David Hume, *Ein Traktat über die menschliche Natur*, Band II, herausgegeben von Reinhard Brandt, Hamburg: Meiner 1978, 332–358.

15 Vgl. dazu Herlinde Pauer-Studer, *David Hume – Über Moral*. Ein Kommentar, Frankfurt am Main: Suhrkamp 2007 (= suhrkamp studienbibliothek Band 6).

durch gemäßigtes Selbstinteresse wie auch die Sorge für andere charakterisiertes Wesen, das mit Sympathie die Situation anderer nachzuempfinden und deren Gefühle zu teilen vermag. Maßgeblich für die Nähe von Humes Theorie zu einer feministischen Ethikkonzeption ist somit deren Betonung der moralischen Gefühle und einer empfindungsbezogenen Problemwahrnehmung, die ein wirkliches Eingehen auf die besondere Situation der anderen zulässt.

Wie Hume ausführt, beurteilen wir bestimmte Charaktereigenschaften und davon motivierte Verhaltensformen als moralisch untadelig oder als mangelhaft oder gar verabscheuenswürdig aufgrund von Gefühlen der Lust oder Unlust, welche die Betrachtung dieser Charaktereigenschaften hervorruft. Diese Einschätzungen können aber nicht dem individuellen Belieben überlassen bleiben. Ein solcher Subjektivismus und Relativismus charakterisiert auch nach Hume nicht unsere moralischen Beurteilungen, da wir in unserem Urteilen sehr wohl nach Konsistenz und Konstanz streben und uns insofern „bestimmte feste und *allgemeine* Standpunkte der Betrachtung (schaffen)".[16] Unsere Urteile der Zustimmung und Ablehnung müssen sich einem „unparteiischen Verhalten" angleichen. Wenngleich Hume die Figur des unparteilichen Betrachters nicht explizit ins Spiel bringt, so setzt seine Konzeption der Objektivierung moralischer Urteile dieses Modell indirekt voraus.

Humes Ethik betont die normative Kraft moralischer Empfindungen, insbesondere der Sympathie. Doch Hume schenkt, wie etwa Christine M. Korsgaard kritisiert, dem Problem der Normativität nicht genügend Aufmerksamkeit. Hume sichere den normativen Stellenwert moralischer Gefühle durch die Bindung an eine externe Beurteilungsinstanz, nämlich die generellen Regeln eines allgemeinen Standpunktes. Normativität könne aber nicht über die Berufung auf einen externen Standard generiert werden, da die Lücke zwischen extern definierter moralischer Richtigkeit und interner Verbindlichkeit nicht zu schließen sei.[17] Dieser Einwand geht aber an Humes Intentionen vorbei: Der Appell an den unparteilichen Standpunkt verkörpert nichts anderes als eine Veranschaulichung jener Kriterien, die wir an unser Urteilen anlegen sollten. Dann aber wird das Ideal des unparteilichen Betrachters zu einem internen Standard, und das Problem der Richtigkeit moralischer Urteile und damit der Normativität wird wiederum über die innere Reflexion von Individuen gelöst. Moralische Verbindlichkeit verdankt sich in Humes Theorie durchaus der mit guten Gründen gestützten moralischen Ein-

16 Hume, *Ein Traktat über die menschliche Natur,* Band II, 335.

17 Vgl. dazu Korsgaard, *The Sources of Normativity,* 83–89.

sicht. Normativität ist das Ergebnis unserer Einsicht in die Gültigkeit grundlegender moralischer Prinzipien und beinhaltet das Akzeptieren bestimmter Handlungsgrundsätze, Dispositionen und Empfindungen. So gesehen ist der Unterschied zwischen Humes Position und der Theorie Kants weniger dramatisch als oft angenommen. Kant allerdings räumt den moralischen Empfindungen, die in Humes Theorie der Moral so maßgeblich sind, nicht den gleichen Stellenwert ein. Doch eine Synthese von Humes Empfindungsmoral und Kants Einsichten über Normativität mag vielleicht den Weg zu einer kohärenteren Moraltheorie weisen, die auch dem genderbezogenen Dualismus von Vernunft und Gefühl entgeht.

6.5 Feministische Ethik als Reflexion des Sozialen

Die feministische Ethikdebatte bezieht sich nicht nur auf den engeren Bereich der Individualmoral, sondern auch auf Problemstellungen der öffentlichen Moral, der Sozialphilosophie und der politischen Theorie.[18] Dabei geht es vorrangig um eine Analyse jener sozialen und politischen Problemlagen, die das Leben von Frauen in besonderem Maße berühren. Besondere Bedeutung kommt hier der Frage nach der Autonomie und Freiheit von Frauen zu. Wann sind Frauen autonom? Wann ist ihre Handlungsfähigkeit gegeben? Über welche autonomiesichernden sozialen und politischen Rechte verfügen Frauen? Reduzieren sich diese Rechte infolge geschlechtsspezifischer Ungleichheiten für Frauen auf bloß formale Zugeständnisse oder eröffnen sie reale Handlungsmöglichkeiten? Die Frage nach der Autonomie von Frauen ist für die Ebene des politischen Handelns und der Teilnahme an demokratischen Deliberationsprozessen relevant. Sie stellt sich aber auch in Kontexten der angewandten Ethik, insbesondere jenen der Medizinethik.

Die sozialphilosophische Frage nach der Definition des autonomen Subjekts geht meist mit einer Kritik feministischer Philosophinnen und Philosophen am Personenkonzept des Liberalismus einher. Der liberalen Theorie, so der Einwand, unterliege eine abstrakte Subjektvorstellung, die Personen als bindungslose Wesen konzipiere, die auf sich zurückgeworfen ihre Entscheidungen treffen. Dieser Subjektbegriff scheint vielen

18 Unter „öffentlicher Moral" sind allgemeinste Grundsätze der Gerechtigkeit zu verstehen, die eine normative Richtlinie für die Gestaltung der grundlegenden gesellschaftlichen Institutionen bilden.

feministischen Theoretikerinnen und Theoretikern nicht angemessen, da gerade für die Lebenskontexte vieler Frauen gilt, dass sie ihre Entscheidungen mit Rücksicht auf andere, nicht zuletzt abhängige andere, zu treffen haben. Doch der Liberalismus gesteht Individuen ungeachtet ihrer sozialen Situierungen zu, autonom zu bestimmen, was ihnen angemessen und für ihr Leben verfolgenswert erscheint.

Autonomes Handeln bedeutet, dass eine Person ungehindert ihre wohl überlegten Entscheidungen trifft. Doch autonomes Entscheiden degeneriert nur dann nicht zur Willkürfreiheit, wenn es reflektiert erfolgt und wenn das Für und Wider einer bestimmten Entscheidung die potenziellen Konsequenzen für die davon betroffenen Personen berücksichtigt. Insofern ist jede sinnvolle Konzeption der Autonomie relational.[19] Dies besagt, dass der Autonomiebegriff des Liberalismus mit dem Konzept relationaler Autonomie, für das sich viele feministische Philosophinnen und Philosophen aussprechen, vereinbar ist.[20]

Die feministischen Vorbehalte gegenüber einer abstrakten Subjektkonzeption erstrecken sich auch auf das Social-choice-Paradigma, das Handlungsentscheidungen als Ausdruck unmittelbarer Präferenzen begreift. Aus feministischer Perspektive ist diese Sicht rationaler Entscheidung problematisch, denn die unmittelbaren Präferenzen von Individuen können deformiert sein. Dies gilt in besonderem Maße für die Äußerungen von Frauen über ihre Wünsche. Gerade in Entwicklungsländern haben Frauen infolge allgegenwärtiger repressiver Traditionen ihren benachteiligten Status so sehr internalisiert, dass ihre unmittelbaren Präferenzen kein Gradmesser für ihre wirklichen Bedürfnisse sind.[21] Entscheidungen, die nur auf unmittelbaren Wünschen basieren, stellen somit nicht Autonomie her. Notwendig ist vielmehr der Übergang zu einem Begriff der reflektierten Präferenzen, in den auch Informationen über Kontextbedingungen einfließen. Aus der Notwendigkeit eines differenzierten Präferenzbegriffs ergibt sich gleichfalls ein Argument für eine substantielle Konzeption von Autonomie.

Eine Reihe feministischer Theoretikerinnen und Theoretiker begegnet jedoch den Begriffen „Autonomie“ und „Gleichheit“ mit Skepsis. Das Bemühen um Gleichheit verstärke, so die Kritik, indirekt die Anpassung

19 Zum Begriff der relationalen Autonomie vgl. Catriona Mackenzie und Natalie Stoljar (Hg.), *Relational Autonomy.* Feminist Perspectives on Autonomy, Agency, and the Social Self, Oxford und New York: Oxford University Press 2000.

20 Vgl. dazu auch Herlinde Pauer-Studer, *Autonom leben.* Reflexionen über Freiheit und Gleichheit, Frankfurt am Main: Suhrkamp 2000, Kap. 5.

21 Vgl. dazu Martha C. Nussbaum, *Sex and Social Justice,* New York und Oxford: Oxford University Press 1999, Teil I.

von Frauen an männliche Standards. Männliche Lebensentwürfe und Karrieremuster bilden die Norm, der Frauen zu entsprechen haben, um als gleich zu gelten. Gleichheit präsentiert sich so gesehen als ein höchst ambivalentes Ideal, dessen Realisierung für Frauen ein Abstrahieren von jenen Differenzen bedeutet, die ihre Lebenssituation häufig definieren. Auch ein individualistisches Freiheitskonzept, wie es sich im Liberalismus findet, gilt feministischen Theoretikerinnen und Theoretikern als problematisch. Größtmögliche Freiheit in der Verfolgung der eigenen Konzeption des guten Lebens reflektiert demnach ein männliches Ideal von Selbstbestimmung und Autonomie, das für Frauen, die meist in enge Netzwerke zwischenmenschlicher Verantwortlichkeit – etwa für Kinder und ältere Familienangehörige – eingebunden sind, nicht gleichermaßen verbindlich sein kann.

Diese Kritik stellt jedoch nicht die Sinnhaftigkeit der Standards von Gleichheit und Freiheit in Frage, sondern zeigt nur die Notwendigkeit, diese Konzepte frei von allen geschlechtsspezifischen Einseitigkeiten zu formulieren. Gleichheit im Sinne des Gleichseins und der Anpassung kann durchbrochen werden, wenn Gleichheit zum einen in das übergeordnete Ideal universeller Achtung und Anerkennung übersetzt wird und zum anderen Gleichheit auf der distributiven Ebene als Vorbedingung von Freiheit gilt. Das Ideal der Freiheit als Selbstbestimmung in der Wahl der individuellen Vorstellung des guten Lebens gewinnt an Glaubwürdigkeit, wenn versucht wird, jene Hindernisse zu thematisieren und – zumindest auf theoretischer Ebene – zu überwinden, die der Autonomie von Frauen entgegenstehen. Das Prinzip der Autonomie, welches sich in der Idee konkretisiert, dass Individuen sich frei für jene Bindungen entscheiden sollten, aus denen besondere Verantwortlichkeiten erwachsen, sollte auch für den Feminismus normativ grundlegend sein.

Das klassische liberale Autonomieideal war auf männliche Subjekte zugeschnitten. Männer hatten mehr Möglichkeiten, ihre Lebensform zu bestimmen, sich im privaten und öffentlichen Raum ungehindert zu bewegen, und sie konnten sich frei entscheiden, von den ihnen offenstehenden Partizipationsmöglichkeiten im politischen Bereich Gebrauch zu machen. Für Frauen war und ist es wesentlich schwieriger, Autonomie zu leben. Diese Asymmetrie ist eine Konsequenz der mit der klassischen Öffentlich-privat-Trennung assoziierten Sicht des Geschlechterverhältnisses, die der liberalen Theorie bis in die jüngste Vergangenheit unterliegt. Vor dem Hintergrund eines traditionellen Verständnisses von Geschlechterrollen, das Frauen auf die private Sphäre und die damit verknüpften Verhaltensformen reduziert, gewinnt das erwähnte Autonomieideal männliche Konnotationen. Werden aber die klassische Trennung von „öffentlich" und „privat" und die damit korrespondierende Geschlechterordnung aufgegeben, so ist das Prinzip der Autonomie von dem traditionellen geschlechtsspezifischen Bedeutungsspektrum gelöst und kann für beide Geschlechter gleichermaßen als verbindlich gelten. Wenn sich die Bedeutungsgehalte von „privat" und „öffentlich" im Sinne einer naturgegebenen Assoziation des „Weiblichen" mit dem „Privaten" relativieren, dann ist es auch möglich, dass Frauen ihre Konzeption des guten Lebens frei bestimmen und sich in ihrem Selbstverständnis unabhängig von traditionellen Geschlechternormen definieren.[22]

Die Autonomie der Individuen ist ein unhintergehbarer Standard der feministischen Theorie. So betrachten vom Poststrukturalismus beeinflusste Denkerinnen und Denker die Auflösung von Geschlechtsidentitäten in einem permanenten Hinterfragen und Überschreiten vorgegebener Identitätsmuster als wesentlich zum Durchbrechen der mit Geschlechterkonfigurationen verknüpften Momente von Macht und Herrschaft. Hinter dieser Forderung einer radikalen Relativierung von festen Geschlechtsidentitäten verbirgt sich ein Ideal der Autonomie: die Wahl der eigenen Identität durch Unterwandern vorgegebener Normkonstellationen. Geschlechtsidentitäten werden fließend und Geschlechterstereotype verblassen, wenn Individuen sich frei definieren können und ihre eigenen Positionierungen sozial und auch sexuell grenzüberschreitend neu festzulegen vermögen. Unter dem Einfluss lesbischer Theoriebildung haben feministische Philosophinnen und Philosophen in den letzten Jahren besonders den maßgeblichen Stellenwert der Autonomie in der Bestimmung der individuellen Geschlechtsidentität betont. Hinter den Diskursen um *queer* und *drag* verbirgt sich letztlich ein radikales Plädoyer für Freiheit.[23]

Das Zugeständnis von negativ definierten Freiheitsrechten (Freiheit im Sinne der Nichteinmischung) genügt nicht für Autonomie im Sinne der realen Möglichkeiten von Individuen, ihr Leben selbstbestimmt führen zu können. Denn die in einer Gesellschaft oft versteckt wirkenden Machtmechanismen, normativen Symbolisierungen und Vorurteile können bestimmten gesellschaftlichen Gruppen verunmöglichen, von ihren Rechten Gebrauch zu machen. So hindert etwa die traditionelle Assoziation von Frauen mit dem Aufgabenbereich der häuslichen Privatsphäre diese daran, sich gleichermaßen wie Männer in die öffentliche Sphäre

22 Zur „doppelten Ebene" des Privaten siehe Beate Rössler, *Der Wert des Privaten,* Frankfurt am Main: Suhrkamp 2001, Kap. 2.

23 Judith Butler, *Körper von Gewicht.* Die diskursiven Grenzen des Geschlechts, Berlin: Berlin Verlag 1995, Kap. 4.

einzubringen, was letztlich die Rechte von Frauen auf politische Partizipation schmälert. Die Sicherung der Autonomie verlangt ein geschärftes Bewusstsein für jene Formen informeller Machtausübung, die über normativ besetzte Bilder von „Weiblichkeit" und „Männlichkeit" verlaufen.

6.6 Gleichheit und Differenz

Die Debatte um *Gleichheit versus Differenz* reflektiert eine grundsätzliche Spannung innerhalb der feministischen Theoriediskussion.[24] Ausgangspunkt des Dilemmas von Gleichheit und Differenz ist, dass aus feministischer Sicht zwei Ansprüche angemessen scheinen, die auf den ersten Blick schwerlich miteinander vereinbar sind: der Anspruch von Frauen, gleich wie Männer zu sein, und der Anspruch, anders und verschieden von Männern zu sein.

Die Forderung der Gleichheit von Frauen und Männern wurde in der Geschichte der Philosophie immer wieder mit dem Hinweis begründet, dass Frauen über die gleichen Fähigkeiten wie Männer verfügen und dass sie prinzipiell all das tun können, was auch Männer tun können. Diese Rechtfertigung von Gleichheit basiert auf einer Menge gemeinsamer Merkmale, die Frauen und Männer teilen. Die Überschneidung von Eigenschaften, die in gewisser Weise eine „gemeinsame Menschlichkeit" konstituieren, bedingt Gleichheit im Sinne von Gleichsein. X und Y sind gleich, wenn sie in Bezug auf einen Standard Z (zum Beispiel eine Reihe von Merkmalen) identisch sind. Eine sich auf einen geteilten Merkmalskomplex beziehende Gleichheitsvorstellung ist also mit der Idee des Gleichseins verknüpft.

Eine genauere Betrachtung zeigt aber, dass sich das Moment des Gleichseins nur auf jene Eigenschaften oder Merkmale bezieht, die moralisches Gewicht haben oder den moralisch relevanten Parameter darstellen. Gleichsein in Bezug auf moralisch bedeutsame Eigenschaften wie etwa Menschsein oder damit assoziierte Fähigkeiten lässt genügend Raum für Differenzen. Doch häufig verabsäumen es Analysen von Gleichheitsfragen, die moralisch maßgeblichen Merkmalskomplexe genau einzugrenzen und die mit der Gleichheit verbundene Idee des Gleichseins verselbständigt sich über die relevante Gemeinsamkeit hinaus zu einer diffusen Idee allgemeinen Gleichseins.

24 Vgl. dazu auch Elisabeth Holzleithner, *Gerechtigkeit*, Wien: facultas wuv 2009 (= utb profile).

Die feministischen Theoriediskussionen tendieren gleichfalls dazu, die mit dem Begriff der Gleichheit verknüpfte Vorstellung des Gleichseins auf normativ irrelevante Übereinstimmungen zu erweitern. Eben diese Lesart von Gleichheit als unreflektiertes Gleichsein bedingt, dass nicht wenige feministische Philosophinnen und Philosophen der Gleichheitsidee höchst ambivalent gegenüberstehen. Denn in manchen Hinsichten sind Frauen verschieden von Männern, und der Anspruch auf Gleichheit soll durch solche Unterschiede nicht relativiert werden. Wesentlich für Frauen und ihre Autonomie und Lebensqualität ist eine „kostenlose Differenz".[25] Reale Unterschiede in der Situation von Frauen und Männern dürfen sich nicht auf eine Benachteiligung belaufen. Eine der gängigsten Besonderheiten in der gesellschaftlichen Situierung von Frauen ist, dass zumeist Frauen für die Betreuung kleiner Kinder zuständig sind. Dies bedingt häufig eine gewisse Unterbrechung in der Berufslaufbahn von Frauen. Entsprechend werden Frauen durch Karrierenormen benachteiligt, die sich an den üblichen Berufswegen und Lebensläufen von Männern orientieren. Um Gleichheit zwischen den Geschlechtern zu gewährleisten, müssen diese Unterschiede berücksichtigt werden.

Die Alternative „Gleichheit" oder „Differenz" ist nicht zielführend in dem Bemühen um Geschlechtergerechtigkeit. „Gleich" im Sinne von „gleich wie Männer" bedeutet, Frauen einem Standard zu unterwerfen, der moralisch relevante Merkmale ihrer Lebenssituation ignoriert. Frauen generell als different wahrzunehmen übergeht, dass Frauen oft analoge berufliche Ambitionen wie Männer entwickeln und Berufsrollen ebenso gut wie Männer zu erfüllen vermögen. Abgesehen davon, dass das Differenzmodell leicht herrschende Geschlechterstereotype verstärkt, kann es nicht verallgemeinert werden. Denn nicht für alle Frauen gilt, dass ihre beruflichen Bestrebungen anders als die von Männern wahrgenommen und behandelt werden sollten.[26] Differenz muss auf den Begriff der Gleichheit bezogen bleiben, wenn eine gerechte Behandlung der Geschlechter das Ziel bildet. Die Dialektik von Gleichheit und Differenz ist also dahingehend zu gestalten, dass Gleichheit und Differenz möglich sind und Frauen gleich und verschieden sein können, ohne dass dies Benachteiligung nach sich zieht. Die Vereinbarkeit von Gleichheit und Dif-

25 Christine A. Littleton, Reconstructing Sexual Equality, in: Diana Tietjens Meyers (Hg.), *Feminist Social Thought.* A Reader, New York und London: Routledge 1997, 714–734, hier: 717.

26 Der Hinweis auf die Differenz von Frauen dient oft zur Rechtfertigung von Sonderbegünstigungen für Frauen. Aber diese Ausnahmeregelungen können implizit wiederum die Diskriminierung von Frauen zur Folge haben, da sie oft von einem traditionellen Geschlechterrollenverständnis ausgehen.

ferenz ist möglich, wenn man den Begriff der distributiven Gleichheit so definiert, dass Abweichungen von einer strikten Gleichverteilung mit Gründen gerechtfertigt werden müssen, die niemand vernünftigerweise zurückweisen kann. Moralisch relevante Differenzen, also moralisch wirklich gewichtige Unterschiede, die nicht gerechtfertigte Ungleichheiten bedingen, liefern gute Gründe für Güterzuteilungen, die auf einen Ausgleich abzielen.

Der Gegensatz von Gleichheit und Differenz ist für sich genommen nicht aufzulösen, wenn „Gleichheit" ein umfassendes Gleichsein beinhaltet. So ist aber „Gleichheit" nicht zu verstehen. „Gleichheit" bedeutet, dass man in Bezug auf einen bestimmten Standard gleich ist, und dieser Standard kann Elemente wie Fähigkeiten, Interessen, Chancen und Rechte umfassen. In dieses Konzept der Gleichheit ist Differenz integrierbar, denn das Gleichsein beschränkt sich ja auf eine kleine Gruppe relevanter Parameter. Ein komplexer Begriff distributiver Gleichheit versöhnt Gleichsein und Differenz. Dies wird auch deutlich, wenn man sich den Zusammenhang zwischen distributiver Gleichheit und Freiheit in einem freiheitsfunktionalen Liberalismus verdeutlicht: Distributive Gleichheit ist ein Mittel der Freiheitssicherung. Der Bezug auf Freiheit im Sinne der grundlegenden Autonomie, seine Form des Lebens selbst zu bestimmen, stellt die Vereinbarkeit von Gleichheit und Differenz her.

Wenn die maßgebliche Frage lautet, ob Personen gleichermaßen autonom sind, ihre Lebenspläne zu verfolgen, so wird zum einen distributive Gleichheit als Vorbedingung der Verwirklichung von Autonomie berücksichtigt und gleichzeitig ist über die Formel „autonom leben" der größtmögliche Raum für Differenz gegeben. Entscheidend für die feministische Debatte um Gleichheit wird, moralisch relevante und unerhebliche Unterschiede zu trennen und jene Differenzen zu benennen, die eine ungleiche Behandlung und eine ungleiche Güterzuteilung rechtfertigen. Dies kann nur über schwierige Argumentationsverfahren gelingen, deren Erfolg darauf angewiesen bleibt, dass bestimmte Kontingenzen menschlicher Situierung als moralisch nicht gerechtfertigt einsichtig gemacht werden können. Es gilt zu beurteilen, welche Differenzen Ausdruck von Freiheit sind und welche Differenzen und daraus resultierenden Formen von Ungleichbehandlung einer Verwirklichung von Autonomie entgegenstehen.

Über den Bezug auf Freiheit ist ein differenzsensitiver Begriff der Gleichheit, der sich nicht auf ein pauschales Gleichsein reduziert, zu gewinnen. Freiheit, insbesondere der Standard gleicher Freiheit erlaubt, Differenz und Gleichheit (im Sinne des Gleichseins) zu verbinden. Die Idee der Verwirklichung von Freiheit gestattet, die besonderen Lebensumstände von Personen zu berücksichtigen und Individuen jenseits gesellschaftlich vorgegebener Rollenerwartungen und traditioneller Formen der Arbeitsteilung die Wahl ihres Lebensplans zu überlassen. Bildet Freiheit den relevanten Wert, dann lautet die zentrale normative Frage nicht, ob Frauen gleich wie Männer oder different sind, sondern ob Frauen die gleiche Freiheit wie Männer genießen, ihr Leben frei zu wählen. Die Alternative *Gleichheit oder Differenz* verhindert reale Freiheit. Gleichheit im Sinne von Gleichsein mit Männern zwingt Frauen in ein Schema von Verhaltenserwartungen, welches dem Prinzip der Freiheit als der autonomen Entscheidung für einen Lebensplan entgegensteht. Freiheit ist dann gegeben, wenn Frauen zwischen einem Leben wählen können, dessen biografische Struktur den Lebensformen von Männern in vergleichbaren sozialen Kontexten ähnelt, oder einem Leben, das von „männlichen Normalbiografien" abweicht.

Einige wenige Differenzen zwischen den Geschlechtern sind vorgegeben: etwa der biologische Geschlechtsunterschied und die Tatsache, dass Frauen im Gegensatz zu Männern schwanger werden können. Doch aus diesem simplen Faktum folgt sicher nicht jene normativ konstruierte soziale Arbeitsteilung zwischen den Geschlechtern, deren sklavische Einschränkungen das Lebensglück unzähliger Frauen zerstört haben. Nicht alle Frauen werden schwanger, viele Frauen leben nicht mit Männern, sondern in Beziehungen mit anderen Frauen und manche Frauen entscheiden sich bewusst für Lebensformen, die als „männlich" gelten. Für diese Frauen bedeutet es eine Diskriminierung, wenn sie als different wahrgenommen werden und wenn die für klassische Frauenbiografien typischen Unterschiedlichkeiten auf sie projiziert werden. Viele Frauen wollen ein Leben führen, das sich bezogen auf Berufslaufbahnen nicht von den Berufsbiografien von Männern unterscheidet. Die Lebensform jener Frauen, die nach wie vor primär für die Betreuung von Kleinkindern zuständig sind, unterscheidet sich hingegen deutlich von den für Männer typischen Berufsbiografien. Für diese Frauen bedeutet es Benachteiligung, genau gleich wie Männer behandelt zu werden. Der Begriff gleicher Freiheit vermag konstruktiv zur Gewichtung dieser moralisch relevanten Unterschiede beizutragen.

Eine Umsetzung des normativen Postulats gleicher Freiheit kann traditionelle Geschlechterkonstruktionen auflösen. Geschlechterstereotype sind dann überwunden, wenn es Individuen möglich ist, ihre Identitäten und Lebensorientierungen frei von traditionellen geschlechtsspezifischen Zuschreibungen zu wählen. Der Gegensatz *Gleichheit versus Differenz* bleibt einem klassischen Verständnis der Geschlechterdifferenz verhaftet. Frauen sind entweder so wie Männer – oder anders. Doch in einer

Gesellschaft, in welcher der Faktor *Geschlecht* seine diskriminierende Wirkung verlieren soll, wird diese Kategorisierung zunehmend problematisch. In einer Gesellschaft jenseits von Geschlechterhierarchien und geschlechtsspezifischen Benachteiligungen dürfen sich aus den gewählten Lebensformen nicht Belastungen ergeben, die unfair sind und eines Ausgleichs bedürfen. Dies ist etwa dann der Fall, wenn es Frauen aufgrund besonderer Umstände wie der primären Zuständigkeit für die Betreuung von Kleinkindern nicht möglich ist, jene Standards zu erfüllen, die auf kinderlose und von Betreuungsverpflichtungen weitgehend freie Männer zugeschnitten sind. Die Idee gleicher Freiheit ermöglicht einen Ausweg aus einem Denken, das unbeabsichtigt zu einer Verfestigung von Geschlechterstereotypen führt, wie es bei der Gegenüberstellung von Gleichheit und Differenz geschieht. Bildet die Freiheit von Individuen, sich für eine Lebenskonzeption zu entscheiden und diese zu realisieren, den verbindlichen normativen Parameter, so werden jene Benachteiligungen transparent, die sich aus der Geschlechtszugehörigkeit ergeben.

7. Die Ambivalenzen des Normativen: Friedrich Nietzsches Immoralismus

In den Kapiteln zwei bis sechs dieses Buches wurden die philosophisch bedeutsamsten Theorien der Moral auf ihren Gehalt und ihre Plausibilität hin befragt. Diese Diskussion der Reichweite der unterschiedlichen normativ-ethischen Prinzipien und ihrer möglichen Konsequenzen hat sich gewissermaßen *innerhalb der Moralperspektive* bewegt. Die Sinnhaftigkeit der Moral als System begründbarer Prinzipien oder Tugenden, nach denen die Menschen zu handeln oder einander zu begegnen haben, stand bislang nicht zur Diskussion. Der Standpunkt der Moral als solcher wurde nicht in Frage gestellt oder relativiert. Es gilt demnach als gut für Personen und Gesellschaften, wenn sich Individuen an den Standards der Moral orientieren und diese Normen auch die Gestaltung gesellschaftlicher Institutionen bestimmen.

Aus der Binnenperspektive der Moraldebatte geht es um die Frage, für welche Moralkonzeption und welche Prinzipien der Moral die besseren Gründe sprechen. Sollen für unser Handeln das Prinzip des größten Glücks der größten Zahl oder die Verpflichtung auf universalisierbare Grundsätze oder die Orientierung an Tugenden der Gerechtigkeit oder Wohltätigkeit maßgeblich sein? Diesen Wettstreit der verschiedenen theoretischen Ansätze entscheidet nach den Spielregeln rationalen Denkens die Kraft des besseren Arguments. Die Kontroversen innerhalb der Moralphilosophie gelten aus dem analytischen Blickwinkel als eine interne Angelegenheit des vernünftigen moralischen Argumentierens.

Doch vor philosophischer Skepsis sind wenige vordergründige Wahrheiten sicher. Entsprechend richtet sich eine radikale Form des Fragens gegen die Selbstgewissheiten der Philosophie der Moral überhaupt und konfrontiert uns mit folgenden Überlegungen: Ist die Moral etwas Gutes? Bringt die Moral nicht auch Schlechtes mit sich, mehr noch: Ist die Moral etwas Schlechtes? Sind anspruchsvolle moralische Forderungen nicht der Nährboden für Heuchelei und Verlogenheit?

Dies sind irritierende Gedanken, da sie selbstverständliche Annahmen über die Funktion und Bedeutung der Moral auf den Kopf stellen. Sie ernst zu nehmen besagt, sich mit einer Reihe weiterer unbequemer Erwägungen auseinanderzusetzen. So gilt es zu klären, was genau auf dem Spiel steht, wenn nicht nur eine einzelne normative Theorie, sondern die Institution der Moral überhaupt in Frage gestellt wird. Was genau bedeutet es, sollte sich der Gehalt gängiger moralischer Prinzipien und Urteile nach kritischer Prüfung als bloße Rationalisierung erweisen? Was hat es für Konsequenzen, wenn sich die Gesamtheit moralischer Standards als ohnmächtig und hilflos gegenüber der Instrumentalisierung durch Interessenstrategien erweist? Was folgt, wenn die Berufung auf moralische Prinzipien ein bewusst eingeplantes Element eines wohl kalkulierten Spiels um Macht und Beherrschung anderer ist?

Kein anderer Philosoph hat diese beunruhigenden Gedanken so beharrlich, so selbstquälerisch und letztlich so verzweifelt verfolgt wie Friedrich Nietzsche. Nietzsche hat die Moral radikal in Frage gestellt. Doch zu überlegen bleibt, ob er mit seiner Kritik den Rahmen der Moral überschritten oder nur nach Neuordnungen einer für Missbrauch anfälligen Institution gesucht hat.

Im Folgenden werde ich genauer auf Nietzsches Moralkritik und die Reichweite wie auch die Grenzen von Nietzsches Immoralismus eingehen. Nietzsches Kritik der Moral ist von seinen Thesen zu Wahrheit und Perspektivismus bestimmt. Deshalb folgt auf die Darlegung seiner Sicht der Moral ein kurzer Abschnitt zu Nietzsches Perspektivismus.[1]

Bei der Analyse von Nietzsches Kritik der Moral gilt es, sich an folgenden Fragen zu orientieren: Hat Nietzsche die Moral an und für sich negiert oder wendet er sich nur gegen eine pervertierte Form moralischen Denkens, das heuchlerische Moralisieren? Hat er moralische Empfindungen wie Wohlwollen und Mitgefühl schlechthin verdammt oder waren ihm nur deren besondere Anfälligkeit für Rationalisierungen ein Dorn im Auge? Betrachtet Nietzsche das Projekt der Moral als hoffnungsloses Unterfangen? Untergräbt nicht die allgegenwärtige Instrumentalisierung jeden noch so redlich gemeinten Versuch der Berufung auf Moral? Bedingt Nietzsches Perspektivismus der Wahrheit nicht den völligen Relativismus moralischen Denkens und Urteilens? Oder ist Nietzsches Immoralismus nur Ausdruck eines tiefen moralischen Engagements fern der Gleichgültigkeit eines zynischen Amoralismus?

1 Siehe Abschnitt 7.4 dieses Kapitels.

7.1 Nietzsche und die akademische Philosophie der Moral

Nietzsches Angriffe auf die Moral haben in den letzten beiden Jahrzehnten mehr und mehr Beachtung in der Moralphilosophie gefunden. Dieses Interesse für Nietzsches Ideen hängt auch mit der innerhalb der gegenwärtigen Ethikdebatten existierenden Skepsis gegenüber gewissen rationalistischen Voraussetzungen analytischer Konzeptionen der Ethik zusammen. Doch darüber hinaus sollten Nietzsches Reflexionen über die Moral all jene interessieren, für die es als selbstverständlich gilt, dass rationales Analysieren und Argumentieren den Königsweg zu moralischen Wahrnehmungen und Einsichten bildet.

So mahnt Philippa Foot in einem viel beachteten Artikel, dass selbst die analytische Philosophie nicht Nietzsches „Angriff auf die Moral" übergehen und so tun könne, „als hätte dieses außerordentliche Ereignis der Geistesgeschichte nie stattgefunden".[2] Einer philosophischen Richtung, die mehr oder weniger davon überzeugt zu sein scheint, dass moralische Urteile nicht über naive Glaubensintuitionen und unmittelbare Evidenzen begründbar sind, sondern der genauen Rechtfertigung der einzelnen Prämissen und konstruktiven Schritte bedürfen, kann es nicht gleichgültig sein, ob überhaupt ein begründungstheoretischer Zusammenhang in Form einer Übereinstimmung von Prinzipien, Urteilen und faktischen Gegebenheiten herstellbar ist. Wenn jede Konstruktion von Prinzipien, Tugenden oder Werten bereits indirekt durch Interessenkalküle und Machtstrategien besetzt und bestimmt ist, wird das Projekt einer systematischen Theorie der Moral ein schwieriges Unterfangen. Wenn sich das Wesen der Moral nur in wechselnden rhetorischen Figuren fassen lässt und die Sprache der Moral eine der beweglichen Metaphern ist, dann erweist sich das argumentative Streben nach gut begründeten und allgemein gültigen moralischen Normen schlicht als müßig.

Der Zugang zu Nietzsches Werk ist nicht leicht. Nietzsches Arbeiten sind für jene, die nach klaren Thesen, logischen Argumentationsabfolgen und folgerichtigen Begründungen suchen, schwer zu entschlüsseln. Nietzsches Schriften kennzeichnet eine Sprache der Metaphern, der Symbole, der pointierten Bilder und der überzogenen Vergleiche. Statt systematischer Analysen begegnen uns Aphorismen und die Kapriolen eines von kühnen Einfällen und wütender Anklage getriebenen Denkens.

2 Philippa Foot, Nietzsches Immoralismus, in: dies., *Die Wirklichkeit des Guten.* Moralphilosophische Aufsätze, Frankfurt am Main: Fischer Taschenbuch Verlag, 128–143, hier: 128.

Nietzsche untergräbt die kühle analytische Distanz. Es ist schwierig, Nietzsches komplexe Ausführungen in schlichte und eindeutige Thesen zu fassen. Er zwingt uns zur geduldigen Rekonstruktion der Gedankenfolgen, die seine scharfzüngigen Polemiken und leidenschaftlichen Angriffe inspirieren. Wenngleich Nietzsche, wie Arthur C. Danto meint, nicht gänzlich unverdient „als intellektueller *hooligan*, als geistiger Mentor der Künstlernaturen (und der) Rebellen" gelte, so sei es doch möglich, ihn als Philosoph „aus derjenigen Perspektive" zu betrachten, „die er bis zu einem gewissen Grad mit der gegenwärtigen analytischen Philosophie teilt".[3]

Abgesehen von den stilistisch-methodischen Differenzen existieren tief gehende philosophische Unterschiede zwischen einem akademischen Zugang zur Ethik und Nietzsches Philosophie. Die systematische Ethik ist weitgehend davon überzeugt, dass moralisches Argumentieren aus einer unparteilichen Perspektive erfolgen muss, also einem unvoreingenommenen Standpunkt der Gewichtung der einzelnen Urteile. Dahinter steht die Annahme, dass wir in moralischen Beurteilungen unseren subjektiven Befindlichkeiten nicht nachgeben dürfen. Moral verlangt demnach die Prüfung und Korrektur unserer unmittelbaren Präferenzen und Wünsche, nicht deren unhinterfragte Umsetzung. Statt eines direkten Egoismus ist ein minimaler Altruismus im Sinne der Existenz anderer und ihrer Gründe geboten.[4]

Eben diese Voraussetzung ist Nietzsches Denken fremd. Nietzsches Thesen über die Moral transzendieren, wie manche Interpretinnen und Interpreten meinen, die simple Dichotomie von Egoismus und altruistischer Moral.[5] Nietzsche unterläuft gewissermaßen den Dualismus von Egoismus und Moral, wenn er das Ziel wahren moralischen Strebens mit der Erstarkung des Ich gleichsetzt. Nietzsche sieht den Zweck der „Neuordnung der Werte" nicht zuletzt mit seinem Perfektionismus des Selbst verknüpft. Das Elend der gesellschaftlich gängigen Moral ist für ihn ja, dass sie die Entfaltung des Ich verhindere und das Ich in die Schranken kleinmütig-verlogener „Anständigkeit" verweise. So schreibt Nietzsche:

3 Arthur C. Danto, *Nietzsche als Philosoph,* München: Wilhelm Fink Verlag 1998, 24.

4 Der Altruismus bezieht sich in einem minimalen Sinne darauf, dass die anderen Menschen und ihre Lebensumstände in unseren Überlegungen zu berücksichtigen sind. Vgl. Thomas Nagel, *Die Möglichkeit des Altruismus,* Bodenheim bei Mainz: Philo Verlagsanstalt 1998.

5 Vgl. Frithjof Bergmann, Nietzsche and Analytic Ethics, in: Richard Schacht (Hg.), *Nietzsche, Genealogy, Morality.* Essays on Nietzsche's Genealogy of Morals, Berkeley und Los Angeles und London: University of California Press 1994, 76, 77, 92, 93.

„Das moralische Urtheilen und Verurtheilen ist die Lieblings-Rache der Geistig-Beschränkten an Denen, die es weniger sind, auch eine Art Schadenersatz dafür, dass sie von der Natur schlecht bedacht wurden.“[6]

Die Befreiung von dieser Maskerade des angeblich Rechten und Guten ermögliche die Emanzipation und größtmögliche Kultivierung des Ich. So gesehen befindet sich Nietzsche im Gegensatz zu einer Denktradition, die über universell gültige Moralgrundsätze den egoistischen Impulsen und exklusiven ichbezogenen Präferenzen Grenzen zu setzen versucht. Denn Nietzsche verspricht sich von einer unerschrockenen Bejahung der eigenen Begehrlichkeiten und der Emanzipation von den „kastrierenden“ Forderungen der konventionellen Sanktionsmoral die Subjektwerdung der Individuen.

Bei der Rezeption Nietzsches durch die akademisch etablierte Moralphilosophie ist auch zu berücksichtigen, dass es Differenzen in der thematischen Akzentuierung der Moralkritik gibt. Die Einwände der zeitgenössischen Analytiker der Moral richten sich gegen spezifische Voraussetzungen der deontologischen und konsequentialistischen Moralansätze. Die Bedenken gehen dahin, dass in diesen Theorien ein klarer Vorrang von Prinzipien – dem kategorischen Imperativ oder einem utilitaristischen Folgenprinzip – gegenüber allen anderen Erwägungen gegeben ist. Dies scheint, wie bereits an anderer Stelle erwähnt, zeitgenössischen Kritikerinnen und Kritikern wie Bernard Williams, Michael Stocker und Susan Wolf überzogen.[7] Moralisches Denken werde damit in eine Argumentationsstruktur gezwängt, die an dem vorbeigehe, was im Alltagsleben der Menschen zähle. Im gewöhnlichen Leben der Menschen spielten, wie sie meinen, nicht philosophische Prinzipien der Moral, sondern Common-Sense-Überlegungen die vorrangige Rolle.[8] Die strikte Orientierung an Prinzipien übergehe jene Güter, die für Menschen einen hohen Stellenwert haben wie Freundschaften, persönliche Beziehungen und affektive Bindungen. Wenn die moralischen Prinzipien die übergeordneten Ge-

6 Friedrich Nietzsche, *Jenseits von Gut und Böse,* in: ders., *Sämtliche Werke,* hg. von Giorgio Colli und Mazzino Montinari, Band 5, München und Berlin: Deutscher Taschenbuch Verlag/de Gruyter 1980 (=Kritische Studienausgabe in 15 Bänden), 154. (Alle im Folgenden zitierten Werke Nietzsches beziehen sich auf diese Werkausgabe.)

7 Bernard Williams, *Ethics and the Limits of Philosophy,* Cambridge MA: Harvard University Press 1985; Michael Stocker, *Die Schizophrenie moderner ethischer Theorien,* in: Klaus Peter Rippe und Peter Schaber, *Tugendethik,* Stuttgart: Reclam 1998, 19–41; Susan Wolf, Moral Saints, in: *Journal of Philosophy* 79, 1982, 419–439.

8 Vgl. dazu die Diskussion in: Brian Leiter, Nietzsche and the Morality Critics, in: *Ethics* 107, 2, 1997, 250–285, hier: 256.

sichtspunkte bilden, dann würden die sich aus diesen Gütern ergebenden „persönlichen Betrachtungen" ihr Gewicht verlieren.[9] Manchmal müsse das gute Leben Vorrang vor dem moralischen Leben haben, denn Letzteres kollidiere mit „Liebe, Freundschaft, Zuneigung, Gemeinschaft".[10]

Nietzsche wendet sich gegen die systematische Theoriebildung in der Philosophie der Moral. Nach eigener Aussage misstraut er „allen Systematikern und geht ihnen aus dem Weg", und er fügt als Begründung hinzu: „Der Wille zum System ist ein Mangel an Rechtschaffenheit."[11] Doch die Gründe für Nietzsches Bedenken sind andere als die in der akademischen Moralkritik maßgeblichen Erwägungen. Nietzsche geht es nicht um die Frage der Vereinbarkeit des Persönlichen und des Moralischen, der Güter und Werte eines guten Lebens mit den Ansprüchen moralischer Prinzipien. Nicht theoretische Detailaspekte irritieren ihn. Seine Zweifel sitzen tiefer. Er misstraut der gesellschaftlichen Moral, weil sie das Streben der Menschen nach Perfektion untergrabe und das Exzellente und das Höhere letztlich zunichte mache. Das Moralische ist für Nietzsche weniger eine Bedrohung des guten Lebens als eine Bedrohung des außergewöhnlichen Lebens, des Lebens der Begabten und Starken. Die Moral hindere alle Menschen an der Entwicklung ihrer Begabungen und Stärken. Nietzsche wendet sich gegen die Moral als Teil einer Kultur, die ihm verwerflich und verachtenswert scheint.

Auch wenn uns Nietzsches Arbeiten mit einer fragmentierten Form des Schreibens und gedanklichen Brüchen statt klaren Argumentationsketten konfrontieren, können wir aus seinen Darlegungen doch ein Bild der Moral und des Denkens über Moral gewinnen, das uns verdeutlicht, warum er die moralischen Haltungen und Urteile der meisten seiner Zeitgenossen so tief verabscheute.

9 Leiter, Nietzsche and the Morality Critics, 259.

10 Stocker, *Die Schizophrenie moderner ethischer Theorien,* 22–25. Die Vertreterinnen und Vertreter prinzipienbezogener Moralkonzeptionen begegnen diesen Einwänden mit dem Argument, dass zwischen Moral und persönlichen Werten kein Gegensatz besteht. So argumentiert Barbara Herman, dass es nicht notwendig ist, den Bereich des Persönlichen vom Bereich des Moralischen zu trennen, denn die unparteiliche Moral könne dem persönlichen Leben Bedeutung verleihen. Barbara Herman, Integrity and Impartiality, in: dies., *The Practice of Moral Judgement,* Cambridge MA und London: Harvard University Press 1993, 38.

11 Nietzsche, *Götzen-Dämmerung,* in: ders., *Sämtliche Werke,* Band 6, 26.

7.2 Ursprung und Funktion moralischer Vorstellungen

Nietzsche begnügt sich, wie bereits betont, nicht mit einer internen Kritik philosophischer Moralkonzeptionen. Der minutiöse akademische Vergleich der Schwächen und Vorzüge einzelner Theorien der Moral ist nicht seine Sache. Sein Projekt ist radikaler: Es geht Nietzsche um die Frage, ob die Strukturen des Normativen uns je unverfälscht gegenübertreten oder ob dem fordernden Gewebe von Werten, Pflichten und Idealen nicht insgeheim Rollen zukommen, die den authentischen Gehalt dieser Ideen untergraben. Nietzsche will klären, ob und wieweit nicht die Verkehrung in Heuchelei und Unterdrückung das Schicksal aller wohl meinenden Berufungen auf das moralisch Gebotene ist.

Eine Antwort auf dieses Problem erwartet sich Nietzsche von der Erforschung des Ursprungs unserer Vorstellungen von Gut und Böse. Der Blickwinkel der Genealogie soll uns zu einem geläuterten Verständnis der philosophischen Konzeptionen der Moral verhelfen. Nietzsches Programm richtet sich in seinen eigenen Worten darauf, „das ungeheure, ferne und so versteckte Land der Moral – der wirklich dagewesenen, wirklich gelebten Moral – mit lauter neuen Fragen und gleichsam neuen Augen zu bereisen".[12] Nietzsche verfolgt die Bloßlegung unserer normativen Parameter konsequent. Er will wissen, wieweit moralische Ideen die ihnen zugedachte Rolle der Sicherung eines guten, vom Geist der Rücksichtnahme und des Altruismus getragenen Zusammenlebens erfüllen. Und er will dem Zweifel auf den Grund gehen, dass sich unsere Vorstellungen von Gut und Böse längst unterschwellig verkehrt haben und nun anderen Göttern dienen als der Utopie eines von klaren und unparteilichen Richtlinien geleiteten sozialen Lebens.

Nietzsche hält die naive Version des Glaubens an die Moral für eine blanke Illusion. Er will aber genauer durchleuchten, unter welchen Bedingungen sich Moral in die verlogene Moralisierung verkehrt und welche Mechanismen dieser heuchlerischen und verfremdenden Aneignung des Normativen Vorschub leisten. Die beunruhigende These Nietzsches lautet, dass Gesellschaften unabdingbar die Tendenz innewohnt, über religiöse und säkulare Moralentwürfe Kontrolle und Herrschaft über die Einzelnen auszuüben. Die nach Macht strebenden Individuen und Gruppierungen wissen sich bestens des Instrumentariums der Moral zu bedienen, um eigenständige Artikulationen des Ich zu unterbinden und den unbequemen autonomen Willen gefügig zu machen. Entsprechend

12 Nietzsche, *Genealogie der Moral,* in: ders., *Sämtliche Werke,* Band 5, 254.

bezeichnet Nietzsche auch die Moral als die „Lehre von den Herrschafts-Verhältnissen (…), unter denen das Phänomen ‚Leben' entsteht".[13] Der Versuch, objektive Werte und kategorische Verbindlichkeiten zu konstruieren, laufe Gefahr, wegen der allgegenwärtigen Instrumentalisierung der Moral lächerlich zu werden. Von der Analyse des Ursprungs unserer Vorstellungen von Gut und Böse verspricht sich Nietzsche eine gewisse Herauslösung der moralischen Ideen aus ihren machtbestimmten Verstrickungen.

Nietzsche beginnt seine genealogischen Betrachtungen mit einem Angriff auf die einflussreichsten philosophischen Bestimmungen der Moral. So übt er etwa scharfe Kritik an den britischen Moralphilosophen und der „Stümperei ihrer Moral-Genealogie"[14], genauer: dem Versuch, den Ursprung des Begriffs „gut" im Nützlichen zu lokalisieren. Wegen ihrer Betonung des Konzepts des allgemeinen Nutzens beschimpft er Hobbes, Hume und Locke, den Begriff „Philosoph" zu erniedrigen. Er kritisiert deren Moraltheorien als bestenfalls jenen angemessen, die „ehemals unter der Gewalt des Methodismus und neuerdings wieder als ‚Heilsarmee' moralisch grunzen lerne(n)".[15] Nach Nietzsche nimmt die englische Moralphilosophie eine falsche Richtung, da sie mit ihrer Orientierung am Nutzen den Begriff „gut" ausgehend von jenen zu bestimmen versuche, denen etwas Gutes erwiesen werde. Doch maßgeblich seien jene, die sich der Moral bemächtigen. Die Genealogie der Moral habe die Rangordnungen in den Gesellschaften zu berücksichtigen.

Für Nietzsche kennzeichnet Gesellschaften die Differenz und Spannung zwischen Höheren und Niederen, Stärkeren und Schwächeren, Mächtigen und Untergebenen. Und es sind, wie er betont, die Mächtigen, Höhergestellten und Hochgesinnten, die „ständisch Vornehmen", welche sich das Recht nahmen, den Begriff des Guten und des „seelisch Vornehmen" zu definieren.[16] Im Horizont der demokratischen Moderne und ihrer Postulate allgemeiner Freiheit und Gleichheit wirkt eine an gegebene Hierarchien anknüpfende Beschreibung der Moral höchst befremdlich. Aber zunächst gilt es, den Grundgedanken der Genealogie zu verstehen: Nietzsche verteidigt ja nicht a priori eine bestimmte normativethische Konzeption, sondern spürt den Entwicklungen moralischer Ideen und Urteile nach. Und die Aneignung der Moral durch die Mächtigen ist ein Aspekt, aber nicht das Ende der Geschichte.

13 Nietzsche, *Jenseits von Gute und Böse,* 34.
14 Nietzsche, *Genealogie der Moral,* 258.
15 Nietzsche, *Jenseits von Gute und Böse,* 196.
16 Nietzsche, *Genealogie der Moral,* 261, 262.

Auch die Schwachen und Wehrlosen suchen sich der Moral zu bemächtigen und den Vorrang in der Bestimmung des Moralischen zu verkehren. Die Untergebenen streben gleichfalls nach der Definitionsmacht über die Begriffe der Moral und versuchen, die Moral umzudefinieren. Der „Sklavenaufstand der Moral" setzt nach Nietzsche damit ein, „dass das Ressentiment selbst schöpferisch wird und Werthe gebiert: das Ressentiment solcher Wesen, denen die eigentliche Reaktion, die der That versagt ist, die sich nur durch eine imaginäre Rache schadlos halten. Während alle vornehme Moral aus einem triumphirenden Ja-sagen zu sich selber herauswächst, sagt die Sklaven-Moral von vornherein Nein zu einem ‚Ausserhalb', zu einem ‚Anders', zu einem ‚Nicht-selbst': und dies Nein ist ihre schöpferische That".[17]

Nietzsche verdeutlicht an der Parabel der Raubvögel und der Lämmer, welche Geschichte „der Mensch des Ressentiment" über den Ursprung des Guten erzählt.[18] Was geschieht, wenn eine Herde von wehrlosen Lämmern immer wieder von den Raubvögeln angegriffen wird und einzelne Lämmer zur Beute werden? Aus dem Blickwinkel der ohnmächtigen Lämmer, die den Raubvögeln ausgesetzt sind, ist es nur allzu verständlich, dass sie die Raubvögel als böse bezeichnen. Die Stärke der Raubvögel ist nicht zu brechen, die Situation ist für die Lämmer ausweglos. So bleibt, wie Nietzsche unterstreicht, den Lämmern nur die moralische Anklage als Möglichkeit, ihre Affekte zu artikulieren und sich aufzulehnen.

In der Geschichte von den Raubvögeln und den Lämmern ist es für die Raubvögel leicht, spöttisch auf den Gram der Lämmer zu blicken. Denn nichts kann und wird die Raubvögel davon abhalten, weiterhin die Lämmer zu fressen. Allerdings sieht auch Nietzsche bezogen auf menschliche Gesellschaften eine andere Situation gegeben. Im Kontext sozialer Beziehungen haben die moralischen Begriffe keineswegs ihre Wirkung verfehlt. Im Verbund mit mächtigen Institutionen wie etwa der christlichen Religion konnten sie zur Formung der Menschen beitragen und deren Verhalten beeinflussen.[19] Das Bild der Raubvögel und der Lämmer irritiert nicht zuletzt wegen seiner sozialdarwinistischen Konnotationen. Es stimmt auch nicht mit dem Common-Sense-Begriff der Moral überein, diese lediglich als hilflosen und ressentimentgetriebenen Ausdruck naturgegebener Schwäche und Unterlegenheit zu verstehen. Selbst wenn sich

17 Ebd., 270, 271.

18 Ebd., 278, 279.

19 So kritisiert Nietzsche in einem aufschlussreichen Seitenhieb die fehlende Tiefe der englische Philosophie, die kennzeichne, „dass sie streng zum Christenthume hält: sie braucht seine Zucht zur ‚Moralisirung' und Veranmenschlichung". Nietzsche, *Jenseits von Gute und Böse,* 195.

unsere Reflexionen über die Moral auf die funktionale Rolle moralischer Äußerungen konzentrieren, so lässt sich diese nicht auf jene des Vorwurfs und der Anklage reduzieren. Moralische Standards stellen auch konstruktive Richtlinien eines von Unterdrückung und Gewalt freien Zusammenlebens dar. Nietzsche sensibilisiert uns dafür, wie schwierig es ist, die positiven Möglichkeiten der Moral zu realisieren. Sinnvoll ist diese Skepsis, sofern sie sich auf soziale und gesellschaftliche Barrieren richtet. Weniger überzeugend wirkt das Bild, wenn Nietzsche vorgebliche natürliche Determinanten des Schwachen und des Überlegenen als Begründung für eine höchst eingeschränkte Rolle der Moral anführt.

Moral hat für Nietzsche die Funktion der bestmöglichen Zähmung der Menschen. Die Kraft der moralischen Begriffe bedingt eine Verinnerlichung der moralischen Vorstellungen. Die interne Kontrolle ergänzt die externe Überwachung. Die Konsequenz der inneren Aneignung moralischer Prinzipien ist das schlechte Gewissen, worunter Nietzsche nichts anderes versteht als „die tiefe Erkrankung, welcher der Mensch unter dem Druck jener gründlichsten aller Veränderungen verfallen musste".[20] Gemeint sind mit diesen „Veränderungen" Vergesellschaftung und Sozialisation. Das schlechte Gewissen ist das Einfallstor für Manipulation, eine Manipulation, die umso stärker greift, als Nietzsche den freien Willen für eine Fiktion hält. „Die Feindschaft, die Grausamkeit, die Lust an der Verfolgung" gelten ihm als der Ursprung des schlechten Gewissens.[21]

Nietzsche sieht in diesem Kontext eine gewisse Vermischung der Sphären von Recht und Moral gegeben. Denn genau besehen entstammten die Ideen von Schulden und Gewissen dem Obligationenrecht, das die Beziehungen von Käufer und Verkäufer, von Gläubiger und Schuldner, von Tausch und Vertrag regelt.[22] Die Übertragung dieser Kategorien auf die Moral, wo sie nicht hingehörten, habe dann der Instrumentalisierung der Moral Vorschub geleistet.

Nietzsche war kein Anhänger einer Moral der Gleichheit. Er huldigt perfektionistischen Vorstellungen der Moral, die er mit einer Vorrangstellung des Starken und Vornehmen verknüpft, die der Idee der Gleichwertigkeit der Moralsubjekte widerspricht. So ist es für ihn „der Vornehme, der Mächtige, der Herrschende", welcher die moralischen Begriffe von „gut" und „böse" „von sich aus concipirt und von da aus erst eine Vorstellung von ‚schlecht' sich schafft".[23] Für sich genommen ist es

20 Nietzsche, *Genealogie der Moral,* 321.
21 Ebd., 323.
22 Ebd., 299, 300.
23 Ebd., 274.

nicht weiter strittig, das gute Handeln als eine Form des Noblen zu klassifizieren, sofern sich das „Edle“ auf die Charakterisierung von Handlungsweisen beschränkt. Das gute Handeln als das Streben nach dem Noblen und dem Vermeiden niedriger Beweggründe kennzeichnet auch andere Ethiken. Aristoteles zum Beispiel bestimmt das Handeln nach Pflicht und der Vernunft „um des Edlen willen“ als den „Endzweck der Tugend“. Moralisch gute Handlungen geschehen, um das Edle zu erreichen.[24] Doch bei Aristoteles werden die guten Handlungen um ihrer selbst willen getan, während in Nietzsches Reflexionen über die Moral die Dimension des für sich genommen Guten ambivalent bleibt.

An Nietzsches entsprechenden Ausführungen irritiert, dass er den Begriff des „Vornehmen“ in der Moral nicht auf das tugendhafte Handeln „um seiner selbst willen“ bezieht, sondern ihn mit Vorstellungen einer sozialen und politischen Rangordnung verknüpft. Nietzsche hat die gesellschaftlichen und politischen Ordnungen seiner Zeit keineswegs bejaht, sondern vehement kritisiert. Doch problematisch ist, und dies belegt auch die phasenweise höchst unrühmliche Rezeptionsgeschichte von Nietzsches Philosophie, dass er den Begriff des Vornehmen oder Edlen nicht streng an ein moralisches Prinzip des Handelns bindet, sondern höchst problematische Konnotationen des Starken und Elitären Raum gewinnen lässt. Nietzsches Semantik des Starken und Elitären reicht zum einen in den sozialpolitischen Raum und verbindet sich dort mit Denkmustern des Sozialdarwinismus und antidemokratischen Tendenzen. Zum anderen verknüpft sich Nietzsches Akzentuierung des Vornehmen mit einer Ethik asketischer Ideale, einer Ethik der Perfektionierung des Selbst.

Das schlechte Gewissen ist für Nietzsche einer der maßgeblichen Mechanismen, die der Instrumentalisierung der Moral Vorschub leisten. Wegen der Manipulierbarkeit der Menschen durch das schlechte Gewissen gewinnt die „asketische Priester-Kaste“ Macht und Kontrolle. Der asketische Priester macht sich das Schuldgefühl zu Nutze. Der Mensch „bekommt von seinem Zauberer, dem asketischen Priester, den ersten Wink über die ‚Ursache‘ seines Leidens: er soll sie in sich suchen, in einer Schuld, in einem Stück Vergangenheit, er soll sein Leiden selbst als einen Strafzustand verstehn“.[25] Der asketische Priester verlagert das Ressentiment in das Innere der Person, indem er dem Geschädigten die Schuld zuschiebt. Doch die „methodische Anwendung von Buß-Quälereien,

24 Aristoteles, *Die Nikomachische Ethik,* herausgegeben von Olof Gigon, München: Deutscher Taschenbuch Verlag 1998, 1115 b 12.

25 Nietzsche, *Genealogie der Moral,* 389.

Zerknirschungen und Erlösungskrämpfen“[26] verderbe die seelische Gesundheit. Die affektive Kraft asketischer Ideale wird nach Nietzsche zur Kontrolle jener benutzt, die sich von deren Symbolik beeindrucken lassen und die Mechanismen der Täuschung und Manipulation nicht durchschauen. Das „asketische Ideal und sein sublim-moralischer Cultus“ unterdrücken und zerstören das, was stark und gut ist.[27]

Doch abgesehen von diesem scharfen Angriff auf die Priesterkaste verdammt Nietzsche die asketischen Ideale für sich betrachtet nicht. Auch hier attackiert er nur deren Maskerade, deren Verfremdung. An sich betrachtet gelten sie ihm als „das Ideal der freien Geister, der Philosophen, Gelehrten“.[28] Er assoziiert den „Asketismus der Tugend“ mit dem „unbedingten Willen zur Wahrheit“.[29] Im „Glaube(n) an das asketische Ideal selbst“ drückt sich für Nietzsche der metaphysische Wert der Wahrheit an sich aus.[30] Doch genau dieser Wert sei so direkt und voraussetzungslos nicht zu fassen; fehle „der Glaube an den Gott des asketischen Ideals“, stehe auch der Wert der Wahrheit in Frage.[31]

Diese Wendung von der vernichtenden Kritik zur Billigung, die im nächsten Augenblick erneut zweifelhaft wird, ist charakteristisch für Nietzsche. Nietzsche wehrt sich entschieden gegen die Aushöhlung moralischer Werte durch vordergründige Zweckdienlichkeiten, und er steigert diese Kritik bis zur Hinterfragung moralischer Standards schlechthin. Doch letztlich greift Nietzsche die Modalitäten der Aneignung bestimmter Werte, nicht aber die Moral als solche an. Denn seine radikale Kritik ist Ausdruck eines zutiefst moralischen Anliegens – der Kampf gegen gesellschaftliche Heuchelei und Verlogenheit. Die bohrende Frage allerdings bleibt, ob die Rekonstruktion des unverfälschten Gehalts von moralischen Prinzipien überhaupt gelingen kann, ob dieser Versuch nicht sofort an gegenläufigen Tendenzen der Instrumentalisierung und Rationalisierung scheitert. Selbst wenn Nietzsche nicht die Ächtung der Moral schlechthin verfolgt, sondern die von aller interessenstrategischen Moralisierung nicht berührte Dimension der Moral freizulegen versucht, untergräbt seine umfassende Skepsis gegenüber der Moral in gewisser Weise diesen Schritt.

26 Nietzsche, *Genealogie der Moral,* 391.
27 Ebd., 392.
28 Ebd., 399.
29 Ebd., 400.
30 Ebd.
31 Ebd., 401.

7.3 Die Übel der Mitleidsmoral

Nietzsches Kritik richtet sich konkret gegen bestimmte Moralkonzeptionen, nämlich jene, die in besonderem Maße der Heuchelei Vorschub leisten. So verurteilt Nietzsche die christliche Moral, aber auch die Mitleidsmoral Schopenhauers. Schopenhauers Moralphilosophie erklärt die Fähigkeit zum Mitempfinden zur Grundlage der Moral. Im Mitgefühl mit einem Menschen, nicht in der Vernunft, erblickt Schopenhauer die wesentliche Triebfeder moralischen Handelns. In seiner *Preisschrift über die Grundlage der Moral* veranschaulicht Schopenhauer an vielen Beispielen die Schwächen der bisherigen Moraltheorien und die Motivationskraft des Mitleids. Es ist für ihn „der größte Mangel an Mitleid, der einer That den Stämpel der tiefsten moralischen Verworfenheit und Abscheulichkeit aufdrückt".[32] Insbesondere die kantische Ethik, aber auch die christliche Moral erregen Schopenhauers Missfallen. An Kants Moraltheorie stört Schopenhauer die Eingrenzung auf den Begriff der Pflicht und die Ausgrenzung von Handlungen, die aus anderen Motiven als dem der Pflicht geschehen: „Eine gute That, bloß aus Rücksicht auf das kantische Moralprincip vollbracht, würde im Grunde das Werk eines philosophischen Pedantismus seyn, oder aber auf Selbsttäuschung hinauslaufen, indem die Vernunft des Handelnden eine That, welche andere, vielleicht edlere Triebfedern hätte, als das Produkt des kategorischen Imperativs und des auf nichts gestützten Begriffs der Pflicht auslegte."[33] Und der christlichen Moral wirft er vor, in „der Praxis ihrer Bekenner" so weit von den Vorgaben, also auch vom Mitgefühl für die anderen, abzuweichen, dass wir schaudern, was geschehen könnte, „wenn nicht der weltliche Arm die Verbrechen verhinderte".[34] Schopenhauers eigene positive Konzeption der Moral konzentriert sich in der Maxime *neminem laede*, also dem „Vorsatz, die Rechte eines Jeden zu achten, sich keinen Eingriff in dieselben zu erlauben, sich von dem Selbstvorwurf, die Ursache fremder Leiden zu seyn, frei zu erhalten".[35]

Wenngleich Nietzsche von seinem „großen Lehrer Schopenhauer" beeinflusst war, wollte er dessen „Überschätzung des Mitleidens" nicht

32 Arthur Schopenhauer, *Preisschrift über die Grundlage der Moral,* in: ders., *Die beiden Grundprobleme der Ethik,* Zürcher Ausgabe, Werke in zehn Bänden, Band VI, Zürich: Diogenes, 272, 273.

33 Ebd., 273.

34 Ebd., 274.

35 Ebd., 254.

mitmachen.[36] So erinnert er an die rationalistische Tradition in der Philosophie, an Platon, Spinoza, La Rochefoucauld und Kant, die den Empfindungen nicht vertrauten und „in einem Eins“ waren: „in der Geringschätzung des Mitleidens“.[37] Nietzsche zeigt sich nicht zuletzt deshalb so misstrauisch gegenüber der Moral des Mitleids, da er diese mit den lebensfeindlichen Tendenzen der Selbstverleugnung und der Selbstaufopferung in Verbindung bringt. Altruistische Werte bringen demnach Menschen dazu, ihre eigenen Bedürfnisse und Interessen möglicherweise bis zur Selbstaufgabe hintanzustellen. Dies verkörpert, wie Nietzsche schreibt, letztlich eine Wendung des Willens „gegen das Leben“ selbst.[38] Nach Nietzsches Einschätzung, die klar von darwinistischen Ideen geprägt ist, steht das Mitleid dem Leben selbst und seiner Tendenz der Höherentwicklung entgegen: „Das Mitleiden kreuzt im Ganzen Grossen das Gesetz der Entwicklung, welches das Gesetz der Selection ist. Es erhält, was zum Untergange reif ist (…)“[39]

Nietzsche irritiert aber auch die dem Mitleid innewohnende Tendenz der Geringschätzung der anderen. Er kritisiert die strukturelle Eigenschaft dieses Affekts, sich zu verkehren. Denn das Mitleid biete sich als eine Möglichkeit an, sich im Leiden der anderen einzurichten. Nietzsches Skepsis ist von der Überlegung geleitet, dass normative Ideale, die Menschen viel, wenn nicht sogar sehr viel abverlangen, geradezu die heuchlerische Maskerade des vermeintlich guten Menschen herausfordern. Und Nietzsche diagnostiziert diese tiefreichende Unehrlichkeit als Grundübel seiner Zeit: „Alles, was sich heute als ‚guter Mensch‘ fühlt, ist vollkommen unfähig, zu irgend einer Sache anders zu stehen als unehrlich-verlogen (…) Diese ‚guten Menschen‘, – sie sind allesammt jetzt in Grund und Boden vermoralisirt und in Hinsicht auf Ehrlichkeit zu Schanden gemacht und verhunzt für alle Ewigkeit: wer von ihnen hielte noch eine Wahrheit ‚über den Menschen‘ aus!“[40] Gerade das Mitleiden mit anderen degeneriert nach Nietzsche nur allzu leicht in jene kultivierte Attitüde verlogener Empfindsamkeit, die sich letztlich am Elend der anderen erbaut. Selbst ohne offene böse Absicht zerstört eine solche Haltung den moralischen Restbestand dieser Empfindung.

Doch auch hier stellt sich die Frage, wieweit Nietzsche die Instrumentalisierung der Empfindungen kritisiert oder wieweit er deren Wert grundsätzlich in Frage stellt. Viel spricht dafür, dass sich Nietzsches

36 Nietzsche, *Genealogie der Moral,* 251, 252.
37 Ebd., 252.
38 Ebd.
39 Nietzsche, *Der Antichrist,* Sämtliche Werke, Band 6, 173.
40 Nietzsche, *Geneaologie der Moral,* 386.

Skepsis nur gegen die Ungesteuertheit des Mitgefühls und die besondere Missbrauchsanfälligkeit dieser Empfindung richtet. Unmittelbar im Anschluss an die Passage, in der Nietzsche der Mitleidsmoral Lebensverleugnung vorwirft, stellt er fest, dass die Kritik an der Mitleidsmoral und das Hinterfragen des Werts des Mitleids „eine ungeheure neue Aussicht" auf Neubestimmung und Neuordnung unserer eingewöhnten Werte eröffnet.[41]

Nietzsches Kritik und Verurteilung des Mitgefühls hat zu dem Bild Nietzsches als eines Philosophen beigetragen, von dessen Thesen sich letztlich doch eine Linie zu den Nazi-Ideologen und den düstersten politischen Entwicklungen im 20. Jahrhundert ziehen lässt. So kritisiert Philippa Foot, dass Nietzsche sich teils „darin gefiel, daß sein Immoralismus bestimmten Menschen die schrecklichsten Taten erlaubte".[42] Dagegen argumentieren andere Interpretinnen und Interpreten, dass Nietzsche das Mitleid nur insoweit kritisiert, als dieser Affekt zur Schwächung des Selbst und zum Selbstverlust führe. So geht es Nietzsche, wie Martha C. Nussbaum betont, darum, an die Tradition der Stoiker zu erinnern und die stoischen Werte der Selbstbeherrschung und der Selbstbildung zu rekonstruieren. Nietzsches Ablehnung des Mitleids mache ihn nicht zu einem „Stiefel-im-Gesicht"-Faschisten, „weil der Angriff auf das Mitleid selbst wieder auf das Engste – wie schon bei den Stoikern – mit einem Angriff auf die Ursachen von Grausamkeit und Rache verbunden ist".[43] Doch gleichfalls sei Nietzsches Absage an das Mitleid nicht unproblematisch, da diese den Wert einer der tiefsten Formen der affektiven Begegnung mit anderen negiere.

7.4 Perspektivismus und Relativismus

Ein Grund, warum Nietzsches Moralkritik doch häufig zugeschrieben wird, über die interne Reflexionsebene hinauszugehen und die Moral schlechthin in Frage zu stellen, hängt mit dem Perspektivismus Nietzsches zusammen – also seiner These, dass sich die Welt aus den Blickwinkeln der verschiedenen Subjekte als eine jeweils andere präsentiert. So spricht Nietzsche davon, dass uns die „Perspektiven-Optik des Lebens" zu

41 Ebd., 253.

42 Foot, Nietzsches Immoralismus, 128–143, hier: 135.

43 Martha C. Nussbaum, Mitleid und Gnade: Nietzsches Stoizismus, in: *Deutsche Zeitschrift für Philosophie,* 41, 1993, 831–858, hier 832.

vordergründigen epistemischen Annahmen zwingt, deren vorgebliche Wahrheit wir akzeptieren, ohne „zu begreifen, dass zum Zweck der Erhaltung von Wesen unsrer Art solche Urtheile als wahr geglaubt werden müssen; weshalb sie natürlich noch falsche Urtheile sein könnten!"[44]

Nietzsches Perspektivismus ist zunächst eine erkenntnistheoretische These. Als solche drückt sie Zweifel an der Möglichkeit einer realistischen Repräsentation der Welt für sich genommen aus. Es gibt demnach keine schlichte Korrespondenz von Annahmen und Fakten; unsere Theorien über die Welt lassen sich nicht als wahr oder falsch bezeichnen. Stattdessen existieren verschiedene Methoden und Formen, die Welt zu verstehen – sei es über wissenschaftliche Analyse und Erkenntnis, über moralische Reflexion oder über literarische Vorstellungskraft. Doch keine dieser Methoden hat einen privilegierten Status; sie tragen gleichermaßen dazu bei, die Welt für uns zu konstituieren.[45]

Erkenntnistheoretisch ist der Perspektivismus Nietzsches das Ergebnis seiner Zurückweisung der Korrespondenztheorie der Wahrheit und eines naiven Realismus.[46] Nietzsche definiert Erkenntnis und Wahrheit nicht über Relationen einer direkten Repräsentation, sondern über konstruktivistische Aspekte der Weltkonstitution, in der auch unsere spezifischen menschlichen Bedürfnisse und Verfasstheiten, unsere Begehrlichkeiten, Projektionen und Machtbestrebungen eine Rolle spielen. Von dieser Basis her ist dann der Schritt zu der These naheliegend, dass nicht nur die besondere Sicht und Perspektive des Subjekts zählt, sondern dass die Beschaffenheit der Welt aus verschiedenen Blickwinkeln eine andere ist.

Analog verhält es sich mit der Moral: Es gibt keinen einheitlichen und die Einzelperspektiven transzendierenden Standpunkt der Moral und Unparteilichkeit, sondern eine Vielfalt der Sichtweisen. Auch das Phänomen der Moral unterliegt nach Nietzsche der Perspektivierung. So bieten sich verschiedene Blickwinkel auf das moralische Urteilen an – und die von Nietzsche eingebrachten Differenzen von *gut* und *böse*, von *vornehm* und *unvornehm*, von *gerecht* und *ungerecht* akzentuieren, wie etwa Werner Stegmaier betont, diese Unterschiede. Diesen Begriffen korrespondieren unterschiedliche Perspektiven auf die Moral und unterschiedliche Konzepte des Moralischen. *Gut* und *böse* markieren die Divergenz von Selbstlosigkeit und egoistischer Blindheit, von reziproker Anerkennung

44 Nietzsche, *Jenseits von Gut und Böse,* 25.

45 Vgl. dazu Bernd Magnus und Kathleen Higgins, Introduction to the Cambridge Companion to Nietzsche, in: dies. (Hg.), *The Cambridge Companion to Nietzsche,* 1–17, hier: 4.

46 Zu Nietzsches Ablehnung der Korrespondenztheorie vgl. auch Danto, *Nietzsche als Philosoph,* 93, 94.

und Negierung der anderen. Mit den Beurteilungen von Handlungen und Einstellungen als *vornehm* und *unvornehm* werden Aspekte tugendethischer Perfektionierung betont und die Klassifizierung in *gerecht* oder *ungerecht* bedeutet, nicht allen Ansprüchen der anderen und des eigenen Ich bedingungslos nachzukommen.[47] Nietzsches Perspektivierung der Moral bedingt nach Stegmaier kein unvermitteltes Nebeneinander divergenter Sichtweisen, sondern formt sich durchaus zu einer kohärenten Bezogenheit der Perspektiven aufeinander. Die Absicht Nietzsches ist demnach durchaus kritisch-konstruktiv, nämlich „die Selbstverständlichkeit der jetzt gelebten Moral durch ihre Hypothetisierung und Perspektivierung als eine nur vermeintliche Selbstverständlichkeit erkennen zu lassen".[48]

Analog wie sich im Fall der Genealogie der Moral das Problem der Uneinholbarkeit normativer Geltungsansprüche über die Rekonstruktion der Entstehungsgeschichte ergibt, so stellt sich im Falle des Perspektivismus die Frage von dessen begründungsskeptischer Reichweite. Die genealogische Rekonstruktion moralischer Vorgaben und normativer Standards kann, wie wir gesehen haben, in zwei Richtungen interpretiert werden: Nach der einen Lesart geht es um eine analytische Bloßlegung der Struktur, Zielrichtung und funktionalen Rolle bestimmter moralischer Ideen, um zu einer von Verfremdungen und Pervertierungen möglichst freien Reformulierung normativer Richtlinien zu gelangen, die deren authentische Aussagekraft über interessengebundene parteiliche Auseinandersetzungen hinweg bewahrt. Die andere Interpretation sieht in der genealogischen Dekonstruktion die Ausblendung des Normativen: Dem Blick auf die funktionalen Gründe für das Entstehen moralischer Institutionen bleibt die Sicht auf die normativen Gründe für die Angemessenheit oder die berechtigte Zurückweisung bestimmter moralischer Forderungen verschlossen. Entsprechend ergibt sich auch die Frage, ob der Perspektivismus mit einer Relativierung theoretischer Wahrheitsansprüche und praktischer Geltungsansprüche einhergeht, oder ob der Perspektivismus nur als eine Pluralisierung der Blickwinkel auf moralische Probleme zu verstehen ist. Eine solche Pluralisierung bedeutet eine Verdichtung der moralischen Wahrnehmung, hat aber nicht eine Unterwanderung normativer Geltungsansprüche per se zur Konsequenz.

47 Vgl. dazu Werner Stegmaier, *Nietzsches ‚Genealogie der Moral'*, Darmstadt: Wissenschaftliche Buchgesellschaft 1994, 19–25.

48 Ebd., 64.

Die Frage stellt sich also, wie weit reichend und grundsätzlich der Perspektivismus Nietzsches zu verstehen ist. Wird der Perspektivismus Nietzsches zum Beispiel als eine bestimmte Version des Relativismus gelesen, dann scheint die Idee einer einheitlichen Konzeption der Moral als eines Systems normativer Richtlinien prinzipiell fragwürdig. Doch die Interpretationen von Nietzsches Perspektivismus sind nicht einhellig: Während einige Philosophinnen und Philosophen in Nietzsches Perspektivismus ganz klar einen Schritt zu Relativierung und Beliebigkeit sehen, beläuft sich der Perspektivismus für andere Interpretinnen und Interpreten nur auf eine Akzentuierung des Besonderen und Partikularen, also auf eine Betonung der Differenz.

Gemäß der nichtrelativistischen Lesart vermittelt der Perspektivismus unterschiedliche Sichtweisen auf die Art und Weise, sein Leben als ein gutes zu führen. Und die Betrachtung des Lebens und Handelns aus verschiedenen Blickwinkeln eröffnet die Chance zur Korrektur, zum Neuanfang, zum Gewinn an Integrität. Der Perspektivismus ist demnach zwar verknüpft mit Nietzsches experimentellem Denkstil, der Tendenz zu zugespitzten Thesen, überzogenen Vergleichen und argumentativen Brüchen, doch daraus folgt kein grundsätzlicher Relativismus. Der Perspektivismus ist Teil einer philosophischen Denkhaltung, Teil einer Methodologie der Kritik. Für Nietzsche lässt sich der Wert der Wahrheit nicht abgelöst vom Wert des Lebens bestimmen.[49] Den Wert der Wahrheit in Beziehung zum Wert des Lebens zu setzen, heißt nicht, die Suche nach wahren und gültigen Urteilen für sinnlos zu erklären. Es bedeutet nur, den Rahmen der Wahrheitssuche abzustecken. So gesehen sollten sich alle perspektivischen Beurteilungen letztlich auf die „Perspektive des Lebens“ und die Rangordnung der Werte richten.[50]

Der Perspektivismus Nietzsches hat nicht nur eine epistemologische und moraltheoretische, sondern auch eine ästhetische Dimension: Er ist nicht zuletzt verknüpft mit der Sicht des Lebens als literarischer Figur, mit dem Ich der literarischen und ästhetischen Stilisierung, mit der ethisch-ästhetischen Perfektionierung des Selbst.[51] Doch die Verbindung von Perspektivismus und Ästhetizismus ist nur ein Aspekt. Nietzsche hat

49 Vgl. dazu Martin Heidegger, *Friedrich Nietzsche,* Band I, Pfullingen: Neske, 1961, 38ff. Vgl. auch Richard Schacht, Nietzsche's kind of philosophy, in: Bernd Magnus und Kathleen Higgins (Hg.), *The Cambridge Companion to Nietzsche,* 151–179, hier: 154, 155.

50 Ebd., 163.

51 Vgl. Alexander Nehamas, Nietzsche, modernity, aestheticism, in: Bernd Magnus und Kathleen Higgins (Hg.), *The Cambridge Companion to Nietzsche,* 223–251.

die Parameter der Perspektivierungen nicht nur aus der Ästhetik bezogen, sondern auch aus den biologischen Wissenschaften, den Sozialwissenschaften, aus dem Recht, der Medizin, der Theologie und Linguistik.[52]

Die nichtrelativistische Lesart des Perspektivismus wird durch einschlägige Textpassagen Nietzsches gestützt. So geht es Nietzsche darum, „dass man sich gerade die Verschiedenheit der Perspektiven und der Affekt-Interpretationen für die Erkenntniss nutzbar (zu) machen weiss".[53] Und Nietzsche versteht die Perspektivierung durchaus als Erweiterung und Objektivierung unserer Einschätzungen und Urteile: „Es gibt nur ein perspektivisches Sehen, nur ein perspektivisches ‚Erkennen'; und je mehr Augen, verschiedne Augen wir uns für dieselbe Sache einzusetzen wissen, umso vollständiger wird unser ‚Begriff' dieser Sache, unsre ‚Objektivität' sein."[54] Hier wird deutlich, dass Nietzsche den Perspektivismus als Möglichkeit begreift, Unparteilichkeit zu erreichen. Die Betrachtung einer Fragestellung unter verschiedenen Aspekten arbeitet der Verengung und Verabsolutierung eines Standpunkts entgegen. Nietzsches Überlegungen zielen so gesehen auf Pluralisierung und Differenzierung im Dienste größerer Sachlichkeit und Unpersönlichkeit. Doch dieses Streben nach größtmöglicher Unparteilichkeit darf nicht für sich zum methodologischen Dogma erstarren; es muss sich immer wieder in neuen Hinterfragungen als Form redlicher Erkenntnissuche bewähren.

Nietzsche geht es um die Dekonstruktion platonischer Gewissheiten; er strebt nicht nach einer Neuformulierung von Gottes Standpunkt, sondern nach der Entlarvung der Allwissenheit. Perspektivierung bedeutet jedoch nicht die beliebige Summierung bloßer Unterschiedlichkeiten, sondern die Akzentuierung jener Modelle und Metaphern der Interpretation, die mit der Konzeptualisierung bestimmter Perspektiven zusammenhängen, in denen sich die Besonderheiten spezifischer Blickwinkel ausdrücken. Der Perspektivismus entspricht nicht einem epistemologischen Relativismus, für den es keinen intersubjektiv gültigen Weg gibt, zu entscheiden, welche von zwei Thesen oder Behauptungen die richtige ist. Perspektivismus bedeutet nicht, dass man die Dinge beliebig sehen und interpretieren kann. Der Perspektivismus verdeutlicht vielmehr eine bestimmte Relation zwischen Erkenntnissubjekt und Welt: So ist die eigene Subjekthaftigkeit das Resultat von Erkenntnisansprüchen und Ansprüchen,

52 Vgl. Richard Schacht, Nietzsche's kind of philosophy, 165.
53 Nietzsche, *Genealogie der Moral,* 364, 365.
54 Ebd.

in bestimmter Weise zu handeln. Das Subjekt ist Konstrukt und kann nicht als der unhinterfragte Ursprung aller Erkenntnisansprüche gelten.[55]

Manche Interpretinnen und Interpreten sprechen sich dafür aus, den Perspektivismus als Version eines neokantischen Konstruktivismus zu verstehen. Ähnlich der Rolle, die Kants Kategorien und Formen der Anschauung in der Konstitution von Erfahrung und Erkenntnis zukommt, verkörpert der Perspektivismus nach Bernd Magnus und Kathleen Higgins einen transzendentalen Standpunkt, in dem nun auch die Fakten über menschliche Bedürfnisse, die menschliche Physiologie und die Fakten des „natürlichen" Lebens eine erfahrungskonstitutive Funktion haben.[56]

Ein radikaler Perspektivismus, der einerseits das Gewicht bestimmter Perspektiven betont, auf der anderen Seite das Gewicht dieser Perspektiven durch die summarische und unakzentuierte Vervielfachung der Blickwinkel relativiert, läuft Gefahr, selbstwidersprüchlich zu sein. Die Konzepte der Wahrheit und Gültigkeit lassen sich nicht schlechthin über Bord werfen, wenn man implizit für seine eigenen Thesen und normativen Ansprüche Wahrheit und Gültigkeit beansprucht. Von dieser simplen Form der Selbstaufhebung der eigenen Position ist Nietzsche weitgehend frei. Doch Nietzsches Philosophie wird häufig mit Relativierung und dem Unterlaufen von Geltungsansprüchen assoziiert. Dies hängt mit Nietzsches erratischem Stil des Philosophierens, insbesondere seiner Kultivierung von Zuspitzungen und Ad-hominem-Argumenten zusammen.

Nietzsche ist, wie Robert C. Solomon betont, sowohl kreativer Schöpfer von Ad-hominem-Argumenten als auch das Opfer von solchen.[57] So sieht Nietzsche „den Moralismus der griechischen Philosophen von Platon ab" als „pathologisch bedingt"[58], und die kantischen Vorstellungen der Tugend, der Pflicht, des Guten an sich und der universellen Gültigkeit kritisiert er als „Hirngespinste, in denen sich der Niedergang, die letzte Entkräftung des Lebens, das Königsberger Chinesenthum ausdrückt".[59] Nietzsche habe, wie Solomon treffend betont, die Lehren der Moral und der Religion streng genommen nicht widerlegt, sondern diese durch Bloßlegen der pathetischen Motive und Gefühle, die diese Doktrinen be-

55 Vgl. dazu Tracy Strong, Nietzsche's political misappropriation, in: Bernd Magnus und Kathleen Higgins (Hg.), *The Cambridge Companion to Nietzsche,* 119–147, hier: 139.

56 Bernd Magnus und Kathleen Higgins, Introduction to *The Cambridge Companion to Nietzsche,* 5.

57 Siehe Robert C. Solomon, Nietzsche *ad hominem*: Perspectivism, personality and ressentiment, in: Bernd Magnus und Kathleen M. Higgins (Hg.), *The Cambridge Companion to Nietzsche,* 180–222, hier: 183.

58 Nietzsche, *Götzen-Dämmerung,* 72.

59 Nietzsche, *Der Antichrist, Sämtliche Werke,* Band 6, 177.

gleiten und stützen, unterminiert.[60] Diese Tendenz zur Personalisierung und Subjektivierung bestimmt immer wieder Nietzsches Haltung zu philosophischen Theorien, wie seine These verdeutlicht, dass jede große Philosophie nur das „Selbstbekenntnis ihres Urhebers und eine Art ungewollter und unvermerkter mémoires“ ist.[61] Denn wie ist, abstrahiert vom bekenntnishaften Aspekt, der Inhalt dieser persönlichen Äußerung und Gedächtnisleistung zu bewerten? Die dafür erforderlichen Kriterien reichen über den Geständnischarakter persönlicher Meinungen und Haltungen schlicht hinaus. Selbst wenn die Moral aus dem Ressentiment geboren ist, erspart uns dies nicht die kritische Reflexion auf die Gründe, die für oder gegen bestimmte Normen sprechen.

Der Gebrauch von Ad-hominem-Argumenten hängt mit Nietzsches Perspektivismus zusammen. Ein methodologischer Zugang, dem ein externer Standpunkt als Illusion gilt und der nur über den Vergleich und den internen Wettstreit der Perspektiven die Spannungen und Widersprüche divergenter Sichtweisen zu überwinden sucht, neigt zu Ad-hominem-Strategien. Denn die plakative Negierung eines neutralen Gesichtspunktes fördert in gewisser Weise die Zuspitzung von Argumenten auf personalisierende Erwägungen und Hinterfragungen. Das Akzentuieren unterschiedlicher Perspektiven ist offen gegenüber den Besonderheiten spezifischer Kontexte, sozialer Bedingungen und individueller Verfasstheiten.[62] Allerdings ist in diesem Kontext, wie bereits ausgeführt, Nietzsches differenzierte Kritik an der Sicht der unbeteiligten Neutralität zu berücksichtigen. Nietzsche wendet sich gegen die Annahme einer gottähnlichen Perspektive auf die Welt, die von allen Involviertheiten in Lebens- und Interessenkontexte abstrahiert. Doch daraus folgt nicht, dass sich für Nietzsche Perspektiven auf beliebige mögliche Gesichtspunkte und Blickwinkel reduzieren. Nicht alle Perspektiven können als gleichermaßen gut und berechtigt gelten. Einige sind besser als andere, weil sie einsichtsvollere und gebildetere Wahrnehmungsweisen und Interpretationen der Welt reflektieren. Wir kommen nicht umhin, unsere Perspektiven in eine Rangordnung zu bringen und zwischen diesen zu entscheiden. Die Hierarchisierungen, die Nietzsche hier einführt, sind, wie bereits ausgeführt, nicht frei von Ambivalenz und problematischen Konnotationen.[63] Doch wesentlich im Kontext der Fragestellung, wieweit

60 Solomon, Nietzsche *ad hominem*: Perspectivism, personality and *ressentiment*, 181.

61 Nietzsche, *Jenseits von Gut und Böse*, 19.

62 Vgl. dazu Solomon, Nietzsche *ad hominem*: Perspectivism, personality and *ressentiment*, 195, 196.

63 So etwa die Differenzierung zwischen Herrenmoral und Sklavenmoral, dem Gesunden und Starken versus dem Kranken und Schwachen.

Nietzsches Philosophie von Relativismus bestimmt ist, war zu zeigen, dass Nietzsche nach Objektivierungsstrategien sucht und nicht der Beliebigkeit verfällt. Die Bewertung und Einschätzung der jeweiligen Ergebnisse von Nietzsches perspektivierendem Blick auf theoretische und praktische Erkenntnis liegt auf einer anderen Ebene.

7.5 Die Unhintergehbarkeit des Moralischen

Nietzsche ist kein Amoralist. Er bewegt sich mit seiner Kritik, wie heftig auch immer sie ausfällt, nicht außerhalb der Moral. Nietzsches Projekt wird letztlich gerade von dem Glauben an den bedeutsamen Stellenwert der Moral bestimmt. Sein Ziel ist nicht die Negierung aller Werte, sondern deren Neubewertung und konstruktive Neuschaffung jenseits verlogener Heuchelei und ressentimentbesetzter Rationalisierung. Seine Genealogie der Moral ist der Versuch, die Schichten im verfremdenden Entstehungsprozess moralischer Prinzipien bloßzulegen und sich – befreit vom sozialen Spiel der Moralisierungsmaskerade – auf den ursprünglichen Kontext und Gehalt dieser Prinzipien zu besinnen.

Nietzsches Schreiben bestimmt die Hoffnung, den unverfälschten Wert der Moral zu erschließen. Aus seinen Texten lässt sich eine gewisse Bereitschaft zur Anerkennung moralischer Standards erschließen, sofern diese herausgelöst aus Interessenstrategien für sich genommen stehen. Sein Immoralismus konkretisiert sich demnach im Unbehagen und Misstrauen gegenüber den gesellschaftlich gängigen Ausdrucksformen des Normativen. Nietzsche hat nach dieser Lesart nicht die Moral an sich, sondern bestimmte Verformungen des Moralischen in Frage gestellt.

Nietzsche selbst verteidigt die Nichthintergehbarkeit des Normativen nicht explizit. Doch ich denke, es lässt sich unabhängig davon eine Begründung dafür geben, dass Nietzsches Philosophie im kategorialen Rahmen des Normativen verbleibt. Jede Kritik der Moral, die auf eine Rekonstruktion unverfälschter moralischer Parameter zielt, setzt, ob sie will oder nicht, einen Standard des Moralischen voraus, der eine Idee des moralisch Richtigen oder Guten jenseits aller Instrumentalisierungen verkörpert. Das Projekt einer Genealogie der Moral, die unsere grundlegenden Werte bis an die Ursprünge zurückverfolgt, um den Weg zu einer Neubestimmung moralischer Verbindlichkeiten freizumachen, lebt ja von der Voraussetzung, dass es möglich ist, die eigentliche Aussagekraft normativer Standards zu rekonstruieren.

Nietzsches Auseinandersetzung mit der Moral ist zweifellos von einer bestimmten Vorstellung des guten Menschen inspiriert. Sein verzweifelter Kampf gegen die Allgegenwart moralischer Heuchelei und Verlogenheit lässt sich nicht auf eine pauschale Ablehnung des Moralischen reduzieren. Dennoch wird Nietzsche oft als Amoralist gelesen. Ein Grund für diese Interpretation dürfte sein, dass die konstruktive Dimension von Nietzsches Moralkritik kaum Konturen gewinnt. Die Neudefinition der Werte bleibt genau besehen Programm – weder werden die Inhalte deutlich noch werden sie in einen theoretischen Zusammenhang gestellt. Doch neben dieser inhaltlichen Unbestimmtheit verfehlt, wie Arthur C. Danto kritisiert, Nietzsches genealogische Rekonstruktion der Werte ganz allgemein die normative Dimension. Die genealogische Perspektive, und als Folge davon die Psychologisierung, überwiege. So bemerkt Arthur C. Danto: „Nietzsche zufolge kann es nicht schaden, sich immer wieder ins Gedächtnis zu rufen, dass unsere Vorstellungen (ideas) willkürliche Strukturierungen des Chaos sind, und die Frage lautet nicht, ob sie wahr sind, sondern ob und warum wir ihnen glauben sollten. Seine Antwort gab er stets in Begriffen der Psychologie; und in der Tat reduzierte sich für ihn jedes Problem auf ein psychologisches Problem.“[64]

Nietzsches Projekt der Moralkritik findet sich wiederholt mit dem Vorwurf des genetischen Fehlschlusses konfrontiert.[65] Eine Genese moralischer Normen, so lautet der Einwand, beweise weder deren Angemessenheit noch deren Gültigkeit. Eine Genealogie der Moral verkörpert demnach eine Geschichte über die Entstehung moralischer Prinzipien, die nicht die Frage der Normativität berührt.

Genealogische Argumente begegnen uns in der Geschichte der Moralphilosophie häufig. So kennen wir David Humes Versuch, die Existenz und spezifische Verfasstheit moralischer Institutionen aus ihrer Entstehungsgeschichte zu erklären.[66] Hume zufolge generiert das aufgeklärte Eigeninteresse, also die Überlegung, was zu meinem Nutzen und somit zum Nutzen aller und zum allgemeinen Wohle ist, die künstlichen Tugenden, also die Institutionen der Moral und des Rechts. Eine Reihe von Interpretinnen und Interpreten liest Humes genealogische Rekonstruktion moralischer Institutionen als direkten Ausdruck seiner normativen Moralkonzeption und schreibt ihm einen auf dem langfristigen Eigen-

64 Danto, *Nietzsche als Philosoph,* 93.

65 Eine solche Kritik an Nietzsche findet sich in: Henning Ottmann, *Philosophie und Politik bei Nietzsche,* Berlin und New York: de Gruyter 1987, 319.

66 Vgl. die Darlegung von Humes Position in dem Kapitel über den Kontraktualismus in diesem Buch.

interesse basierenden Moralansatz zu.[67] Doch diese Übertragung der Hume'schen Argumentation von der genetischen auf die normative Ebene ist als Lesart von Humes Theorie fragwürdig. Hume selbst unterscheidet klar zwischen dem genetischen und dem normativen Aspekt, zwischen der Entstehung moralischer Institutionen und der Anerkennung moralischer Standards und Prinzipien. Das Eigeninteresse bildet für ihn das Motiv zur Einführung moralischer Standards und Regeln, doch die moralische Anerkennung dieser Standards sieht Hume als eine davon getrennte Frage. Die Anerkennung und Begründung der Regeln der Moral stützt sich nach Hume auf die „Sympathie für das Allgemeinwohl".[68]

Das Beispiel von Humes Moralphilosophie sensibilisiert dafür, dass die inhaltliche Dimension des Moralischen über die Genese moralischer Standards hinausgeht und die Begründung moralischer Prinzipien über eine Genealogie der Moral nicht geleistet werden kann. Gleichfalls teilen die Ansätze evolutionärer Ethik, die sich einen Aufschluss über angemessene Standards der Ethik von einer Reflexion auf die evolutionären Rahmenbedingungen der Entstehung moralischer Vorstellungen erhoffen, das Schicksal, die interne Vorzugswürdigkeit bestimmter normativer Kriterien gegenüber anderen nicht aufweisen zu können. So wie eine evolutionäre Perspektive auf die Erkenntnis zwar deren funktionale Rolle im überlebensorientierten Anpassungsprozess erklären, nicht aber die Frage nach den Bedingungen und Kriterien gültiger Erkenntnis beantworten kann, vermag die evolutionäre Ethik nicht die normative Verbindlichkeit bestimmter ethischer Parameter zu begründen. Denn zu fragen, wie sich moralisches Denken entwickelt, ist etwas anderes als zu zeigen, welche Formen moralischen Denkens und Argumentierens gültig sind.

Dennoch vermittelt eine genetische Rekonstruktion moralischer Vorstellungen wertvolle Einsichten über die Art und den Status moralischer Entitäten, zum Beispiel, ob diese als gegebene Fakten oder als Konstruktionen zu interpretieren sind. So ist etwa fraglich, ob ein kruder metaphysischer Realismus, der Werte und Normen als direkt wahrnehmbare Fakten interpretiert, mit einer genetischen Rekonstruktion moralischer Institutionen als Ergebnis egoistischer Klugheitskalküle überhaupt vereinbar ist.

Nicht in allen Fällen, in denen philosophische Betrachtungen der Moral auch Aspekte der Moralgenese einbeziehen, ist bereits ein geneti-

67 Siehe John L. Mackie, *Hume's Moral Theory.* London und New York: Routledge 1980.

68 David Hume, *Ein Traktat über die menschliche Natur,* Band II, Buch III: Über Moral, herausgegeben von Reinhard Brandt, Hamburg: Meiner 1978, 242.

scher Fehlschluss gegeben. Denn möglich ist ja auch, dass ein bestimmter Moralzugang genau jene Prinzipien als normativ verbindlich postuliert, die die genetische Rekonstruktion als vorrangig bei der Entstehung moralischer Institutionen erwiesen hat. So erklärt der individualistische Kontraktualismus die Strategie des aufgeklärten Eigeninteresses zum normativen Ideal, also jenes Selbstinteresse, das zu rationalen Einigungen und Übereinkünften über bestimmte Normen führt und diese als verbindlich, weil rational ausweist, das andererseits aber genau die generierende Kraft bei der Entstehung moralischer Prinzipien ist.

Fraglich bleibt, ob man mit guten Gründen Nietzsches Moralanalyse einen genetischen Fehlschluss vorwerfen kann. Denn Nietzsche setzt die Perspektive der Genealogie ja nur ein, um über die Rekonstruktion moralischer Begrifflichkeiten einen unverfälschten Zugang zu deren Semantik zu gewinnen. Nietzsche beansprucht nicht, die Begründung des Normativen über die Genealogie einzulösen. In diesem Kontext ist zu berücksichtigen, dass Nietzsche nicht das Programm der Ausformulierung und Rechtfertigung einer philosophischen Moraltheorie verfolgt, sondern sich auf die Kritik der Moral konzentriert. Denn die radikale Hinterfragung der gesellschaftlich de facto akzeptierten moralischen Vorstellungen verweist, wie bereits betont, selbst wieder auf moralische Werte.

Ein philosophischer Ansatz, der sich die Läuterung der Moral zum Ziel setzt, kann aus Konsistenzgründen nicht die Moralbegründung durch die Moralgenese ersetzen. Die Frage nach der Rechtfertigung der Moral wird in Nietzsches Schriften nicht aus prinzipiellen, sondern aus programmatischen Gründen vernachlässigt: Nietzsches Interesse galt schlicht anderen Aspekten. Doch daraus lässt sich nicht auf Nietzsches Verwechslung von Genese und Rechtfertigung schließen.

In die Nähe eines umfassenden Skeptizismus scheinen jene zeitgenössischen Apologeten Nietzsches zu geraten, die seine Kritik der Moral zur dekonstruktiven Relativierung moralischer Standards zugespitzt haben. Nietzsches Hinterfragung aller Vernunftkonstruktionen hat auch die Theoretikerinnen und Theoretiker der Postmoderne beeinflusst, die Vernunft und Universalität als Konstruktionen der Macht entlarven und deren Vernunftkritik das Ende der großen moralischen Entwürfe postuliert. Eine Vernunftkritik, der alle normativen Geltungsansprüche als Demonstrationen der Machtausübung und Herrschaftskontrolle gelten, spricht gleichsam jedem Anspruch auf normative Gültigkeit a priori die Berechtigung ab. Die Frage, ob die postmoderne Vernunftkritik in einer solchen Relativierung endet, bleibe dahingestellt. Doch viel spricht dafür, dass auch die kritischen Anliegen postmoderner Denkerinnen und

Denker implizit auf normative Parameter zurückverweisen. Die Genealogie des Subjekts, wie sie Michel Foucault in seinen Arbeiten entwickelt, richtet sich etwa darauf, die Machtstrukturen bloßzulegen, in die das Subjekt eingebunden ist. Und eine feste Rolle in diesem Spiel der Beherrschung und Unterwerfung spielen die universellen Regeln der Moral und Vernunft, die vorgeblich der Humanisierung dienen.[69] Die Normen der Moral und des Rechts binden nach Foucault die Individuen in ein System von Bekenntnissen und Geständnissen, das letztlich ihre individuelle Autonomie untergräbt. Demgegenüber will Foucault durch eine Ästhetik des Selbst, die an ein antikes Verständnis der Ethik anknüpft, die Freiheit des Individuums zurückgewinnen. Die Inszenierung und Stilisierung der eigenen Existenz, die Besinnung auf Schönheit und Lebenskraft, verhilft den Individuen zu Autonomie und Widerstand gegen Konformität und politische Unterwerfung.[70] Ein solcher Ansatz reformuliert den Bereich des Normativen, transzendiert diesen aber nicht. Eine Ästhetisierung des Politischen und eine Ethik des Selbst stellen gleichfalls normative Entwürfe dar und müssen sich auf ihre Berechtigung und Angemessenheit befragen lassen.

Die postmodernen Denkerinnen und Denker haben, anknüpfend an Nietzsche, für das Phänomen sensibilisiert, dass die Intentionen und Bestrebungen der Moral sich unter den Aspekten von Einfluss, Dominanz und Macht nur zu leicht verkehren. Und eine Kultur, die um die Mechanismen der Rationalisierung weiß, die das Problem kennt, dass nicht alle unmittelbaren Gründe auch die eigentlichen Gründe sind und dass mächtige psychische Kräfte logisch anmutende Begründungsgeschichten produzieren, die sich bei näherem Zusehen als heuchlerische Beschönigungen und Lügenkonstrukte im eigenen Interesse erweisen, muss sich nachhaltig die Frage stellen, wie die Authentizität der Moral auf der Ebene der Individualethik und der Sozialethik zu wahren ist.

Dies verweist auf die kritische Reflexion der subjektiven Beweggründe des Handelns, eine Reflexion, die von den Analysemöglichkeiten der Vernunft bestmöglichen Gebrauch macht. Und dieser Gebrauch beschränkt sich nicht auf das eigene Bewusstsein der Subjekte, denn die Gründe, die das Ich anführt, sind im Raum der interpersonalen Begegnung und der Kommunikation auch Gründe für andere. Die Fragen,

69 Siehe Michel Foucault, Nachwort. Das Subjekt und die Macht, in: Hubert L. Dreyfus und Paul Rabinow (Hg.), *Michel Foucault.* Jenseits von Strukturalismus und Hermeneutik, Frankfurt am Main: Athenäum 1987, 243–261.

70 Siehe Michel Foucault, Interview. Genealogie der Ethik: Ein Überblick über laufende Arbeiten, in: Hubert L. Dreyfus und Paul Rabinow (Hg.), *Michel Foucault,* 265–292.

Zweifel, Ansprüche und Verletztheiten der anderen sind ein Korrektiv unserer privaten Konstruktionen, vor allem jener, die uns über das Eingeständnis eigener Verfehlungen bequem hinweghelfen sollen.

Die Moral hat nicht nur auf der Ebene individueller Handlungen, sondern auch im öffentlichen Kontext großes Gewicht. Der Katalog der Menschenrechte entspricht moralischen Vorstellungen, die für viele eine Grundlage einer demokratischen Weltordnung bieten. Solche Projekte, will man sie überhaupt in einem minimalen Sinn ernst nehmen, vertragen sich schlecht mit Relativierung und mit dem umfassenden Verdacht, dass jede Berufung auf moralische Argumente schon a priori im Dienste anderer Interessen steht. Moral ist nicht Moralisierung.

Doch Moralisierung ist die Schwachstelle der Moral. Selbstredend durchziehen unser gesellschaftliches und kulturelles Leben die Spuren schamloser Instrumentalisierung: So sind bestimmte Steuern angeblich „sinnlos“, wenngleich sie einen egalitären Nebeneffekt haben. Beschränkungen der Höhe von Wahlkampfspenden verstoßen angeblich gegen das Prinzip der Redefreiheit, obwohl große finanzielle Zuwendungen einen deutlichen Einfluss auf das politische Programm wahlwerbender Politikerinnen und Politiker haben. Und Kriege gelten als „gerecht“, auch wenn sie aus vordergründigen ökonomischen und hegemonialen Interessen geführt werden. Argumentationsmuster wie diese sind Teil unserer Alltagskultur, Teil einer Moralkultur, die sich der Semantik normativer Ideen bestens zu bedienen und den eigenen Verpflichtungen kühl zu entgehen weiß. Doch die Qualität unseres sozialen Lebens hängt nicht zuletzt daran, diese Strukturen zu durchschauen und bloßzulegen. Einen schonungslosen Versuch, dies zu tun, finden wir in Nietzsches Schriften. Selbst wenn wir nicht so weit gehen wie Nietzsche in seinen erbarmungslosen Angriffen auf die Moral, so vermitteln uns Nietzsches Analysen eine Ahnung von der Komplexität des Unterfangens, die Moral aus ihren instrumentalisierenden Verstrickungen zu befreien.

8. Metaethik

Die Theorien der normativen Ethik versuchen, das Wesen der Moral zu bestimmen und entsprechende Standards moralischer Richtigkeit zu definieren. Im Mittelpunkt der normativen Ethik stehen, wie wir gesehen haben, folgende Fragen: Welche Richtlinien und grundlegenden Prinzipien sagen uns verbindlich, welche Handlungsweisen geboten oder verboten sind und welche Dispositionen und Haltungen als gut und verdienstlich gelten können?

Normativ-ethische Überlegungen setzen bestimmte Annahmen über die Bedeutung der Begriffe der Moral voraus. Gleichfalls stützen sich normativ-ethische Argumentationen auf bestimmte Verfahren und Methoden, um moralische Prinzipien und Urteile als gut begründet aufzuweisen. Auffassungen über die Bedeutung moralischer Begrifflichkeiten und über die Gültigkeit bestimmter Grundsätze reichen über die normative Ethik hinaus und sind Teil der Metaethik, also der philosophischen Reflexion über die Sprache der Moral.

Normative Ethik und Metaethik hängen zusammen. So setzen unsere Annahmen über die Bedeutung moralischer Urteile, zum Beispiel, ob diese kognitiven oder bloß emotiven Gehalt haben und lediglich affektiv auf uns und andere wirken, dem Grenzen, was wir an moralischen Standpunkten vertreten können. Wenn wir moralische Urteile nur als Ausdruck von subjektiven Gefühlen und Empfindungen interpretieren, dann können wir schwerlich eine normativ-ethische Konzeption vertreten, die klare Kriterien des objektiv Richtigen und Falschen zu vermitteln beansprucht. Die Theorien der normativen Ethik treffen implizit eine Reihe von metaethischen Annahmen. Auch wenn diese Ansätze ihre metaethischen Verpflichtungen nicht immer explizit thematisieren, so müssen ihre normativen Thesen und ihre metaethischen Voraussetzungen konsistent und miteinander verträglich sein.

8.1 Kognitivismus und Nonkognitivismus

Eine der wesentlichen metaethischen Fragen ist, ob moralische Urteile kognitiven Gehalt haben, ob sie eine Art von Erkenntnis oder kognitive Einsicht zum Ausdruck bringen oder ob sie lediglich Gefühle und Affekte artikulieren. Moralischen Urteilen kognitiven Gehalt zuzuschreiben kann zum einen bedeuten, dass man sie analog zu deskriptiven Aussagen als wahr oder falsch versteht. Der Kognitivismus findet sich aber auch in einer schwächeren Form. Moralische Urteile sind dann in dem Sinn kognitiv, dass sich ihre Richtigkeit oder Gültigkeit argumentativ bestimmen lässt. Doch nach dieser Version des Kognitivismus sind moralische Urteile nicht in der Art empirischer Aussagen wahr oder falsch.

Viel hängt in der Kognitivismus-Frage davon ab, von welcher Wahrheitskonzeption man ausgeht. Setzt man beispielsweise eine Korrespondenztheorie der Wahrheit voraus, dergemäß die Wahrheit einer Aussage in der Korrespondenz mit den entsprechenden Fakten besteht, so müssen wir im Fall wahrer moralischer Urteile moralische Tatsachen annehmen, die den moralischen Urteilen entsprechen oder diese als falsch erweisen. Dies führt dann zu der Frage, ob es besondere Tatsachen moralischer Art gibt.

Nicht wenige Philosophinnen und Philosophen finden die These, dass es analog zu natürlichen Tatsachen *moralische* Fakten gibt, ontologisch höchst dubios. Nimmt man aber an, dass Wahrheit oder Gültigkeit nicht über eine Aussagen-Fakten-Korrespondenz definiert und festgestellt wird, dann sind wir nicht auf die Existenz moralischer Tatsachen verpflichtet. Eine Alternative ist zum Beispiel eine Kohärenztheorie der Wahrheit, die Wahrheit an die Kohärenz von Aussagen- oder Urteilssystemen bindet. Die Richtigkeit moralischer Urteile hängt in diesem Fall von deren Übereinstimmung mit gut etablierten und als gültig akzeptierten moralischen Prinzipien ab. Eine minimalistische Theorie der Wahrheit ermöglicht gleichfalls, die ontologische Voraussetzung moralischer Fakten zu umgehen. Statt Wahrheit als substantielle Relation zwischen Sätzen und Fakten zu definieren, ist nach der minimalistischen Wahrheitstheorie der Begriff der Wahrheit rein über das Schema „S ist wahr dann und nur dann, wenn S“ erklärt.[1] Die minimalistische Theorie erlaubt, normative Sätze – un-

1 Zu einer minimalistischen Theorie der Wahrheit vgl. Paul Horwich, *Truth*, Oxford: Blackwell 1990.

abhängig von allen ontologischen Annahmen – als „wahrheitsfähig" *(truth-apt)* zu bezeichnen. Der Kognitivismus setzt also nicht unbedingt voraus, dass es so etwas wie moralische Tatsachen gibt. Denn neben der Prüfung der Korrespondenz von Urteilen mit bestimmten Fakten gibt es noch andere Möglichkeiten, ein moralisches Urteil als richtig zu bestimmen.

Der Nonkognitivismus geht davon aus, dass moralische Urteile weder wahr noch falsch sind. In der Metaethik-Debatte finden sich radikalere und gemäßigtere Formen des Nonkognitivismus vertreten. Dem extremen Nonkognitivismus – dem Emotivismus – zufolge fehlt moralischen Urteilen jeder kognitive Gehalt. Moralische Äußerungen sind lediglich Ausdruck von Gefühlen der Zustimmung oder der Ablehnung. Der radikale Emotivismus sieht moralische Urteile als Gefühlskundgebungen positiver oder negativer Art, deren semantischer Status mit Ausrufen wie „Oh je!" oder „Wunderbar!" vergleichbar ist. Vertreter des Logischen Empirismus wie Rudolf Carnap und auch Alfred Jules Ayer haben eine solche Interpretation moralischer Urteile verteidigt, die sich als Konsequenz des programmatischen Versuchs der Neopositivisten ergibt, empirisch sinnvolle von metaphysisch sinnlosen Aussagen mit Hilfe eines empiristischen Sinnkriteriums abzugrenzen.[2] Eine empiristische Philosophie, die nur jene Sätze als bedeutungsvoll anerkennt, für die eine Methode der Verifikation benennbar ist, kann der Semantik moralischer Urteile nicht gerecht werden.

Eine moderatere Form des Emotivismus sieht zwar die wesentliche Funktion moralischer Äußerungen in ihrem Empfehlungscharakter, spricht aber moralischen Urteilen einen deskriptiv-kognitiven Gehalt zu. Moralische Urteile haben zwei Komponenten: eine deskriptive und eine emotiv-empfehlende. „X ist gut" bedeutet demnach „X hat Eigenschaften A, B, C und aufgrund dieser Eigenschaften lehne ich X ab (oder: werte ich X als positiv), und ich empfehle dir, dies auch zu tun".[3] Doch auch diese gemäßigtere Version des Emotivismus bedingt einen weitgehenden Subjektivismus. Selbst wenn Einigkeit über die deskriptiven Prädikate von X herrscht, so lässt der Emotivismus divergente moralische Haltungen der Zustimmung oder Ablehnung von X zu. Es bleibt dem Subjekt und seinem Empfinden überlassen, wie es sich zu X äußert.

Der Präskriptivismus Richard Hares ist eine andere Version einer Zwei-Komponenten-Konzeption moralischer Urteile. Nach Hare haben

2 Siehe Alfred Jules Ayer, *Sprache, Wahrheit und Logik*, Stuttgart: Reclam 1970, Kap. VI.

3 Vgl. Charles L. Stevenson, *Ethics and Language*, New Haven und London: Yale University Press 1944, 206–242.

moralische Urteile einen deskriptiven Teil und eine präskriptive Komponente. Hare hat aber eine wesentlich objektivere Sicht der Sprache der Moral als die Emotivisten. So geht Hare davon aus, dass aus einer Bedeutungsanalyse moralischer Begriffe wie *sollen* oder *gut* Kriterien des moralisch Richtigen und Falschen zu gewinnen sind. Damit hofft Hare, eine überzeugende Begründung moralischer Prinzipien zu liefern. Die Idee ist einfach: Wenn sich über die Analyse moralischer Begriffe und die Reflexion auf deren nicht hinterfragbare sprachlogische Voraussetzungen gewisse moralische Prinzipien erschließen, dann können diese Prinzipien als gesichert und begründet gelten. So betrachtet Hare das Prinzip der Universalisierbarkeit als einen Grundsatz der Logik der moralischen Sprache. Dieses Prinzip sichert in einer ersten Form die Konsistenz moralischen Urteilens. Die logische Universalisierbarkeit verlangt von uns, relevant ähnliche Fälle gleich zu beurteilen. Falls wir X als schlecht beurteilen, sind wir aus Gründen der Konsistenz verpflichtet, auch alle X relevant ähnlichen Handlungsweisen als schlecht zu bezeichnen.[4]

Hares moralphilosophische Position ist ein gutes Beispiel für das Zusammenspiel von normativer Ethik und Metaethik. Denn Hare versucht, aus der Sprachanalyse eine ethische Theorie zu gewinnen. Die Universalisierungsbedingung legt für Hare einen Utilitarismus nahe. Aus dem Prinzip der Universalisierbarkeit folgt nach ihm der Grundsatz der Gleichwertung der Interessen aller, der nur eine andere Formulierung des utilitaristischen Prinzips „Jedermann zähle als einer, keiner mehr als einer" darstelle.[5]

Doch dieser Anspruch ist überzogen. Die Begründungen der substantiellen Annahmen einer normativen Ethik reichen über die Bedeutungsanalyse moralischer Begriffe hinaus. Die sprachlogischen Voraussetzungen des moralischen Diskurses zeichnen nicht eine einzige ethische Theorie als korrekt aus. So ist die Bedingung der Universalisierbarkeit nicht nur im Utilitarismus wichtig, sondern spielt auch in der kantischen Ethik eine maßgebliche Rolle. Hares Präskriptivismus ist keine subjektivistische Interpretation moralischer Äußerungen, sondern bleibt mit dem Versuch verknüpft, moralische Urteile objektiv als richtig zu begründen oder als falsch zu verwerfen. Doch die inhaltliche Dimension der dazu erforderlichen normativen Standards ist nicht auf allgemeine präskriptive Bedeutungskomponenten reduzierbar.

4 Siehe Richard M. Hare, *Die Sprache der Moral,* Frankfurt am Main: Suhrkamp 1972, 110–113; ders., *Freiheit und Vernunft,* Frankfurt am Main: Suhrkamp 1983, Kap. 10.

5 Ebd., 138.

Der von Allan Gibbard und Simon Blackburn vertretene metaethische Expressivismus stellt gleichfalls eine Weiterentwicklung des Emotivismus dar.[6] Nach dem Expressivismus beschreiben Sätze, die moralische Begriffe enthalten – zum Beispiel „Es ist falsch, Menschen in Armut leben zu lassen" – keine Fakten. Die primäre Funktion moralischer Sätze, in denen Begriffe wie „gut", „gerecht", „richtig", „verwerflich" oder „falsch" vorkommen, besteht nicht im Behaupten von Tatsachen, sondern darin, bestimmte evaluative Einstellungen und Haltungen gegenüber einem Objekt der Bewertung auszudrücken. Während aber für den metaethischen Emotivismus, wie ihn Ayer vertreten hat, moralische Sätze keinerlei Wahrheitsbedingungen haben, so lassen die nichtsubjektivistischen Konzeptionen des Expressivismus die Rede von Wahrheitsbedingungen zu. Allerdings vertreten sie eine „deflationäre" oder „minimalistische Wahrheitskonzeption": zu behaupten, dass X wahr ist, fügt demnach der Feststellung von X nichts hinzu. Zu sagen, dass es wahr ist, dass Armut Menschen unglücklich macht, fügt demnach der Aussage „Armut macht Menschen unglücklich" nichts hinzu.

Der Kognitivismus vermittelt ein treffenderes Bild unseres Sprachgebrauchs als der radikale Emotivismus. Wir diskutieren über moralische Fragen mit dem Anspruch, etwas kognitiv Gehaltvolles zu sagen. Wir bemühen uns um begründete Meinungen und Standpunkte, und wir wissen, dass wir gute Gründe brauchen, um unsere Positionen anderen gegenüber rechtfertigen zu können. Wir verstehen moralische Kontroversen – sei es um die Zulässigkeit oder Nichtzulässigkeit der aktiven Sterbehilfe, der Vertretbarkeit der medizinischen Forschung an embryonalen Stammzellen, der Legitimität oder fehlenden Legitimität einer humanitären Intervention oder gar eines Krieges – als Debatten über Positionen, die haltbar oder nicht haltbar, die richtig oder falsch sind. Wir verstehen unsere diesbezüglichen Kontroversen nicht so, dass wir uns gegenseitig lediglich unsere jeweiligen affektiven Haltungen mitteilen.

Moralisches Argumentieren ist mehr als der Versuch emotionaler Beeinflussung. Selbst wenn wir Affekte und ihren repräsentationalen Gehalt in die moralische Betrachtung einbeziehen, so können wir die Frage nach der Angemessenheit der Empfindungen nur bezogen auf die als richtig erkannten grundlegenden Prinzipien beantworten. Der Emotivismus wird nicht dem gerecht, wie wir moralisches Denken verstehen.

6 Allan Gibbard, *Wise Choices, Apt Feelings.* A Theory of Normative Judgment, Cambridge MA und London: Harvard University Press 1990; Allan Gibbard, *Thinking How To Live,* Cambridge MA und London: Harvard University Press 2003; Simon Blackburn, *Ruling Passions.* A Theory of Practical Reasoning, Oxford: Clarendon Press 1998.

Moralische Diskurse sind Formen der Reflexion, die sich am Gewicht der besseren Argumente orientieren sollten. Selbstredend können wir dieses Bemühen um Begründung und Rechtfertigung zur Illusion erklären und in der Moral nur einen Versuch sehen, das Empfinden anderer über einen Ausdruck unserer Gefühle zu bestimmen. Doch damit verkürzen wir die inhaltlichen Aspekte, um die es in unserem Nachdenken über Fragen der Moral geht.

Die Sprachphilosophie hat sich längst von so engen Bedeutungskonzeptionen wie dem Verifikationskriterium der Bedeutung gelöst. Die Grenzen zwischen sinnvollen und sinnlosen Sätzen verlaufen nun anders, und die Auseinandersetzung über die Gründe für oder gegen moralische Urteile gilt als gehaltvolles Argumentieren. Doch die Frage ist nach wie vor aktuell, was dies genau an philosophischen Annahmen mit sich bringt. Sind wir nun auf einen Objektivismus verpflichtet oder können wir einen Subjektivismus vertreten? Auch wenn moralische Urteile als sinnvoll gelten, so ist damit nicht ein Subjektivismus ausgeschlossen, für den moralische Urteile den spezifischen Standpunkt einer Person und ihrer Interessen reflektieren. Verteidigen wir hingegen einen Objektivismus, müssen wir angeben, wie wir die objektive Gültigkeit moralischer Prinzipien und Urteile festlegen. Und dann stellt sich die Frage, auf welche ontologischen Voraussetzungen uns ein Objektivismus verpflichtet. Müssen objektive moralische Urteile etwas über Fakten aussagen? Setzen moralisch bedeutungsvolle Urteile moralische Tatsachen voraus? Wie anders bestimmen wir die Objektivität moralischer Urteile?

8.2 Realismus, Naturalismus und Intuitionismus

Die Auseinandersetzung zwischen Nonkognitivismus versus Kognitivismus berührt die Frage, ob es moralische Tatsachen gibt. Der Kognitivismus legt in einer bestimmten Lesart einen Realismus nahe. Moralische Urteile sind dann Aussagen über moralische Fakten – eine Annahme, die viele Philosophen als „metaphysisch abstrus“ kritisieren. Doch eine These über die Existenz moralischer Tatsachen ist nicht unabdingbar für den Kognitivismus. Konstruktivistische Ansätze, die moralischen Urteilen durchaus kognitiven Gehalt zusprechen, sind unabhängig von dieser ontologischen Voraussetzung formulierbar. Im Folgenden diskutiere ich die verschiedenen Versionen des Realismus: den substantiellen Realismus, den naturalistischen Realismus, den nichtnaturalistischen Realismus und anschließend den Konstruktivismus und Expressivismus. Dabei geht es um die Frage, wieweit der Realismus einen Naturalismus oder Intuitionismus nahelegt.

Eine Version des Kognitivismus betrachtet moralische Urteile als wahr oder falsch. Nimmt man nun an, dass die Wahrheit von Aussagen in einer Übereinstimmung mit Tatsachen besteht, so setzt man in Analogie zur Korrespondenz deskriptiver Aussagen mit empirischen Fakten die Existenz moralischer Tatsachen voraus. Somit legt sich ein *substantieller moralischer Realismus* nahe. Da moralische Urteile evidentermaßen keine Beschreibungen natürlicher Dinge sind, handelt es sich bei den vorausgesetzten Tatsachen um besondere Fakten, nämlich moralische Fakten. Diese sind der objektive Standard zur Bewertung moralischer Äußerungen.

Doch ist die Annahme moralischer Tatsachen plausibel? Welche Art von Objekten ist dies? Die Rede von moralischen Tatsachen scheint aus empiristischer Perspektive einigermaßen dubios, da sie uns in der direkten Wahrnehmung nicht begegnen. David Hume vertritt entschieden die These, dass wir moralische Tatsachen nicht als Teil der empirischen Welt vorfinden: „Ich denke etwa an den absichtlichen Mord. Betrachtet denselben von allen Seiten und seht zu, ob Ihr das tatsächlich oder realiter Existierende finden könnt, was Ihr *Laster* nennt. Wie Ihr das Ding auch ansehen möget, Ihr findet nur gewisse Affekte, Motive, Willensentschließungen und Gedanken. Außerdem enthält der Fall nichts Tatsächliches. Das ‚Laster' entgeht Euch gänzlich, solange Ihr nur den Gegenstand betrachtet."[7] Das Schlechte der Handlung erschließt sich nach Hume nur durch eine Reflexion auf das „Gefühl der Missbilligung", das die Betrachtung des Mordes in uns auslöst.

Gleichfalls lassen sich John Mackies Bedenken, welch merkwürdige Entitäten *(queer objects)* objektiv gegebene Werte sein müssten, direkt auf moralische Tatsachen übertragen: „Gäbe es objektive Werte, dann müsste es sich dabei um Wesenheiten, Qualitäten oder Beziehungen von sehr seltsamer Art handeln, die von allen anderen Dingen in der Welt verschieden wären."[8] Ein substantieller Realismus, der eine metaphysi-

7 David Hume, *Ein Traktat über die menschliche Natur,* Band II, Buch III: Über Moral, herausgegeben von Reinhardt Brandt, Hamburg: Meiner 1978, 210.

8 John L. Mackie, *Ethik.* Die Erfindung des moralisch Richtigen und Falschen, Stuttgart: Reclam 1981, 43. Mackie vertritt eine *Irrtumstheorie* der Moral. Dies bedeutet: Wir verstehen unsere moralischen Urteile so, als ob sie wahr und falsch sind und Aussagen über real gegebene Fakten machen. Wenn wir X als wahr oder falsch beurteilen, nehmen wir an, es gebe Dinge in der Welt, denen diese Eigenschaft (wahr zu sein, falsch zu sein) zukommt. Der Irrtum liegt nun darin, dass es keine realen oder natürlichen Objekte gibt, welche diese Werte

sche These über die Existenz moralischer Tatsachen oder moralischer Werte vertritt, kommt also nicht umhin, sich auch mit jenen Fragen auseinanderzusetzen, die als Einwände an die platonische Ideenlehre herangetragen wurden, nämlich: Ist es sinnvoll, neben den natürlich gegebenen Tatsachen noch eine andere Form von Tatsachen anzunehmen? Führt dies nicht zu einer unzulässigen ontologischen Verdoppelung des Universums? Sind moralische Tatsachen Teil der natürlichen Tatsachen oder sind sie davon separiert?

Neben diesen Überlegungen zum ontologischen Status moralischer Tatsachen stellt sich auch die Frage, ob es ein besonderes Vermögen zum Erkennen dieser Tatsachen gibt. Moralische Urteile sind präskriptiv, sie leiten unser Handeln. Unklar aber bleibt, wie objektive Werte, wenn sie Tatsachen sind, über normative Stärke verfügen. Wie können Tatsachen unser Handeln leiten? Verfügen wir über eine besondere Methode des Erkennens oder Wahrnehmens dieser Tatsachen?

Eine mögliche Antwort auf diese Fragen stellt die Verbindung zwischen dem substantiellen Realismus und dem Intuitionismus dar. Nach dem Intuitionismus verfügen wir über eine moralische Intuition in Form einer besonderen Erkenntnisfähigkeit, die uns zum Erkennen moralischer Tatsachen befähigt. Der substantielle Realismus setzt zur erkenntnistheoretischen Absicherung zwangsläufig einen Intuitionismus voraus. Jede Form des Wertobjektivismus müsse, wie Mackie schreibt, „letztlich auf die zentrale intuitionistische These zurückgreifen".[9] Die Idee dahinter ist, dass ein für konkrete moralische Anliegen relevanter Wertobjektivismus selbstredend auch eine Annahme darüber treffen muss, wie diese objektiven moralischen Tatsachen erkennbar sind. Denn ohne die Mög-

oder Eigenschaften „moralisch wahr" respektive „moralisch falsch" aufweisen. Um Mackies Punkt mit einer Analogie zu illustrieren: Wir können Aussagen über den „goldenen Berg" oder über „Pegasus" treffen und diese als „wahr" oder „falsch" interpretieren – gemessen an dem, was wir über die Eigenschaften des goldenen Berges und auch von Pegasus wissen. De facto aber gibt es in dem Fall keine realen Objekte, denen unsere als wahr oder falsch vermuteten Aussagen korrespondieren. Wir sprechen über „fiktive Entitäten" oder eben „queer objects". Daraus folgt aber nicht, dass Mackie die Sinnhaftigkeit der Moral in Frage stellt. Mackie ist kein radikaler Moralskeptiker. Er knüpft an David Hume an: Moral ist eine für unser soziales Leben maßgebliche Institution; wir müssen aber die Standards des Richtigen und Falschen mit plausiblen Argumenten einführen und uns darauf einigen. Nach Mackie können sich die Begriffe „moralisch wahr" und „moralisch falsch", „gut" und „schlecht" nur auf diese gemeinsam akzeptierten Wertestandards beziehen.
Julian Fink danke ich für eine äußerst hilfreiche Diskussion über die genaue Bedeutung von Mackies Irrtumstheorie.

9 Ebd., 44.

lichkeit, moralische Tatsachen oder objektive Werte zu erkennen, ist der Ansatz nicht umsetzbar und somit verfehlt. Es bringt nichts, moralische Urteile als Behauptungen über moralische Tatsachen zu interpretieren, wenn wir diese Übereinstimmung zwischen Urteilen und Tatsachen gar nicht prüfen können, weil uns der Zugang zu den moralischen Fakten fehlt. Da moralische Tatsachen aber besondere Tatsachen sind, muss uns moralepistemologisch ein besonderes Vermögen, eine Form moralischer Intuition leiten. Damit ist der Schritt vom metaphysischen Realismus zum Intuitionismus verständlich.

Ein Intuitionismus, der sich schlicht auf die Evidenz moralischer Wahrheiten beruft, findet wenig Zustimmung, da er zu dogmatisch-fundamentalistischen Behauptungen tendiert. Doch die meisten Philosophinnen und Philosophen, die einen Intuitionismus vertreten, haben sich bemüht, den Intuitionismus differenzierter zu fassen. Ein Beispiel dafür findet sich bereits bei G. E. Moore. Moore hat mit seinem berühmten *Argument der offenen Frage* zu zeigen versucht, dass der Begriff „gut" nicht über die Gleichsetzung mit einer anderen Eigenschaft X definierbar ist, da die Frage „Und ist X gut?" immer noch als gehaltvolle Frage gestellt werden kann und sich nicht auf eine Tautologie reduziert.[10] Nach Moore lässt sich gegen jede Definition des Typs „X ist gut" einwenden: Ist X wirklich gut? Wäre aber X gleichbedeutend mit „gut", dann wäre die Frage gar nicht sinnvoll formulierbar, sondern würde sich auf die Formel „Und ist X (auch) X?" reduzieren. Für Moore ist „gut" eine nicht analysierbare, nichtnatürliche Eigenschaft und als solche nur durch Intuition zu erkennen. Doch diese Form direkter moralischer Wahrnehmung bezieht sich eben nur auf den grundlegendsten ethischen Begriff, nämlich „gut".

Moore stellt klar, dass er keinen solchen Intuitionismus vertreten will, der die grundlegenden moralischen Gesetze schlicht als evident behauptet. Denn der Umstand, dass „ein Urteil wahr erscheint", kann nach Moore „niemals ein triftiges Argument dafür sein, daß es wirklich wahr ist".[11] Intuitionen bieten, wie Moore betont, keine „Alternative zu Vernunftgründen".[12] Der Intuitionismus bleibt also verknüpft mit der Suche nach guten Gründen, Gründen dafür, warum uns etwas als einleuchtend oder wahr erscheint. Und in dieser schwächeren Form ist der Intuitionismus wohl unabdingbar für die Ethik. Die Suche nach begründbaren Prinzipien der Ethik kommt nicht ohne Einsichten in gute und schlechte

10 G. E. Moore, *Principia Ethica*, Stuttgart: Reclam 1996, 39–48.
11 Ebd., 205.
12 Ebd., 206.

Gründe, tolerierbare oder inakzeptable Konsequenzen, in korrekte oder verfehlte Wertvoraussetzungen aus. Notwendig bleibt dabei die Offenheit der ethischen Prinzipien für Modifikationen und Korrekturen. Und dies schließt einen Fundamentalismus unerschütterlicher Wahrheiten aus, die sich als vorgeblich evident jeder Hinterfragung entziehen.

Doch unabhängig von der Frage der möglichen Verknüpfung des metaphysischen oder substantiellen Realismus mit einer problematischen Form des Intuitionismus sprechen die ontologischen Voraussetzungen gegen den substantiellen Realismus. Die meisten Gegenwartsphilosophinnen und -philosophen scheuen die schweren Hypotheken der Existenz moralischer Tatsachen als gleichsam platonischer Wesenheiten. Dennoch verstehen sich viele Philosophinnen und Philosophen als Realisten, da moralische Diskurse für sie nach objektiven Kriterien entscheidbar sind.

Der Realismus setzt voraus, dass es objektive Kriterien zur Bewertung moralischer Urteile als richtig oder falsch gibt. Durch den Aufweis ihrer objektiven Richtigkeit entfalten moralische Urteile ihre handlungsleitende Kraft. Kennzeichnend für diese Urteile ist ihr normativer Charakter: Sie sagen uns, was zu tun gut oder schlecht ist und was wir tun sollen. Moralische Urteile begegnen uns nicht in der Form unverbindlicher subjektiver Empfehlungen, die wir entweder aufgreifen oder ignorieren können. Sie stellen an uns Forderungen, denen wir wegen der Regelgebundenheit unserer sozialen Lebensformen und der damit verknüpften Rechtfertigungserwartungen letztlich nicht zu entgehen vermögen. Die metaphysikkritischen Versionen des Realismus wollen diesen Eigenschaften moralischer Urteile gerecht werden, ohne zu starke ontologische und moralepistemologische Thesen zu vertreten. Will man also die problematischen Voraussetzungen des substantiellen Realismus vermeiden, gilt es, andere Interpretationen des Realismus zu entwickeln.

Eine dieser Alternativen zu einem metaphysischen Realismus ist der *naturalistische Realismus.*[13] Der naturalistische Realismus nimmt an, dass es moralische Tatsachen gibt. Da der Naturalismus moralische Tatsachen mit natürlichen Tatsachen gleichsetzt, vermeidet er das Problem der ontologisch absonderlichen Entitäten. Nach dem Naturalismus lassen sich moralische Urteile in nichtmoralische Urteile übersetzen. „X ist

13 Vgl. Peter Railton, Moral Realism, in: Stephen Darwall, Allan Gibbard und Peter Railton (Hg.), *Moral Discourse and Practice.* Some Philosophical Approaches, New York und Oxford: Oxford University Press 1997, 137–163; Richard Boyd, How To Be a Moral Realist, in: Stephen Darwall, Allan Gibbard und Peter Railton (Hg.), *Moral Discourse and Practice,* 167–178. Für eine eingehende Auseinandersetzung mit dem Realismus siehe Peter Schaber, *Moralischer Realismus,* Freiburg und München: Alber 1997.

moralisch schlecht“ ist gleichbedeutend mit „X besitzt diese oder jene natürlichen Eigenschaften“. Doch wie plausibel ist es, moralische Urteile als gleichbedeutend mit deskriptiven Urteilen anzunehmen?

Der naturalistische Realismus entwickelt eine differenzierte Sicht der Übereinstimmung von natürlichen und moralischen Eigenschaften. Wir haben bereits ein prominentes Argument angesprochen, das gegen die Gleichsetzung moralischer und natürlicher Eigenschaften vorgebracht wird – nämlich G. E. Moores Argument der offenen Frage. Genau diesem Einwand entgehen aber die neueren Naturalismusansätze, indem sie von einer subtilen Interpretation der hier erforderlichen Definitionsart ausgehen. Die in diesem Kontext angemessenen Definitionen drücken nicht mehr eine analytische Bedeutungsbeziehung zwischen „gut“ und der natürlichen Eigenschaft X aus, sondern ergeben sich durch empirische Untersuchungen und empirisches Wissen. Die Definitionen sind synthetisch, also offen für weitere Betrachtungen über den Zusammenhang zwischen Wertprädikaten und natürlichen Prädikaten.

Geht man von einem solchen Verständnis von Definitionen aus, dann ist die Frage „Ist X gleichbedeutend mit Y?“ sinnvoll. Die Frage bedeutet keine Relativierung der Definition. Diese Relativierung würde nur dann folgen, wenn eine analytische Relation zwischen X und Y und die Synonymität der Begriffe gegeben wäre. Beispiele für solche synthetischen Definitionen sind „H_2O ist Wasser“ oder „X ist genau dann Metall, wenn es aus diesen bestimmten Atomen zusammengesetzt ist“.[14] Da in der Definition kein analytischer Zusammenhang zwischen Definiendum und Definiens besteht, führen die Fragen, ob Wasser H_2O ist oder ob das Metall X die Atomstruktur Y hat, nicht zu einer radikalen Infragestellung der Definition. Sie weisen nicht die Definition als unangemessen nach, sondern zeigen nur, dass es zusätzlicher empirischer Argumente bedarf, um die Definition zu untermauern. Die Überlegung, ob X wirklich gut ist, mag durchaus berechtigt sein, und die zusätzlichen Gründe für die Definition, die dann anzuführen notwendig wird, können wichtige Aufschlüsse über moralische Zusammenhänge vermitteln.

Allerdings bleibt noch die Frage offen, welche natürlichen Tatsachen als moralische Tatsachen identifizierbar sind. Eine mögliche Antwort lautet, dass sich natürliche Tatsachen wie die Interessen oder das Wohlergehen der Menschen als moralische Tatsachen qualifizieren. Das Urteil

14 Siehe Schaber, *Moralischer Realismus,* 139; vgl. auch den Übersichtsartikel von Thomas Schmidt, Realismus/Intuitionismus/Naturalismus, in: Marcus Düwell, Christoph Hübenthal, Micha H. Werner (Hg.), *Handbuch Ethik,* Stuttgart-Weimar: J. B. Metzler 2002, 49–60.

„X ist gut" drückt demnach aus, dass X den Interessen von Person A und deren Wohlergehen dient oder den objektiven Interessen einer Gemeinschaft förderlich ist. Doch der Einwand liegt nahe, dass der Hinweis auf die Interessen und das Wohlergehen der Person eine Vorstellung moralischer Art und nicht eine natürliche Tatsache im eigentlichen Sinn ist. Auch andere Dinge, die wir als gut für Personen bezeichnen, wie soziale Beziehungen, Freundschaften, Familienkontakte, erfüllende Berufstätigkeiten sind zwar gut, doch nur in einem weiteren Sinn können sie als natürliche Tatsachen gelten. Die Gleichsetzung moralischer mit natürlichen Tatsachen ist also weiterhin fraglich.

Manchmal wird versucht, das Verhältnis zwischen moralischen und natürlichen Tatsachen in einem schwächeren Sinn zu bestimmen. Moralische Eigenschaften folgen demnach aus natürlichen Eigenschaften; moralische Eigenschaften sind *supervenient* mit Bezug auf die natürlichen Eigenschaften. Der Begriff der *Supervenienz* besagt: Eine Gruppe von Eigenschaften des Typs A superveniert über Eigenschaften des Typs B genau dann, wenn es nicht möglich ist, die Eigenschaften des Typs A zu ändern, ohne jene des Typs B zu ändern. Dies bedeutet: Wenn einem Subjekt oder einem Gegenstand X eine moralische Eigenschaft (z.B. gut) zukommt und X auch eine Menge von nichtnatürlichen Eigenschaften hat, dann supervenieren die moralische Eigenschaft und die natürlichen Eigenschaften, wenn eine Änderung der natürlichen Eigenschaften notwendig auch eine Änderung der moralischen Eigenschaft zur Folge hat. Wir können darauf schließen, dass etwas, das die gleichen natürlichen Eigenschaften wie X hat, auch die gleiche moralische Eigenschaft zukommt.[15]

Doch in diesem Sinn sichert die Supervenienz nur die konsistente Beurteilung relevant ähnlicher Dinge. Das eigentliche Problem, das sich in diesem Kontext stellt, nämlich ob moralische Tatsachen in irgendeinem Sinn auf natürliche Tatsachen reduzierbar sind und ob sich moralische Urteile aus Urteilen über natürliche Eigenschaften ableiten lassen, wird damit aber nicht im Sinne eines strikten Naturalismus beantwortet. Denn der Zusammenhang zwischen den natürlichen Eigenschaften und dem moralischen Urteil bleibt kontingent.[16]

15 Simon Blackburn erklärt die Relation der Supervenienz folgendermaßen: „The idea is that some properties, the A-properties, are consequential upon some other base properties, the underlying B-properties. This claim is supposed to mean that in some sense of necessary, it is necessary that if an A-truth changes, some B-truth changes; or if two situations are identical in their B-properties they are identical in their A-properties." Blackburn, *Spreading the Word.* Groundings in the Philosophy of Language, Oxford: Clarendon Press 1984, 182, 183.

16 Vgl. dazu Schaber, *Moralischer Realismus,* 106f.

Einige Autorinnen und Autoren sehen den naturalistischen Realismus an einen weiter gefassten Begriff von Tatsachen geknüpft, der von einem engen Verständnis des „Natürlichen" abstrahiert. Dinge wie Interessen, Wohlergehen, Schaden und Schmerz, die durch eine Handlungsweise gefördert oder vermindert werden, gelten dann als Tatsachen, auf die sich die moralischen Urteile richten. Wenn eine Handlungsweise jemandem Schaden zufügt, dann ist diese Handlungsweise schlecht. Die Tatsache, die einem solchen Urteil zugrunde liegt, lässt sich auf der Basis entsprechender Beobachtungen feststellen. Und ausgehend von diesem Beobachtungszusammenhang werden dann weitere Kriterien zur Begründung solcher Urteile formuliert, etwa die Kohärenz mit anderen gut gesicherten Urteilen oder die Übereinstimmung mit anderen etablierten Überzeugungen.

Allerdings entfernt sich eine solche Version des Realismus von einem substantiellen naturalistischen Realismus und nähert sich weitgehend einem Realismus der guten Gründe an. Maßgeblich ist nach dieser Version des Realismus, jene Verfahren zu bestimmen, mit denen wir zu begründeten moralischen Urteilen gelangen. Die Frage der Identität moralischer Tatsachen mit natürlichen Tatsachen oder deren Reduktion auf natürliche Tatsachen wird sekundär. Wenn die Legitimität dieser Verfahren nicht von bestimmten ontologischen Voraussetzungen abhängt, dann ist das Nachdenken darüber, ob moralische Tatsachen neben natürlichen Tatsachen existieren oder auf natürliche Tatsachen reduzierbar sind, nicht mehr von entscheidender Bedeutung. Bevor wir uns mit dem Realismus der guten Gründe beschäftigen, sei eine bewusst nicht an einen Naturalismus gebundene Version des Realismus erläutert.

Ein *nichtnaturalistischer* Realismus nimmt an, dass es moralische Tatsachen gibt, die nicht auf natürliche Tatsachen reduzierbar sind. Für diese Version des Realismus gilt es, eine metaphysisch unbelastete Erklärung nichtnatürlicher Tatsachen zu finden. Eine solche Reformulierung des nichtnatürlichen Realismus entwickelt John McDowell. McDowell vertritt die These, dass Werte vergleichbar sind mit sekundären Qualitäten wie Farben.[17] Sekundäre Qualitäten manifestieren sich erst in der Wahrnehmung eines Gegenstandes; die Farbe Rot wird einem Objekt also nur deshalb zugesprochen, da uns dieses unter gewöhnlichen Bedingungen als rot erscheint.

17 Siehe John McDowell, Values and Secondary Qualities, in: Stephen Darwall, Allan Gibbard und Peter Railton (Hg.), *Moral Discourse and Practice,* 201–213. Primäre Qualitäten sind Eigenschaften, die von materiellen Objekten nicht trennbar sind (nach John Locke sind dies Größe, Gestalt, Bewegung und Festigkeit). Die sekundären Qualitäten sind die durch die primären Qualitäten der Objekte in den Beobachterinnen und Beobachtern ausgelösten Sinneserfahrungen.

Analog verhalten sich nach McDowell die Dinge im Fall moralischer Werte: Aufgrund der Wahrnehmung von X wird X zum Beispiel die Eigenschaft „gut" zugesprochen. Es hängt von der Wahrnehmung der Objekte ab, ob diese als gut oder als schlecht beurteilt werden. Moralische Wahrnehmungen resultieren in bestimmten Haltungen und Einstellungen. Die moralische Wahrnehmung ist ein allgemeiner Blickwinkel, unter dem wir Situationen, Handlungsweisen und Individuen betrachten. Dies ist allerdings keine subjektivistische Perspektive, sondern eine durch Reflexion über die Gegebenheiten und unser Wissen um Gutes und Schlechtes objektivierbare Sicht der Dinge. So wie Farben, Töne, Geräusche und Gerüche nur Dispositionen von Objekten sind, die bestimmte Wahrnehmungen auslösen, so bedingen objektive Werte als Dispositionen von Situationen, Handlungsweisen und Individuen bestimmte moralische Wahrnehmungen. Farben, Töne, Geräusche sind nicht als reale, klar umreißbare ontologische Entitäten gegeben, sondern resultieren aus dem Zusammenspiel von real gegebenen Objekten und Wahrnehmungen. Und analog konstituieren sich objektive Werte, die sich nicht direkt als konkrete Objekte in der Welt finden, über Wahrnehmungen.

Ein Einwand gegen McDowells nichtnatürlichen Realismus lautet, dass der Vergleich von moralischen Werten mit sekundären Qualitäten hinke. Die Analogie von moralischen Werten und sekundären Qualitäten stelle nicht nur die Objektivität moralischer Urteile in Frage, sondern deren Beurteilbarkeit als richtig oder falsch schlechthin. Denn die Analogie von moralischen Eigenschaften und sekundären Qualitäten bedeute, dass wir uns nicht täuschen oder irren können.[18]

Dieses Argument setzt aber eine bestimmte Interpretation von Wahrnehmung voraus. Der Einwand ist abhängig vom Phänomenalismus. Wenn wir etwas als rot wahrnehmen, dann haben wir den Sinneseindruck „rot". Und der Phänomenalismus betrachtet die Sinnesdaten als primär für die Wahrnehmung, aber auch für die Erkenntnis. In gewissem Sinn lassen Sinnesdaten als die unmittelbaren Einheiten der Wahrnehmung auf der phänomenalen Ebene keine Korrektur zu. Sie sind unmittelbar gegeben. Wir können uns in der Wahrnehmung der Objekte täuschen und in der Dunkelheit einen Busch am Wegrand für eine Person halten. Aber über das Sinnesdatum, einen bestimmten Farb-Figur-Eindruck, können wir uns nicht mehr täuschen.

Der Phänomenalismus versucht, das irrtumssichere Potenzial der Sinnesdaten für eine Theorie der Erkenntnis zu nützen, indem die Konstitution von Objekten als bestimmten Gesetzen unterliegende Konstruk-

18 Siehe die Diskussion bei Schaber, *Moralischer Realismus,* 137.

tion aus Sinnesdaten interpretiert wird.[19] Die unmittelbare Gewissheit überträgt sich aber nicht vom phänomenalen Eindruck auf das Objekt, da die Objektkonstitution über das Sinnesdatum hinausgeht. Selbst wenn allgemeine Gesetzmäßigkeiten und kategoriale Notwendigkeiten die Objektbildung leiten, bleiben Irrtümer möglich. Wenngleich wir die unmittelbar gegebenen phänomenalen Inhalte nicht anzweifeln, erübrigt sich damit nicht die erkenntnistheoretische Beurteilung von Wahrnehmungen. Wir streiten nicht über die Sinnesdaten als solche, sehr wohl aber darüber, welchen Objektformationen diese korrespondieren. Sinneseindrücke und Urteile befinden sich epistemologisch aber auf einer anderen Ebene. Das Urteil, dass X rot ist, kann richtig sein, auch wenn Person A bei der Wahrnehmung von X kein Sinnesdatum „rot“ hat. Umgekehrt kann jemand über das Sinnesdatum „rot“ verfügen, obwohl das Urteil „X ist rot“ falsch ist.

Der erwähnte Einwand gegen den Vergleich von objektiven moralischen Werten oder Tatsachen mit sekundären Qualitäten lautet, dass man über sekundäre Qualitäten nicht diskutieren kann, sehr wohl aber über moralische Werte. Sekundäre Qualitäten sind als phänomenale Daten irrtumssicher gegeben, doch moralische Werte sind nicht in diesem Sinne unmittelbar gewiss. Dieses Argument übersieht aber, dass sich empirische Urteile ja nicht auf Sinnesdaten reduzieren. Richtig ist, dass sich jenseits der phänomenalen Werterfahrung die Frage stellt, ob die jeweiligen Werte gut begründet sind. Doch gleichfalls stellt sich die Frage, ob unsere auf Wahrnehmung basierenden deskriptiven Urteile korrekt sind. Wir lassen nicht jede Wahrnehmung als gültige Wahrnehmung durchgehen; wir kritisieren Farbenblindheit, wir wenden uns gegen Täuschungen, wir achten auf die Kohärenz unserer Urteile mit den Wahrnehmungsurteilen der anderen. Und ähnlich wollen wir auch moralische Blindheit und moralischen Irrtum konkret definieren und bezeichnen können.

Der Vergleich von Werten mit sekundären Qualitäten verdeutlicht eine Möglichkeit, die ontologische Problematik zu vermeiden. Daneben müssen wir aber auch die Richtigkeit unserer moralischen Urteile feststellen. Die Analogie zwischen moralischen Werten und sekundären Qualitäten – und die Einwände zielen wohl letztlich auf diesen Punkt – liefert darauf aber keine Antwort. Der Verweis auf die Analogie erklärt, wie wir ohne problematische metaphysische Voraussetzungen zu morali-

19 Ein solcher Ansatz findet sich in den erkenntnistheoretischen Arbeiten von Bertrand Russell. Vgl. Bertrand Russell, *Die Analyse des Geistes*, Hamburg: Meiner 2000 (Erstauflage 1921); Bertrand Russell, *The Analysis of Matter*, London: Routledge 1992 (Erstauflage 1927).

schen Urteilen kommen. Doch deren Objektivität und Korrektheit bleibt nach wie vor offen, wenn man sich moralepistemologisch nicht auf unmittelbare Wahrnehmungsevidenz zurückziehen will.

8.3 Konstruktivismus und Expressivismus

Der Konstruktivismus nimmt an, dass es Verfahrenskriterien gibt, um moralische Urteile als objektiv richtig oder falsch zu bezeichnen.[20] Es gibt ein „objektives" moralisches Sollen und objektiv gute Gründe, bestimmte Handlungen zu tun und andere zu unterlassen – und dies ohne eine Verpflichtung auf metaphysische oder natürliche moralische Tatsachen. Konstruktivistinnen und Konstruktivisten umgehen vielmehr das notorische Problem unplausibler ontologischer Voraussetzungen, indem sie sich auf die Verfahren konzentrieren, mit denen wir zu richtigen moralischen Urteilen kommen. Das konstruktivistisch Richtige wird nicht mit ontologisch merkwürdigen Entitäten assoziiert, sondern ist in normativ angemessenen Argumentations- und Verfahrensweisen zur Lösung der relevanten praktischen Fragen lokalisiert. Als die moralischen Tatsachen gelten dann die von diesem prozeduralen Argumentationsverlauf als gültig und legitim anerkannten Gründe. Wie Christine Korsgaard schreibt: „(A)ccording to constructivism, normative concepts are not (...) the names of objects or of facts or of the components of facts that we encounter in the world. They are the names of the solutions of problems, problems to which we give names to mark them out as objects for practical thought (...). To produce a constructivist account of the right or the good is to ask: is there some feature of the problem itself, or of the function named by the concept, that will show us the way to its solution?"[21]

Der prozedurale oder konstruktivistische Aspekt kommt dadurch zum Tragen, dass gültige moralische Prinzipien und richtige Urteile das Ergebnis der korrekten Anwendung eines Verfahrens sind. Moralische Richtigkeit ergibt sich aus einem Konstruktionsverfahren, das legitime Prinzipien und davon abgeleitete Urteile deswegen generiert, weil es auf

20 Korsgaard bezeichnet in einigen ihrer Texte den Konstruktivismus auch als *prozeduralen Realismus*. Vgl. Christine M. Korsgaard, *The Sources of Normativity*, Cambridge: Cambridge University Press 1996, 35.

21 Korsgaard, Christine M., Realism and Constructivism in Twentieth-Century Moral Philosophy, in: Christine M. Korsgaard, *The Constitution of Agency*. Essays on Practical Reason and Moral Psychology, Oxford: Oxford University Press 2008, 302–326, hier: 322, 323.

genau jene Voraussetzungen abgestimmt ist, die wir als unabdingbare Bedingungen der Moral betrachten. Charakteristisch für den Konstruktivismus ist die These, dass moralische Prinzipien Konstruktionen sind, die von allgemein einsichtigen Voraussetzungen ausgehen.

Als ein Beispiel kann John Rawls' Methode der Rechtfertigung von Prinzipien der Gerechtigkeit gelten. In der *Theorie der Gerechtigkeit* kombiniert Rawls eine Vertragsargumentation und eine Kohärenzrechtfertigung, um zu gesicherten Grundsätzen zu gelangen. Die kontraktualistische Überlegung ist, auf welche abstrakten Grundsätze gesellschaftlichen Zusammenlebens sich Menschen einigen würden, die in der Entscheidungssituation ihre zweifellos vorhandenen egoistischen Parteilichkeiten nicht umsetzen können, die aber dennoch autonom ihre eigene Lebenskonzeption verfolgen wollen. Rawls' Antwort ist, dass sie die von ihm vorgeschlagenen zwei Grundsätze der Gerechtigkeit konsensuell akzeptieren würden, da diese den Gesellschaftsmitgliedern genau die für ein selbstbestimmtes Leben notwendigen Rechte und Chancen einräumen. Die zusätzlich eingeführte Kohärenzbedingung verlangt, dass sich die so beschlossenen Grundsätze an unseren wohlerwogenen moralischen Einzelurteilen bewähren müssen. Die Kohärenzforderung erstreckt sich auf alle normativen Elemente dieser Konstruktion: Die Ausgangsbedingungen, die allgemeinen Grundsätze und die wohlerwogenen Einzelurteile müssen sich in einem Überlegungsgleichgewicht befinden.

Christine Korsgaard liest auch Kants Moraltheorie als Version eines Konstruktivismus (prozeduraler Realismus). Das Verfahren der Prüfung unserer Maximen durch den kategorischen Imperativ bildet bekanntlich den Mittelpunkt von Kants Theorie. Durch die Anwendung dieses Tests gelangen wir zu moralisch korrekten Urteilen. Zudem sichert dieses Verfahren die Objektivität des Normativen, da der kategorische Imperativ als definierendes Prinzip des Verfahrens eine nicht negierbare Bedingung der Möglichkeit moralischer Erkenntnis darstellt.

Die Frage stellt sich, inwieweit solch eine Position als prozeduraler Realismus gelten kann. Der Begriff „Realismus" suggeriert, dass moralische Werte real gegebene Tatsachen sind. Doch der prozedurale Moralobjektivismus interpretiert den Realismus in einem schwächeren Sinn, nämlich als die These, dass es so etwas wie moralische Forderungen, denen normative Stärke zukommt, als reale und objektive Größe unseres sozialen Lebens gibt. Das besagt, dass die Moral nicht Illusion ist, sondern eine nicht umgehbare Richtschnur unseres Miteinanders darstellt. Deshalb ist für diese Form des Objektivismus, die sich von der Existenz moralischer Tatsachen in einem substantiellen Sinn distanziert, auch der Terminus *moralischer Konstruktivismus* angemessener. Damit vermeidet man mögliche Missverständnisse, die die Rede von einem „prozeduralen Realismus" auslösen kann. Real sind die guten Gründe, die sich im Zuge eines Begründungsverfahrens ergeben. Die Objektivität der Gründe macht die Moral zu etwas Realem.[22]

Der moralische Konstruktivismus sieht moralische Prinzipien und moralische Gründe als Ergebnis eines Verfahrens. So vermeidet diese Position die Frage, welche Art von Tatsachen moralische Tatsachen sind, ob diese identisch sind mit natürlichen Tatsachen oder ob es sich um nichtnatürliche Tatsachen handelt. Der Konstruktivismus betrachtet moralische Gründe und Prinzipien als Konstrukte. Sind, so können wir fragen, diese Konstrukte nicht bloß subjektivistisch? Inwiefern stellen sie objektive Normen dar, die allen gegenüber mit guten Gründen gerechtfertigt werden können?

Die Annahme, dass moralische Prinzipien und Urteile Konstruktionen des Subjekts sind und sich nicht auf natürliche Tatsachen reduzieren lassen, scheint den Weg zum Subjektivismus zu öffnen. Konstruktionen werden gerne mit subjektivistischen Kreationen gleichgesetzt, Kreationen, zu denen uns ein projektiver Umgang mit der Welt drängt. Wir tendieren, wie manche Philosophinnen und Philosophen meinen, auf der Suche nach moralischen Gewissheiten zu einer Verdinglichung unserer inneren Reaktionen. Unseren moralischen Reaktionen unterliegt, wie John Mackie dies nennt, eine Verdinglichungstheorie, eine *objectification theory*.[23] Nach der Verdinglichungstheorie handelt es sich bei den moralischen Eigenschaften, die wir Handlungsweisen oder Charakteren zuschreiben, um reine Fiktionen, um bloße Projektionen moralischer Gefühle auf jene Handlungen und Charaktere, welche diese Empfindungen auslösen. Wir neigen dazu, eine moralische Empfindung der Ablehnung oder des Abscheus als konkrete reale Eigenschaft einer Handlung zu betrachten. Und die auf eine Handlung oder eine Person projizierte Eigenschaft wirkt wiederum auf unsere Gefühle zurück und sorgt dafür, dass wir diese Handlung unterlassen. Die Verdinglichungstheorie wird durchaus dem normierenden Charakter moralischer Urteile gerecht, da sie den Eigenschaften, die den starken inneren Empfindungen der Zustimmung oder der heftigen Ablehnung korrespondieren, präskriptive Konnotationen zuspricht. Diese wirken auf uns handlungsleitend.

22 Vgl. dazu auch Thomas Nagel, *Die Möglichkeit des Altruismus,* herausgegeben von Michael Gebauer und Hans-Peter Schütt, Bodenheim bei Mainz: Philo Verlag 1998, Kap. 10.

23 Siehe Mackie, *Hume's Moral Theory,* London und New York: Routledge 1980, 71–74.

Assoziiert man den Konstruktivismus mit einer Position, die Moral auf eine Projektion innerer Gefühle reduziert, dann scheinen moralische Urteile Ausdruck subjektiver Empfindungen und nicht objektiv überprüfbar. Der Konstruktivismus in der Form eines prozeduralen Objektivismus betrachtet hingegen den konstruktiven Zugang zu moralischen Prinzipien und Urteilen als intersubjektiv gültig, da die einzelnen Schritte des konstruktiven Überlegens mit für alle potenziell nachvollziehbaren Begründungen erfolgen. Dies schließt nicht aus, dass die Empfindungen der Subjekte eine wichtige Rolle im Kontext moralischen Urteilens spielen. Doch für eine um Objektivität bemühte Konzeption der Moral sind auch Empfindungen auf ihre Angemessenheit hin zu prüfen. Ein Konstruktivismus, der moralische Werte, Normen und Prinzipien als begründbare Konstruktionen betrachtet, kann auch die mit moralischen Urteilen assoziierten Empfindungen als Elemente dieses Konstruktionsprozesses betrachten und intersubjektiven Kriterien der Prüfung unterwerfen.

Der Expressivismus behauptet, dass wertende und normative Sätze nicht Glaubensannahmen, sondern spezifische mentale Zustände wie Wünsche, Emotionen oder Bewertungen ausdrücken. Expressivisten wie Simon Blackburn und Allan Gibbard verstehen die normative und evaluative Sprache nicht als Beschreibung unserer mentalen Zustände, sondern als Ausdruck und Artikulation unserer evaluativen Haltungen.[24]

Nach Blackburn verstehen wir normative und ethische Termini und Begriffe nur durch unser Verständnis der Aktivitäten, in denen diese Begriffe eine Rolle spielen. Dies sind Aktivitäten wie: werten; verbieten; erlauben; Entschlüsse und Vorsätze fassen; Verhalten kritisch beleuchten; Emotionen wie Ärger, Ressentiment und Scham mitteilen und Haltungen wie Bewunderung und Missliebigkeit ausdrücken. Wenn wir X als „gut" bewerten, dann wertschätzen wir X, und wir verstehen unsere Werte, wenn wir uns selbst als wertend verstehen.

Um dem Problem zu entgehen, dass sich für den Expressivismus moralische Differenzen auf unterschiedliche subjektive mentale Einstellungen reduzieren, hat Gibbard versucht, Kriterien der Angemessenheit für die ausgedrückten Haltungen zu formulieren. Normativ angemessen ist eine evaluative Haltung nur dann, wenn sie im entsprechenden Kontext sinnvoll ist, wenn also für die Person eine spezifische Form der Reaktion R Sinn macht *(making sense)*.[25] Entscheidend ist, ob unsere Haltungen soziale

24 Blackburn, Ruling Passions; Gibbard, *Wise Choices, Apt Feelings;* Gibbard, *Thinking How To Live.*

25 Gibbard, *Wise Choices, Apt Feelings,* 36–40, 48–52.

Koordination mit anderen möglich machen. Normative Sätze drücken die Akzeptanz von Normen darüber aus, wie wir fühlen und handeln sollen.

Gibbard interpretiert normative Gründe folgendermaßen: Wenn eine Person G als Grund sieht, X zu tun, dann bringt sie damit die Akzeptanz jener Normen zum Ausdruck, nach denen R für das Tun von X spricht.[26] In seinem späteren Buch *Thinking How to Live* modifiziert Gibbard seinen früheren Vorschlag und sieht Gründe als Teil von Handlungsplänen. Planende Subjekte sind nach Gibbard in einem „Hyperzustand" *(hyperstate)*: Dies ist ein Zustand, in dem die Person komplexe Meinungen über ihr erlaubtes oder nicht erlaubtes Handeln entwickelt. Wenn ein Hyperzustand konsistent ist, dann ist die Person auf eine Supervenienz-Bedingung verpflichtet: Wenn nach ihrem Plan eine Handlung H1 erlaubt ist, nicht aber die Handlung H2, dann müssen sich H1 und H2 in ihren natürlichen Eigenschaften unterscheiden.[27] Auf diese Weise versucht Gibbard, die Einbettung evaluativer Haltungen in ein Netz von normativen Verbindlichkeiten zu belegen, die deren intersubjektive Prüfung auf Angemessenheit ermöglichen.

Nach Blackburn ist wesentlich, dass wir in unseren moralischen Reaktionen auf Konsistenz und Kohärenz achten und unsere Reaktionen ein stimmiges Ganzes ergeben. Im Fall von Widersprüchen und Brüchen sind wir zur Revision gezwungen. Auf diese Weise ist eine Erklärung normativer Restriktionen möglich, die nicht auf natürliche moralische Fakten Bezug nimmt, aber doch starke Normen ins Spiel bringt. Normen sind notwendig, um uns eine kohärente Interpretation unseres eigenen Tuns vor dem Hintergrund sozialer Praktiken und sozialer Koordination zu ermöglichen.[28]

Der Konstruktivismus und der Expressivismus suchen die Schwachstellen des naturalistischen und des metaphysischen Realismus zu umgehen. Die Postulierung ontologisch dubioser Entitäten und die Reduktion moralischer Werte und Urteile auf natürliche Tatsachen wird vermieden. Doch fraglich bleibt, ob und wieweit der Konstruktivismus erklären kann, dass uns objektive moralische Grundsätze zum Handeln motivieren. Die Moral stellt an uns klare Ansprüche des Sollens und Müssens. Wenn diese Forderungen aber motivational nicht greifen, dann bleibt die Normativität der Moral leere Rhetorik.

Behauptungen über natürliche Eigenschaften, aber auch objektive Werterkenntnisse sind, wie Skeptiker einwenden, für sich genommen

26 Gibbard, *Wise Choices, Apt Feelings,* 163.
27 Gibbard, *Thinking How To Live,* 91.
28 Blackburn, *Ruling Passions,* Ch. 7, 8.

nicht handlungsmotivierend. Nur Wünsche und Begehren vermögen uns demnach zum Handeln zu motivieren. Erkenntnisse über externe Werte entfalten so gesehen ihre normative Kraft erst im Zusammenspiel mit internen Dispositionen. Diese Frage, ob uns kognitive Einsichten oder Wünsche zum Handeln motivieren, steht im Mittelpunkt der Debatte um Internalismus und Externalismus.

8.4 Internalismus versus Externalismus und das Problem der moralischen Motivation

Der Objektivismus vermittelt ein klares Bild der Moral: Moralische Grundsätze motivieren als objektiv gültige Prinzipien unser Handeln. Doch diese Bedingungen setzen Annahmen über die motivationale Stärke von Erkenntnisgründen voraus, die umstritten sind.

Die Frage ist, welche Art von Gründen uns zu motivieren vermag. Können uns Gründe als kognitive Urteile überhaupt motivieren? Oder sprechen uns auf der motivationalen Ebene nur Wünsche und Begehren an? Zu überlegen ist auch, ob hier nicht zwei getrennte Formen von Gründen ins Spiel kommen, nämlich die kognitiven Gründe praktischer Erkenntnis zum einen und die motivierenden Gründe zum anderen. Denn wenn moralische Tatsachen oder Erkenntnisse für sich genommen nicht motivational wirksam sind, dann müssen die motivierenden Faktoren in nichtkognitiven Antrieben lokalisiert werden.

In der Debatte um Internalismus versus Externalismus geht es genau um die Interpretation des Zusammenhangs von Normativität und moralischer Motivation. Das Unterfangen einer klaren Definition von „Internalismus" und „Externalismus" ist schwierig, weil die Begriffe in der mittlerweile recht komplexen Debatte unterschiedlich gebraucht werden. Nach der ursprünglichen Definition galt als „internalistisch" eine Position, die im Fall moralischer Motivation einen Wunsch auf Seiten des Subjekts annimmt. Inzwischen gelten aber auch Positionen als internalistisch, die unabhängig von der Bezogenheit auf Wünsche annehmen, dass ein Subjekt von bestimmten Gründen motiviert werden kann. Es gilt also, zwischen einem *wunschbasierten Internalismus* und einem *Gründe-Internalismus* zu unterscheiden.

Der *wunschbasierte Internalismus* besagt: A hat einen internen Grund, X zu tun, dann und nur dann, wenn A ein Motiv hat, welchem durch das Tun von X genützt oder gedient wird; anders gesagt: wenn A einen Wunsch hat, der durch das Tun von X erfüllt wird. Der wunschbasierte

Internalismus setzt also eine Zweck-Mittel-Beziehung ,zwischen den Handlungen und den Zielen des Handelnden voraus.[29]

Nach dem *Gründe-Internalismus* gilt: A hat einen Grund, X zu tun, wenn A X als richtig erkennt. Sofern A rational ist, bedingt As Erkenntnis von X auch, dass A motiviert ist, X zu tun.[30] Der *Externalismus* vertritt demgegenüber die These, dass die Aussage „A hat einen Grund, X zu tun" auch wahr sein kann, wenn A kein Motiv (keinen Wunsch) hat, X zu tun.

Der Externalismus sieht keinen Zusammenhang zwischen Gründen und Motivation. Es ist möglich, dass A einen Grund hat und dennoch nicht motiviert ist. Die kognitive Einsicht in die Richtigkeit bestimmter Gründe genügt nicht. Der Externalismus hat das Problem, dass moralische Forderungen, die uns extern gegenübertreten und die keinen motivationalen Anknüpfungspunkt in den Subjekten finden, das Wesen des Moralischen verfehlen.

Der Gründe-Internalismus muss hingegen dem bekannten Phänomen gerecht werden, dass wir manchmal nicht motiviert sind, X zu tun, wenngleich wir X als richtig erkennen. Der Gründe-Internalismus muss also zulassen, dass die Erkenntnis guter Gründe uns nicht immer zu einem bestimmten Handeln veranlasst. Und der wunschbasierte Internalismus ist mit dem Einwand konfrontiert, dass die Reduktion moralischer Motivation auf Wunscherfüllung nur Normativität im Sinne der Zweckrationalität ins Spiel bringt. Zweckrationalität ist mit beliebigen Zielen vereinbar; die Rationalitätsbedingung beschränkt sich darauf, die adäquaten Mittel zu finden. Die Moral müsse aber auch die entsprechenden Ziele, auf die sich die Wünsche richten, als verbindlich auszeichnen. Damit verschiebe sich die Relation zwischen Motivation und Wunscherfüllung: Nicht der Wunsch ist primär, sondern der Status des Ziels. Nur in den Fällen moralisch angemessener Ziele und Zwecke gilt eine von der zweckrationalen Wunscherfüllung dominierte Motivation zum Handeln auch als legitim. Dies bedeutet eine erhebliche Relativierung des wunschbasierten Internalismus, da ja nicht Wünsche per se, sondern die Erkenntnis der normativen Gültigkeit bestimmter Zwecke in Verbindung mit dem Wunsch, diese Zwecke zu realisieren, den Schritt zum Tun auslöst.

Die unterschiedlichen Standpunkte und ihre Schwierigkeiten lassen sich durch einen Blick auf die Debatte zwischen Bernard Williams und

29 Bernard Williams, Interne und externe Gründe, in: Stefan Gosepath (Hg.), *Motive, Gründe, Zwecke.* Theorien praktischer Rationalität, Frankfurt am Main: Fischer Taschenbuch Verlag 1999, 105–120, hier 106.

30 Dies ist genau Korsgaards Position.

Christine Korsgaard veranschaulichen. Die Kontroverse ist auch deshalb interessant, weil sie das Problem von normativer Verbindlichkeit und Motivation im Kontext der Theorien von Hume und Kant thematisiert. Denn aus der Problemperspektive von Sollen und Wollen ergeben sich wichtige Aufschlüsse über diese beiden prominenten Traditionen der Moralphilosophie. Die Reflexion auf die Unterschiede zwischen den Theorien Humes und Kants bereichert und vertieft die Analyse der Frage, welche Moraltheorie eine Theorie praktischer Gründe liefert, die sowohl der Normativität von moralischen Gründen als auch der Tatsache gerecht wird, dass uns praktische Gründe zum Handeln motivieren. Ein ausgewogener Blick auf Humes und Kants Moralphilosophie relativiert die in der Debatte um Internalismus und Externalismus konstruierten Gegensätze erheblich.

Als einer der historischen Ausgangspunkte der Diskussion darüber, ob Vernunfteinsichten für sich genommen zu motivieren vermögen oder ob das Motiviertsein von affektiven Dispositionen wie Wünschen oder Begehren abhängt, kann die folgende berühmte Aussage David Humes gelten: „Die Vernunft ist nur der Sklave der Affekte und soll es sein; sie darf niemals eine andere Funktion beanspruchen, als die, denselben zu dienen und zu gehorchen.“[31] Diese Bemerkung wird häufig dahingehend interpretiert, dass die Vernunft allein nicht motivieren kann und nur gemeinsam mit einem Wunsch und einer Zweck-Mittel-Beziehung handlungswirksam wird. Die Funktion der Vernunft beschränkt sich demnach darauf, die entsprechenden Mittel zur Realisierung eines Zieles zu erkennen. Die von den Wünschen und Affekten vorgegebenen Ziele sind beliebig, denn die instrumentelle Rationalität gewichtet diese nicht nach Angemessenheit. Humes überaus provokante Behauptung, dass es „der Vernunft nicht zuwider (laufe), wenn ich lieber die Zerstörung der ganzen Welt will, als einen Ritz an meinem Finger“, stützt offensichtlich diese Interpretation.[32]

Die Theorie Kants gilt als die klassische Gegenposition zu Humes Thesen. Kant ist der Meinung, dass die praktische Vernunft motivieren kann. Die Achtung für das moralische Gesetz, die Einsicht in seine Verbindlichkeit bestimmen im Falle guter Gesinnungen unser Tun. Nach Kant gilt nicht beliebiges Begehren als gut, sondern nur ein Wollen, das sich widerspruchsfrei verallgemeinern lässt und das sich in einem gesetzmäßigen Handeln ausdrückt.

31 Hume, *Ein Traktat über die menschliche Natur,* Band II, Buch II: Über die Affekte, 153.

32 Ebd., 154.

Die Einordnung der Ansätze Humes und Kants geschieht häufig so, dass Hume als Internalist gilt und die kantische Position als Externalismus verstanden wird. Gemäß der Hume'schen Theorie muss ein Wunsch oder ein Begehren gegeben sein, damit Personen motiviert sind. Das dahinterstehende Rationalitätsprinzip ist jenes der instrumentellen Rationalität, der Zweckrationalität. Wenn wir ein Begehren haben und rational sind, so werden wir die entsprechenden Mittel zur Realisierung der Zwecke, auf die sich das Begehren richtet, wollen. Die Motivation ergibt sich also aus dem zweckrationalen Zusammenhang von Wunsch und Ziel.

Kants Theorie nimmt hingegen an, dass die praktische Vernunft unabhängig von Wünschen und Begehren motivieren kann. Das kantische moralische Sollen ist nicht wunschgebunden. Wenn eine bestimmte Handlungsweise moralisch geboten ist, dann sollen Personen danach handeln, unabhängig davon, ob sie einen entsprechenden Wunsch verspüren. Das moralische Gesetz in Form des kategorischen Imperativs tritt uns so gesehen als externe moralische Wahrheit gegenüber, der wir aufgrund der Autorität der Vernunft zu folgen haben.

Diese plakative Zuordnung hat, wie wir noch sehen werden, ihre Probleme, denn die externalistische Lesart entspricht nicht Kants Theorie. Aber auch Humes Theorie vermittelt uns genau besehen ein wesentlich differenzierteres Bild moralischen Urteilens, als es die Festschreibung auf einen von Wünschen dominierten Internalismus nahelegt.

Die unterschiedliche Einschätzung der Potenziale der Vernunft durch Hume und Kant bilden, wie erwähnt, die Ausgangsbasis der zeitgenössischen Debatte um Internalismus und Externalismus. Die Kontroverse zwischen Bernard Williams und Christine Korsgaard knüpft etwa direkt an den Differenzen zwischen Hume und Kant an.

Bernard Williams vertritt einen wunschbasierten Internalismus. Interne Gründe, die als einzige zu motivieren vermögen, sind mit dem Motivationsprofil einer Person verknüpfte Gründe. Das Motivationsprofil einer Person, also ihre subjektive motivationale Verfasstheit, beinhaltet Wünsche, Begehren und Affekte. Die Motivation ergibt sich aus der Absicht, die entsprechenden Begehren und Wünsche zu realisieren. Williams vertritt keinen undifferenzierten Internalismus. Die internen Gründe dürfen nicht beliebige sein; die entsprechenden Elemente im motivationalen Set von Personen dürfen nicht auf falschen Annahmen oder Täuschungen beruhen. Das entsprechende Element im motivationalen Set sollte nicht auf falschem Glauben beruhen. A kann zwar irrtümlich einen falschen Begründungssatz über sich glauben oder von einem zutreffenden Begründungssatz über sich selbst keine Kenntnis haben. Doch vorausgesetzt ist, dass die eigentlichen Zusammenhänge durch erwägende Überlegung entdeckt werden können.[33]

Williams glaubt mit dieser wunschbasierten internalistischen Position der wesentlichen Schwierigkeit des Externalismus, der Bevormundung der Subjekte, zu entgehen. Der Externalismus trägt moralische Forderungen an Personen heran, ohne die Dispositionen, die Gründe und die spezifischen Situiertheiten einer Person zu berücksichtigen. Ein Externalismus, dem die Anbindung an die subjektive motivationale Basis der Person fehlt, hat, wie Williams am Beispiel von Owen Wingrave zu zeigen versucht, dem Problem des Paternalismus wenig entgegenzusetzen. Owen Wingrave soll nach dem Willen seines Vaters eine militärische Laufbahn einschlagen, weil dies der Familientradition entspricht. Wingrave selbst verspürt keinen solchen Wunsch und hat keinerlei Motivation. Wenn aber externe Gründe zählen, dann kann die Familie darauf bestehen, dass Owen einen hinreichenden (externen) Grund für eine Militärlaufbahn hat. Williams will offensichtlich vermeiden, dass sich moralische Anweisungen in eine externalistische moralische Befehlsrhetorik ohne Bezug auf die Wünsche und Bedürfnisse der Subjekte verkehren.

Williams leugnet nicht den Einfluss der Vernunft: Person A kann durch vernünftige Überlegung dazu kommen, motiviert zu sein, X zu tun. Aber der Prozess des Erwerbs einer neuen Motivation setzt nach Williams eine entsprechende motivationale Disposition voraus, die neue Motivation zu erwerben.[34] Das heißt aber, dass die Vernunft in die von der motivationalen Disponiertheit ausgehenden Prozesse eingebunden bleibt. Die Veränderung kommt immer von innen, nicht von einer externen Berufung auf die Vernunft. Ich muss bereits über eine motivationale Disposition zur Veränderung verfügen, damit der auf die Veränderung abzielende Appell an die Vernunft überhaupt greifen kann. Ein externer Begründungssatz beinhaltet nach Williams die These, dass ein Handelnder, sofern er vernünftig überlegt, unabhängig von seiner ursprünglichen Motiviertheit zu der Motivation gelangt, X zu tun. Das aber ist nach Williams nicht möglich. Denn die neue Motivation muss unabhängig von den früheren motivationalen Gegebenheiten rein rational erreicht werden; ansonsten wäre kein externalistischer, sondern wiederum ein internalistischer Begründungszusammenhang gegeben. Doch nach Williams gibt es in diesem Fall „für den Handelnden ex hypothesi keine Motiva-

33 Siehe Williams, Interne und externe Gründe, 106–112.

34 Genau gesagt: A muss motivational disponiert sein, den Glauben zu erwerben, dass er einen guten Grund hat, X zu tun, und damit kommt A dann zu einer geänderten motivationalen Disposition.

tion, die ihm als Ausgangsbasis dienen könnte, um die neue Motivation zu erlangen".[35]

Williams setzt mit dieser Argumentation streng genommen bereits voraus, was er beweisen will, dass nämlich die Vernunft nur ausgehend von entsprechenden Wünschen und Affekten motivieren kann. Williams versteht dabei die motivationale Basis in Form von Wünschen und Begehren als primär. Die von Wünschen und Affekten ausgehenden Überlegungen reduziert Williams nicht auf Reflexionen über Zweck-Mittel-Beziehungen. Doch Williams bleibt vage und unklar, wenn es um die Benennung der Formen von Vernunft geht, die sein Internalismus implizit als gegeben annimmt. Williams lässt ja erwägende Überlegungen zu – Wingrave mag schlussendlich doch glauben, dass er einen Grund hat, ins Heer einzutreten.[36] Damit kommt aber in Williams' internalistischem Modell neben der wunschbasierten Motivation und der instrumentellen Vernunftüberlegung eine zusätzliche Ebene ins Spiel. Denn die Bewertung von Zielen als angemessen oder unangemessen, um die auch Owen Wingrave in seiner Auseinandersetzung mit den Ansprüchen seiner Familie und den eigenen Karriereplänen nicht umhinkommt, setzt ja die vernunftgebundene Reflexion voraus.

Zur Evaluierung von Zielen ist mehr als nur instrumentelle Vernunft notwendig. Die instrumentelle Vernunft begründet ja nur die Notwendigkeit des Ergreifens der Mittel in Relation zum Erreichen des Ziels. Doch statt eine klare Konzeption von Vernunft zu definieren, lässt Williams bewusst vage und unbestimmt, „was als Prozess vernünftiger Überlegung betrachtet werden kann".[37] Für Williams ist die Vernunftreflexion auch eine Sache von Imagination und Heuristik und er betont, dass es keine „feststehenden Grenzen im Kontinuum von vernünftigem Denken zu Inspiration und Bekehrung gibt".[38] Doch selbst wenn man mentale Prozesse wie Imagination und Inspiration zur Vernunft rechnet, so wird bei der Frage, was man vernünftigerweise tun soll, doch wesentlich, an welchen Standards man sich orientiert, um Vorstellungen des Imaginativen als akzeptabel oder inakzeptabel auszuzeichnen.

Diese Unbestimmtheit von Williams' Verständnis von Vernunft hängt mit seiner grundsätzlichen Skepsis gegenüber einer kantischen Konzeption der Moral zusammen. Williams knüpft an Hume an und sieht die Moral als in den Affekten und Gefühlen verankert. In Kants Ethik laste, wie er kritisiert, die Moral als abstrakter Imperativ der Vernunft über

35 Williams, Interne und externe Gründe, 115.
36 Siehe ebd., 113.
37 Ebd., 116.
38 Ebd., 116.

den Subjekten – ein externes Vernunftgebot, dem die Anbindung an die motivationalen Dispositionen von Menschen fehle.

Williams verknüpft seine Analyse eines wunschbasierten Internalismus als einer Theorie moralischer Motivation mit der Verteidigung einer bestimmten Moralkonzeption und der Ablehnung einer anderen. So entsteht eine Unklarheit in seiner Position, weil sich die Argumente zum einen auf die Ebene der motivationalen Analyse beziehen und zum anderen auf die Ebene der Angemessenheit einer Moralkonzeption als solcher. Es ist aber methodisch unsauber, eine bestimmte These über moralische Motivation mit Argumenten zu verteidigen, die sich auf die inhaltliche Plausibilität einer Moraltheorie beziehen.

Auf genau diesen Punkt konzentriert sich die Kritik von Christine Korsgaard. Korsgaard unterscheidet in ihrer Erwiderung auf Bernard Williams zwischen Motivationsskeptizismus und Inhaltsskeptizismus. Der Motivationsskeptizismus bezweifelt, wie sie ausführt, ob die Vernunft Handlungsmotiv sein kann. Der Inhaltsskeptizismus fragt, ob bestimmte moralische Prinzipien angemessen sind, ob zum Beispiel der mit dem kategorischen Imperativ verknüpfte Widerspruchstest zu überzeugenden Resultaten über das Gebotene und das Verbotene führt.

Williams versuche, so kritisiert Korsgaard, mit einem motivationalen Skeptizimus die kantische Theorie zu widerlegen. Doch der motivationale Skeptizismus besitzt nach Korsgaard keine unabhängige Kraft und beruht auf einem Inhaltsskeptizismus. Motivationale Erwägungen allein können demnach nicht die Fundierung der Ethik in praktischer Vernunft in Frage stellen. Korsgaards Argument lautet im Detail: Williams räumt ein, dass eine Person A durch Überlegung zum Handeln motiviert werden kann. Ein Prinzip, das unsere Überlegung leitet, liefert aber nur dann Gründe zum Handeln, wenn die Anerkennung des Prinzips ein Bestandteil von As subjektiver motivationaler Verfassung ist. Wenn eine handelnde Person ein Prinzip durch Überlegung als begründet akzeptiert, dann können wir annehmen, dass dieses Prinzip zur subjektiven motivationalen Verfassung einer jeden rationalen Person gehört. Denn alle rationalen Personen können sehen, dass sie Grund haben, so zu handeln, wie das Prinzip verlangt. Da nun aber gezeigt ist, dass Prinzipien Personen zu motivieren vermögen, kann sich der Skeptizismus nur mehr gegen den spezifischen Inhalt der Prinzipien richten.

Die motivationale Skepsis beschränkt sich nun auf das Phänomen echter Irrationalität. Wut, Depression, Leidenschaft und Trauer können verhindern, dass uns Zwecke und Wünsche zum Handeln motivieren. Wenn aber die motivationale Skepsis nicht auf Irrationalität beruht, dann richtet sie sich auf den Inhalt der Prinzipien. Der motivationale

Skeptizismus bezüglich der praktischen Vernunft beruht auf der Skepsis bezüglich des möglichen Inhalts der rationalen Forderung und kann deshalb nicht selbst die Grundlage für diese Skepsis bieten. Die Standards der Rationalität werden nicht immer eingehalten. Dies ist aber kein Grund für die These, dass die Vernunft nicht handlungsleitend sein kann.

Die Schwachstelle von Williams' Internalismus ist, dass er keine Konzeption praktischer Vernunft entwickelt, die eine strikte Begründung moralischer Verbindlichkeit ermöglicht. Das Problem sind nicht seine Thesen zur moralischen Motivation – dass Motivation mit Wünschen und Begehren zusammenhängt –, sondern der fehlende Zusammenhang zwischen motivierenden und verpflichtenden Gründen. Eine Theorie praktischer Gründe muss auch die Normativität bestimmter Gründe klären.

Korsgaards Programm richtet sich auf die Synthese von Normativität und Motivation durch einen kantischen Internalismus, in dem die mit der Einsicht in die Richtigkeit von Handlungen verknüpften Gründe mit den motivierenden Gründen zusammenfallen. Die Verknüpfung von Richtigkeit und Motivation muss so eng sein, dass wir durch rationale Einsicht auf jeden Fall motiviert sind – außer die Irritationen echter Irrationalität treten dazwischen. Aus der Sicht des wunschbasierten Internalismus ist Korsgaards Position, aber auch jene Kants, externalistisch. Doch Korsgaard versteht ihre Version einer kantischen Ethik klar als Internalismus.

In externalistischen Theorien fehlt nach Korsgaards Definition die Verbindung zwischen Einsicht und moralischer Richtigkeit und Motiviertheit. Eben dies setzt aber ihr Kantianismus voraus. Allerdings vertritt Korsgaard keinen wunschbasierten Internalismus, sondern einen Gründe-Internalismus. Teils zieht sich ihr Internalismus auf die Bedingung zurück, dass die Moral in den Menschen selbst liegt und nicht aus einer außermenschlichen Quelle stammt. Letztlich aber verdichtet Korsgaard den Internalismus über die Verbindung von Einsicht und Motivation hinaus zu der These, dass die Prinzipien der Moral unabdingbarer Teil personaler Identität sind. Die Prinzipien der praktischen Vernunft (Prinzip der Klugheit, Prinzip des hypothetischen Imperativs, kategorischer Imperativ) sind nach Korsgaard Prinzipien der Selbstkonstituierung.[39] Wir müssen uns an die Prinzipien der praktischen Vernunft halten, wenn wir als handelnde Personen mit einer festen Identität gelten sollen *(unified*

39 Siehe Korsgaard, Self-Constitution in the Ethics of Plato and Kant, in: Korsgaard, *The Constitution of Agency,* 100–126; dies., *The Sources of Normativity,* Kap. 3; dies., *Self-Constitution: Agency, Identity and Integrity,* Oxford: Oxford University Press 2009.

agents). Moralische Prinzipien sind als Ausdruck praktischer Vernunft bindend für uns, weil sie für die Konstituierung des Selbst unabdingbar sind. Korsgaard versucht, die grundlegenden moralischen Standards über ein transzendentales Argument, das auf die Bedingungen der Möglichkeit von Personsein reflektiert, als notwendig zu begründen.

Kurz gefasst lautet ihr Argument: Wir, als der Reflexion fähige Wesen, müssen unser Handeln begründen. Ansonsten sind wir keine Personen, sondern mutwillige Wesen *(wantons)*, die unseren beliebigen Impulsen folgen. Doch Gründe für unsere Handlungen können wir nur anführen, wenn es Gesetzmäßigkeiten der Reflexion und des Handelns gibt. Unsere praktische Identität – das sind unsere besonderen ethischen Codes, die sich aus unseren situativen Kontexten und Rollen ergeben – bildet eine erste Ebene einer normativen Konzeption unseres Selbst. Personen können keine praktische Identität ausbilden, wenn sie sich nicht als Person wichtig nehmen, d. h. ihre Menschlichkeit als wertvoll beurteilen. Das bedeutet: Hinter der praktischen Identität steht die moralische Identität. Denn wenn Menschen ihre eigene Menschlichkeit als wertvoll beurteilen, dann müssen sie wegen der Universalisierbarkeit der Gründe auch die Menschlichkeit der anderen als wertvoll beurteilen. Damit sind wir beim moralischen Gesetz: Wir sollen nur nach jenen Maximen handeln, über die sich alle rationalen Wesen in einem kooperativen System einigen könnten.

Internalistisch ist diese Position, weil der Ursprung der Normativität moralischer Grundsätze im Willen der handelnden Person liegt. Die Gesetze der Moral stellen die Gesetze des eigenen Willens der handelnden Person dar. Korsgaard verknüpft die Debatte um Internalismus und Externalismus mit einer Analyse der Vorzugswürdigkeit verschiedener Moraltheorien. Aus dem Internalismus bezieht sie eine Rechtfertigung für eine kantische Moraltheorie. Korsgaard will den Externalismus vermeiden und verlagert darum moralische Prinzipien über die Idee der Selbstgesetzgebung in das Innenleben der Subjekte. Doch Selbstgesetzgebung bedeutet lediglich die Verpflichtung des Selbst auf die als richtig erkannten Handlungsprinzipien. Die vergewissernde Reflexion über Verbindlichkeiten ist aber nicht eine der kantischen Ethik vorbehaltene Methode. Auch andere Theorien gehen davon aus, dass die Gültigkeit moralischer Prinzipien nur über deren reflexive Bestätigung erweisbar ist. Die Internalismusbedingung erweist noch nicht die kantische Ethik als die einzig richtige Moralkonzeption, denn auch alternative Konzeptionen erfüllen diese Bedingung.

Da uns nach Korsgaard Vernunfteinsichten motivieren können, muss sie den Externalismus anders als über die wunschunabhängige Motivierbarkeit definieren. Sie setzt den Externalismus mit einem metaphysischen Realismus gleich. Ihre Kritik des Externalismus bezieht sich auch nicht auf einen moralepistemologischen, sondern einen ontologischen Aspekt. Der Externalismus in der Form eines metaphysischen Realismus ist eine in ontologischer, nicht aber epistemologischer Hinsicht unplausible These. Moralische Entitäten als Eigenschaften von Objekten können uns nicht motivieren, weil es diese externen Entitäten nicht gibt. Korsgaard verknüpft den Externalismus mit einer ontologischen These und argumentiert: Da diese ontologischen Voraussetzungen unplausibel sind, gilt der Externalismus als widerlegt. Doch die Ablehnung des Externalismus als eines metaphysischen Realismus unterschreiben verschiedenste Moraltheorien.[40]

Korsgaard macht den Internalismus zu stark. Da sie den kategorischen Imperativ als konstitutiv für unsere Identität behauptet, wird die Beziehung zwischen Identität, Autonomie und Moral analytisch. Dann aber wird die Frage relevant, welche Identität ein menschliches Wesen besitzt, das nicht in Übereinstimmung mit dem kategorischen Imperativ handelt. Korsgaard will selbstredend die Konklusion vermeiden, dass die schlecht handelnde Person ihre personale Identität verliert. Sie argumentiert, dass eine Person, deren Handeln gegen die Standards der Moral verstößt, in ihrer Selbstkonstituierung defizient ist. Die schlechte Person ist also in die gleiche Aktivität involviert wie die moralisch gute Person, nämlich sich als einheitliche Person zu konstituieren, nur macht sie diese Aktivität auf schlechte Art und Weise. Ähnlich wie ein schlecht gebautes Haus immer noch ein Haus ist, so ist eine schlechte Person eine Person, die nur ihr Personsein nicht auf bestmögliche Art und Weise realisiert.[41] Der Vergleich hinkt aber. Denn die Aktivität des Hausbauens setzt nicht die Idee eines Hauses als konstitutives Prinzip unserer Identität voraus. Wir müssen nur eine Vorstellung davon haben, was ein Haus ausmacht.

Wenn der kategorische Imperativ ein konstitutives Prinzip unserer Identität ist, dann können wir per definitionem gar nicht in einer Weise handeln, welche die Gültigkeit dieses Prinzips in Frage stellt. Wir sehen den Zusammenhang zwischen Identität und Moral jedoch nicht als analytisch, sondern als synthetisch. Es führt zu einer Relativierung moralischer Standards, wenn wir die Aktivitäten von Kriegsverbrechern ebenso wie die Aktivitäten harmloser Personen mit den üblichen kleinen

40 Zu nennen wären hier die Theorie Humes, aber auch der Utilitarismus und der Kontraktualismus.

41 Siehe Korsgaard, Self-Constitution in the Ethics of Plato and Kant, 14, 15.

Schwächen als Ausdruck der Konstituierung des Selbst interpretieren. Wenn wir die Handlungen von Menschen moralisch kritisieren, dann sprechen wir nicht darüber, wie gut oder schlecht die Identität von Personen konstituiert ist. Wenn jemand die Rechte anderer übergeht, andere Menschen ausbeutet, verletzt oder gar tötet, dann ist es doch absurd zu sagen, dass diese Person eigentlich in eine guten Aktivität involviert ist, nämlich jene der Selbstkonstitution als eines einheitlichen und gut Handelnden, dass er aber nur diese Aktivität schlecht ausführt.

Den kategorischen Imperativ als gleichermaßen konstitutiv für die Identität böser und guter Menschen zu behaupten, beläuft sich auf eine These ohne Beweiskraft. Denn diese Identitätsbedingung schließt nichts aus. Eine Person für ihr schlechtes Handeln zu kritisieren, setzt voraus, dass wir dieser Person die entsprechende Handlung zuschreiben und sie dafür verantwortlich machen. Das verlangt, dass A eine Identität hat. Diese Identität kann aber nicht im strengen Sinn durch den kategorischen Imperativ konstituiert sein, denn eine konstitutive Verpflichtung auf den kategorischen Imperativ schließt das schlechte Handeln aus. Wenn der freie oder autonome Wille des Subjekts als moralischer Wille definiert wird, dann ist die Beziehung zwischen der Freiheit des Handelns und dem moralischen Gesetz analytisch. Dann stellt sich allerdings die Frage, wie ein autonomer und moralischer Wille schlechte Handlungen generiert. Die Unterscheidung zwischen Wille und Willkür hilft hier nicht, denn auch wenn wir schlechte Handlungen als willkürliches Handeln bezeichnen, haben wir das Problem zu erklären, wie willkürliches Handeln möglich ist, wenn die Handlungen eines vereinheitlichten Wesens notwendigerweise das Produkt eines durch die kantischen Imperative gebundenen Willens ist.

Plausibel ist nur die schwächere Behauptung: Wenn du eine moralisch gute Person sein willst, dann solltest du die kantischen Imperative akzeptieren. Denn Reflexion kann dich davon überzeugen, dass es gute Gründe gibt, diese zu akzeptieren. Die Beziehung zwischen Moral und Identität ist dann jedoch nicht analytisch, sondern synthetisch.

Die Trennung von internen und externen Gründen ist fließend. Moralische Prinzipien, selbst wenn sie als externe Forderungen an uns herantreten, werden zu internen Gründen, wenn wir uns davon überzeugen, dass es gute Gründe gibt, diesen Prinzipien zu folgen. Externalistische Prinzipien werden durch unsere Bejahung zu internalistischen Normen. Die Unterscheidung zwischen externalistischen und internalistischen Gründen ist keine prinzipielle. Die praktische Vernunft und das praktische Überlegen stehen zwischen Internalismus und Externalismus. Das bedeutet aber, dass man mit einer Argumentation, die sich auf der

Ebene des Gegensatzes von Internalismus und Externalismus bewegt, keine substantielle Moraltheorie begründen kann.

Williams verknüpft den wunschgeleiteten Internalismus mit einem Motivationsskeptizismus gegenüber der kantisch definierten praktischen Vernunft, um die kantische Moraltheorie auszugrenzen. Dies gelingt nicht. Korsgaard benützt ihre Antwort auf den Motivationsskeptizismus, um eine kantische Konzeption der Moral als die einzig richtige zu etablieren. Auch dies gelingt nicht, weil dieses Argument bereits eine moralisch überfrachtete Auffassung des Internalismus voraussetzt.

Moralische Prinzipien und Argumente sollten mit guten, also objektiven Gründen gestützt werden. Objektive Gründe können aber nicht als von den Subjekten losgelöst postuliert werden. Damit objektive Gründe uns motivieren können, müssen die Gründe uns ansprechen. Wir müssen die kognitive Kraft der Gründe erkennen und beurteilen. Damit löst sich der scharfe Gegensatz zwischen externen und internen Gründen. Der Unterschied konzentriert sich dann auf eine Differenz zwischen einem wunschbasierten Internalismus und einem Gründe-Internalismus, also auf die Frage, ob im Falle moralischer Motivation die Wünsche und Begehren maßgeblich sind oder ob es kognitive Einsichten sind, die den Wunsch zu einem Handeln auslösen. Da moralisches Handeln aber an Prinzipien und Standards orientiert ist, ist es wohl so, dass Einsicht in die Richtigkeit motiviert.

8.5 Der moralische Standpunkt: erstpersonal, zweitpersonal oder drittpersonal?

Für den Internalismus ist die Moral an eine erstpersonale Perspektive gebunden. Wir als handelnde und der Reflexion fähige Subjekte fragen uns, ob unser Tun und die unser Agieren leitenden Prinzipien gerechtfertigt sind. Doch reicht dies aus? Vermögen die prüfenden Überlegungen des Subjekts für sich genommen unser Handeln als richtig oder falsch zu erweisen? Die Antwort kantischer Philosophinnen und Philosophen kennen wir mittlerweile: Wenn die Testbedingungen moralischer Korrektheit, also der kategorische Imperativ in seinen unterschiedlichen Fassungen, in der erstpersonalen Deliberation zur Anwendung kommt, gelangen wir zu verlässlichen Urteilen über richtiges und falsches Tun. Wir binden unseren Willen an das Prinzip richtigen Handelns (Selbstgesetzgebung).

Doch viele Philosophinnen und Philosophen sind skeptisch. Moralisches Begründen kann nicht isoliert von anderen erfolgen. Rechtfertigung unseres Tuns bedeutet immer, Gründe anzuführen, die auch Kraft für andere haben und die von anderen vernünftigerweise nicht zurückgewiesen werden können. Aus diesem Grunde interpretieren manche Philosophinnen und Philosophen den Standpunkt der Moral als *zweitpersonal*. Nach Stephen Darwall ist die Selbstgesetzgebung eines rationalen Subjekts allein nicht die Quelle moralischer Verbindlichkeit. Moral ist nach Darwall relational: Wesentlich ist, Forderungen an den Willen und das Verhalten anderer zu richten und deren Berechtigung und Legitimität im Lichte der normativen Beziehungen zwischen der fordernden und der durch die Norm adressierten Person zu prüfen.[42] Die Gültigkeit der jeweiligen Forderungen hängt davon ab, ob Personen die *De-jure-Autorität*, nicht bloß die faktische Autorität, haben, von anderen ein bestimmtes Verhalten einfordern zu können. Der zweitpersonale Standpunkt setzt eine geteilte normative Basis voraus: Wir verfügen über zweitpersonale Autorität, Forderungen zu artikulieren; wir haben zweitpersonale Kompetenz, wir liefern uns als frei und rational Handelnde gegenseitig Gründe für unser Tun. Die unter diesen Bedingungen artikulierten Forderungen erfüllen die relevanten „normativen Gelingensbedingungen".[43]

Die relationale Dimension kommt auch zum Tragen, da Darwall den zweitpersonalen Standpunkt mit reaktiven Haltungen wie Ressentiment, Vorwurf, Groll und Schuldzuweisung verknüpft. Diese Reaktionen sind angemessen, wenn unsere legitimen Ansprüche nicht anerkannt und abgelehnt werden. Nicht anders als Korsgaard stützt sich Darwall gleichfalls auf die Grundidee der kantischen Ethik, nämlich den anderen mit Achtung zu begegnen und deren Würde anzuerkennen. Darwall gibt aber eine zweitpersonale Rekonstruktion dieser Idee, die im Grunde auf einen Kontraktualismus hinausläuft. Wir anerkennen den normativen Status der anderen, wenn wir unser Verhalten ihnen gegenüber mit Gründen und Prinzipien zu rechtfertigen versuchen, die von den anderen legitimerweise nicht zurückweisbar sind. Die grundlegende Idee ist die einer „Republik der freien und gleichen Wesen": Die Universalisierungsbedingung des kategorischen Imperativs *(Formula of Universal Law)* und die Zweck-an-sich-Formel *(Formula of Humanity)*[44] ermöglichen uns, diese grundlegende Idee genauer auszuleuchten und die zulässigen Prinzipien des Handelns zu bestimmen.[45]

42 Stephen Darwall, *The Second-Person Standpoint.* Morality, Respect, and Accountability, Cambridge MA und London: Harvard University Press 2006.

43 Ebd., 74–76.

44 Vgl. dazu das Kapitel *Kantische Ethik* in diesem Buch.

45 Für eine genauere Diskussion von Darwalls Ansatz vgl. Herlinde Pauer-Studer, The Moral Standpoint: First or Second Personal? In: *European Journal of Philosophy* 18, 2, 2010, 296–310.

Der Ausgangspunkt für eine *drittpersonale* Lesart des moralischen Standpunkts ist die These, dass wir im Kontext ethischer Beurteilung uns und andere aus einer überpersönlichen und unparteilichen Perspektive sehen müssen. Eine drittpersonale Interpretation des moralischen Standpunkts wird oft Thomas Nagel zugeschrieben.[46] Nagel assoziiert die für Moral notwendige Objektivität mit dem *Blick von Nirgendwo*: einer unpersönlichen *(impersonal)* Sicht der Dinge, wo ich als Person eben nur eine Person neben anderen Personen bin.

Die Gültigkeit von Prinzipien und Urteilen bleibt an eine überpersonale Ebene gebunden, die von allen Subjekten die Abstraktion von ihren unmittelbaren Interessen und Vorteilen verlangt. Moralische Gründe sind demzufolge akteurneutral. Ein Beispiel eines solchen akteurneutralen Grundes ist Schmerz. Schmerz ist schlecht – dies definiert eine moralische Tatsache, deren normative Kraft für sich genommen gegeben und nicht auf die Perspektive der Einzelperson relativiert ist.

Unparteilichkeit und Überpersönlichkeit sind wesentliche Voraussetzungen von Moral. Moralische Prinzipien gelten gleichermaßen für alle. Es darf nicht eine Person gegenüber einer anderen willkürlich bevorzugt werden. Wenn ein moralischer Grundsatz Person A eine Pflicht auferlegt, so scheint es einleuchtend, dass sich Person B, sofern sie sich in relevant ähnlichen Umständen wie A befindet, den gleichen Forderungen und Pflichten gegenübersieht.

In den verschiedenen ethischen Ansätzen wurde dieser Idee auf unterschiedliche Weise Rechnung getragen. Die kantische Ethik bindet, wie wir gesehen haben, die Gültigkeit moralischer Prinzipien an eine universelle Vernunftperspektive, um die gleiche und unvoreingenommene Berücksichtigung aller zu ermöglichen. Der Universalisierung liegt der Gedanke zugrunde, dass niemand sich selbst von universell gültigen Verpflichtungen ausnehmen kann.

In der britischen Moralphilosophie wurde die Bedingung der Unparteilichkeit an die Sichtweise eines „unparteilichen Beobachters“ *(impartial observer)* geknüpft. Moralische Urteile und moralische Empfindungen müssen aus der Perspektive des unparteilichen Beobachters zustimmungsfähig sein. So schreibt Adam Smith in seiner *Theorie der ethischen Gefühle*, dass die „Affekte der menschlichen Natur“ nur dann angemessen sind und Billigung verdienen, „sobald das Herz jedes unparteiischen Zuschauers mit ihnen ganz und gar sympathisiert“.[47] Und Smith fügt

46 Siehe Thomas Nagel, *The View from Nowhere,* Oxford: Oxford University Press 1986; dt.: Thomas Nagel, *Der Blick von Nirgendwo,* Frankfurt am Main: Suhrkamp 1992.

47 Adam Smith, *Theorie der moralischen Gefühle,* Hamburg: Meiner 1994, 100.

hinzu, dass der Standard „dieses gerechten Richters, den wir in Gedanken aufgestellt haben", die Beurteilung unseres eigenen Betragens wie des Betragens anderer Menschen leiten sollte.[48] Smiths Metrik sind moralische Empfindungen, doch die Idee des unparteilichen Beobachters lässt sich auf andere ethische Begrifflichkeiten und Konzeptionen erweitern. R.M. Hare unterscheidet im Rahmen seines Präferenzutilitarismus zwei Ebenen des moralischen Denkens: das intuitive und das kritische moralische Denken. Die Ebene der kritischen Beurteilung illustriert Hare am Beispiel der Figur eines Erzengels, der die relevanten Eigenschaften von Situationen und alle relevanten Konsequenzen von Handlungen überblickt. Er handelt nach einem universellen Prinzip, „da ihm außer anderen menschlichen Schwächen auch die abgeht, zu seinen eigenen Gunsten parteiisch zu sein".[49]

So unverfänglich der Standard der Unparteilichkeit auf den ersten Blick auch erscheint, so haben Kritikerinnen und Kritiker doch die Rekonstruktion der Moral als strikt neutral und unpersönlich in Zweifel gezogen. Die Einwände gegen die Konzentration auf Unparteilichkeit lauten: a) die Ebene der persönlichen Beziehungen werde vernachlässigt und b) die Moral kennzeichne eine relationale Struktur von Verbindlichkeiten, die sich mit der epistemischen Haltung einer unbeteiligten und neutralen Beobachterin nicht vertrage.

Betrachten wir kurz den ersten Kritikpunkt. Kann eine strikt unparteiliche Perspektive dem Gewicht besonderer Beziehungen zu anderen Rechnung tragen? Konterkariert die distanzierte Neutralität nicht die Sinnhaftigkeit von Nahverhältnissen, die spezielle moralische Pflichten generieren? Nach Bernard Williams fügt der Hinweis auf Unparteilichkeit und Neutralität den durch eine besondere personale Beziehung generierten Gründen eine gleichsam überflüssige weitere Überlegung *(„one thought too many")* hinzu. Nehmen wir an, ein Mann steht vor der Alternative, von zwei ertrinkenden Personen nur eine retten zu können. Eine dieser Personen ist seine Frau, und der Mann rettet seine eigene Frau. Wie würde sich die Frau fühlen, wenn der Mann ihre Rettung damit begründet, dass er sich erst nach einer unparteilichen Abwägung aller relevanten Gründe entschieden habe, sie zu retten? Williams betont, dass diese Begründung die Frau nur irritieren könne und sie sich in dem Falle schwerlich in der ihr gebührenden Art geschätzt, geachtet und vor allem geliebt fühle.[50]

48 Ebda., 167.

49 Richard M. Hare, *Moralisches Denken: seine Ebenen, seine Methode, sein Witz*, Frankfurt am Main: Suhrkamp 1992, 91.

50 Siehe auch die Diskussion von Williams' Beispiel im Abschnitt 6.1 des Kapitels *Feministische Ethik*.

Williams vermischt allerdings zwei Aspekte, die getrennt gehören: Die generellen Bedingungen einer akzeptierbaren Rechtfertigung sind von den besonderen Gründen, die in konkreten Kontexten eine Rolle spielen, zu trennen. Williams hat zweifellos Recht, dass in dem geschilderten Fall das Mann-Frau-Verhältnis einen relevanten Grund darstellt. Doch dies besagt lediglich, dass diesem Aspekt in der Abwägung der Gründe ein entsprechendes Gewicht zukommen muss. Williams unterstellt jedoch, dass eine unparteiliche Gewichtung der Gründe notwendigerweise den Stellenwert persönlicher Beziehungen verkennt. Das muss nicht zwangsläufig so sein. Dass Moral mit willkürlichen und vorurteilsbesetzten Bevorzugungen schwerlich vereinbar ist, wird von Williams' Beispiel nicht in Frage gestellt. Nicht akzeptierbar wäre, wenn die in dem Fall gegebene persönliche Beziehung zwischen Mann und Frau ausgeklammert bliebe. Doch die Idee einer unvoreingenommenen Begründung verlangt die Abstraktion von subjektiver Voreingenommenheit, aber nicht die Abstraktion von moralisch relevanten Kontexten. Die potenzielle Spannung ergibt sich zwischen persönlicher Beziehung und distanzierender Unpersönlichkeit, nicht aber zwischen persönlicher Beziehung und fairer moralischer Rechtfertigung. Die eigene Frau zu retten ist keine moralische Anstößigkeit. Der damit in Kauf genommene Tod einer anderen Person ist zweifellos ein moralisch relevanter Verlust, der sich durch die Situation eines nicht auflösbaren Dilemmas ergibt, nicht aber durch eine moralische Fehlleistung. Hätte der Mann eine ihm fremde Person gerettet, aber seine eigene Frau ertrinken lassen, so wäre dies der Begründung bedürftig. Dass aber eine solche Handlungsweise unter Umständen rechtfertigungsfähig ist, kann nicht a priori ausgeschlossen werden. Die Moral persönlicher Beziehungen verlangt Sensibilität für die normativen Aspekte, die für eine solche Relation zu anderen konstitutiv sind. Die vorgebrachten moralischen Gründe müssen der Art der Beziehung gerecht werden. Dies aber verlangt gleichermaßen eine unvoreingenommene Betrachtung. Der angeführte erste Einwand, dass sich Unparteilichkeit und persönliche Beziehungen im Konflikt befinden, geht also ins Leere.

Welche Kraft hat der zweite Kritikpunkt, dass eine drittpersonale Sicht nur eine unbeteiligte epistemische Haltung verkörpere, die das besondere Element der praktischen Deliberation verfehle? Für praktische Begründung sei nämlich die innere Zustimmung und Anerkennung von Verbindlichkeiten (das eigene *commitment*) wesentlich. Maßgeblich wird hier, wie wir die Figur des unparteilichen Beobachters verstehen. Der Einwand unterstellt dem unparteilichen Beobachter eine theoretische, gottähnliche Position: gleichsam extern betrachtet er die Welt der Interessenkämpfe und der Unlauterkeit der Herzen. Seine Selbstverpflichtung aber fehlt.

Wir können hier aber auch eine andere Lesart vertreten. Wir können den Gesichtspunkt der unparteilichen Beobachterin gleichsam internalisieren. Die Anforderung an uns ist dann, unser Urteilen möglichst von persönlichen Vorurteilen frei zu halten und die Ansprüche anderer gerecht und angemessen zu gewichten und zu beurteilen. Bedeutet diese Internalisierung dann aber nicht eine Privilegierung der erstpersonalen Interpretation des moralischen Standpunkts? Dies folgt nicht zwangsläufig. Verlangt ist lediglich, dass sich unsere moralische Deliberation an den Kriterien einer objektiven Beurteilung orientiert. Das allein bestätigt noch nicht die für eine erstpersonale Sicht des moralischen Standpunkts charakteristische These, dass die Selbstgesetzgebung die einzige Quelle der Normativität ist. Zweifellos ist es aber richtig, dass eine rein theoretisch-epistemische Perspektive nicht für die Moral angemessen ist.

Wie sollen wir also die Kontroverse um die Interpretation des moralischen Standpunkts einschätzen? Konkret: Wo genau liegen die Unterschiede zwischen einer erstpersonalen Sicht des moralischen Standpunkts, wie Korsgaard diese vertritt, und Darwalls zweitpersonaler Lesart? Wieweit grenzt sich davon Nagels vorgeblich drittpersonale Position ab?

Der Unterschied zwischen Korsgaards und Darwalls Ansatz liegt letztlich in der Ethikkonzeption, auf die sie sich verpflichtet sehen. Darwall vertritt einen (kantischen) Kontraktualismus und Korsgaard eine klassische kantische Maximenethik. Die Differenz zwischen erstpersonaler und zweitpersonaler Perspektive respektive erstpersonalen Gründen versus zweitpersonalen Gründen bleibt hingegen unscharf und ist nicht eindeutig zu ziehen.

Korsgaard selbst ist sensibel gegenüber dem Problem einer solipsistischen Verengung eines strikt erstpersonalen Ethikzugangs. Sie führt deshalb eine Publizitätsbedingung für moralische Gründe ein. Gründe sind keine privaten mentalen Entitäten. Erstpersonale Reflexion engt Gründe nicht auf das mentale Innenleben der Einzelperson ein. Korsgaard bezieht sich explizit auf Wittgensteins Privatsprachenargument. In Analogie zu Wittgenstein, der die Möglichkeit einer Sprache ablehnt, die sich nur auf private, nur einem Subjekt allein zugängliche Entitäten bezieht, können wir die Privatheit des ethischen Bewusstseins ablehnen. Bedeutung ist relational, weil Bedeutung ein normatives Konzept ist: Dass Aussage a die Bedeutung b hat, heißt, dass wir a im Sinne von b verstehen sollen. Analog dazu ist die Normativität der Gründe relational. Die normative Kraft von Gründen ist nicht auf eine einzelne Person beschränkt. Wenn etwas ein relevanter und guter Grund für mich ist und eine Verpflichtung generiert, dann ist dies gleichermaßen ein Grund für andere Personen.[51]

Allerdings engt Korsgaard dann die Bedeutung von „relational" wieder auf eine internalistische Beziehung zwischen mir als denkendem Selbst und mir als handelndem Selbst ein: Ich selbst mache es mir zum Prinzip oder Gesetz, einen Grund als verbindlich für mich zu sehen, weil er Gewicht hat. Während für Darwall zweitpersonale und relationale Gründe in konkreten Forderungen und Austauschbeziehungen zwischen uns und anderen lebendig werden, verlagert Korsgaard diese interpersonale Beziehung wieder in einen internen Dialog mit sich selbst. Der zweitpersonale Standpunkt reduziert sich nach Korsgaard auf die Stimme der anderen Person in mir.

Damit wird aber die Differenz zwischen erstpersonaler und zweitpersonaler Perspektive schwimmend. Pro Korsgaard spricht, dass Deliberation über die Forderungen anderer natürlich Reflexion und Denken auf Seiten des Subjekts voraussetzt und sich ethisches Denken nicht auf einen direkten Dialog mit anderen reduziert. Für Darwall spricht hingegen, dass eine relationale Konzeption von Ethik die andere Person als konkreten Anderen mit konkreten Ansprüchen anerkennen muss. Ich kann den Anderen nicht auf einen intersubjektiv respondierenden Aspekt meines eigenen Selbst reduzieren: Die Stimme der anderen Person ist deren Stimme für sich genommen.

Der eigentliche Unterschied ist, dass Darwall, nicht aber Korsgaard, einen Kontraktualismus vertritt. Nach Darwall haben frei und rational handelnde Personen ein Interesse an der Übereinkunft über moralische Grundsätze, da sie nicht willkürlich dem Willen anderer unterworfen sein wollen.[52] Korsgaard hingegen lehnt einen interessenbasierten Zugang ab. Wie wir gesehen haben, ist für sie die Motivation, moralisch zu handeln, nicht von Interessen abhängig. Moralische Motivation und Normativität hängen eng zusammen – die Motivation, moralisch zu

51 Wie Korsgaard mit Bezug auf Wittgenstein schreibt: „(T)here is an obvious similarity between the kind of normativity which he thinks characterizes language and the kind of normativity which I have been attributing to practical reasons. We could make a parallel argument against private reasons: reasons are relational because reason is a normative notion: to say that R is a reason for A is to say that one should do A because of R; and this requires two, a legislator to lay it down, and a citizen to obey. (…) Since it is a relation, and indeed a relation in which one gives a law to another, it takes two to make a reason. And here the two are the two elements of reflective consciousness, the thinking self and the acting self: what I have been talking about all along is how you can make laws and reasons for your self." Korsgaard, *The Sources of Normativity,* 137, 138.

52 Darwall, *The Second-Person Standpoint,* 274.

handeln, kann legitimerweise nur von der Einsicht ausgehen, dass ein Handeln verpflichtend ist. Der Kontraktualismus wird zweifellos der Idee gerecht, dass Moral eine unserer maßgeblichsten sozialen Institutionen der Koordinierung unseres Verhaltens und Handelns darstellt. Korsgaard selbst kommt dem Kontraktualismus oft sehr nahe, insbesondere wenn sie das Grundprinzip einer kantischen Ethik beschreibt: „The moral law, in the Kantian system, is the law of what Kant calls the Kingdom of Ends, the republic of all rational beings. The moral law tells us to act only on maxims that all rational beings could agree to act on in a workable cooperative system."[53]

Wie ist in dieser Kontroverse Thomas Nagels drittpersonaler Ansatz einzuordnen? Die oft plakative Kritik, dass Nagel eine abgehobene Perspektive zum Mittelpunkt der Moral mache, ist nicht angemessen.[54] In seinem Buch *Die Möglichkeit des Altruismus* differenziert Nagel zwischen subjektiven und objektiven Gründen. Sein philosophisches Argument für die Notwendigkeit dieser Differenzierung war zunächst, dass jedem subjektiven Grund ein objektiver oder neutraler Grund korrespondieren müsse, da sonst die Anerkennung eines berechtigten subjektiven Grundes aus der objektiven Perspektive gar nicht geleistet werden könne. Die volle Anerkennung des Anderen als eine mir gleiche Person verlangt nach Nagel, dass die objektiv berechtigte Zuschreibung eines guten Grundes zur anderen Person verlangt, dass der Grund auch für mich motivationalen Gehalt hat. Nur die Existenz solch neutraler Gründe vermag die solipsistische Beschränkung auf „meine eigene Realität" zu durchbrechen.

In seinem späteren Buch *Der Blick von Nirgendwo* entwickelt Nagel eine differenziertere Konzeption von Gründen. Er ändert die Terminologie und spricht nun von akteurrelativen und akteurneutralen Gründen (*agent-relative* und *agent-neutral reasons*). Akteurrelative Gründe sind spezifisch Gründe, die für eine besondere Person gelten – zum Beispiel die Verpflichtung von Eltern, für ihr Kind zu sorgen.[55] Akteurneutrale

53 Korsgaard, *The Sources of Normativity*, 99.

54 Zweifellos lädt der Titel von Nagels Buch, in dem er seine Konzeption der Ethik entwickelt, diese Art von Einwänden ein: *Der Blick von nirgendwo* (engl.: The View from Nowhere) suggeriert eine über den Dingen stehende Sicht. Mit Bezug auf Nagels Verständnis von Ethik ist der Titel irreführend.

55 Genau genommen trennt Nagel zwischen drei Gruppen von akteurrelativen Gründen: autonomen Gründen, deontologischen Gründen und speziellen Verpflichtungsgründen. Autonome Gründe resultieren aus persönlichen Wünschen und Projekten. Deontologische Gründe ergeben sich aus den Ansprüchen anderer, nicht schlecht behandelt zu werden. Spezielle Verpflichtungsgründe

Gründe sind Gründe, die für alle gleichermaßen normative Kraft haben. Nagel gibt aber die These auf, dass einem akteurrelativen Grund notwendig ein akteurneutraler oder objektiver Grund korrespondieren müsse. Beide Arten von Gründen sind offen für eine objektive Betrachtung: Objektiv gesehen hat eine Mutter Grund, speziell um ihr eigenes Kind besorgt zu sein. Gleichermaßen gibt es objektiv gesehen Gründe, die keine Referenz auf eine besondere Person aufweisen: dass Schmerz und Leid zu vermeiden sind, ist solch ein akteurneutraler Grund. Wie Nagel bemerkt: „For example, if it is a reason for anyone to do or want something that would reduce the amount of wretchedness in the world, then that is a neutral reason.“[56]

Dass Schmerz *(pain)* schlecht und Wohlergehen *(pleasure)* gut ist, betrachtet Nagel als evidentes objektives Prinzip. Die Kategorie akteurneutraler Gründe ist notwendig, um zu verdeutlichen, dass wir nicht nur Grund haben, unseren eigenen Schmerz zu vermeiden, sondern dass uns auch die Schmerzen und Leiden anderer berühren sollen und Grund zum Handeln geben. Für Nagel existieren auch impersonale Werte, die es zu erfüllen gilt, etwa einen allgemeinen Zustand des Wohlergehens und der Gedeihlichkeit. Es geht ihm auch darum, die mit eigenen Projekten der Person verknüpften Gründe gegen objektive und unpersönliche Werte und die daraus resultierenden akteurneutralen Gründe abzuwägen.

Ein Problem bei Nagel ist, dass er den impersonalen Standpunkt phasenweise einem epistemischen Modell von Objektivität angleicht: objektiv ist dann die externe distanzierte und unbeteiligte Betrachtung. Für die Moral entscheidend ist aber eine Objektivierung, die sich die Subjekte, ungeachtet ihrer kontextuellen Situierung und Betroffenheit, selbst erarbeiten. Nagel sieht sehr wohl die Bedeutung dieser zweiten Form von Objektivierung. Doch sein Realismus und Wertobjektivismus drängen ihn immer wieder zu einem epistemischen Verständnis von Objektivität: nämlich dem Erkennen von Wahrheiten.[57] Damit nähert sich Nagel einem problematischen Verständnis einer „drittpersonalen Perspektive“ auf die Moral: Drittpersonal bezieht sich dann auf eine abgehobene „Sicht von nirgendwo“. Maßgeblich wären aber intersubjektiv gerechtfertigte und geteilte Standpunkte.

korrespondieren den Verbindlichkeiten gegenüber jenen Personen, zu denen wir in engen personalen Beziehungen stehen: also Eltern, Kindern, Ehe- und Lebenspartnern, Geschwistern. Siehe Nagel, *The View from Nowhere,* 165.

56 Nagel, *The View from Nowhere,* 152, 153.

57 Zu einer detaillierten Diskussion von Nagels Position vgl. Alan Thomas, *Thomas Nagel,* Montreal & Kingston/Ithaca: McGill-Queen's University Press 2009.

Wo genau liegen also die Unterschiede zwischen Nagels Theorie und den Positionen von Darwall und Korsgaard? Darwall betont den Stellenwert zweitpersonaler Gründe, also jener Gründe, die sich aus den Ansprüchen anderer ergeben. Dennoch betrachtet Darwall die Kategorie des Schmerzes als wesentlich: Schmerz, den wir anderen zufügen oder den andere erleiden, ist immer ein Grund, unser Handeln zu ändern oder andere zu unterstützen. Allerdings transformiert Darwall den Unwert von Schmerz in einen zweitpersonalen Anspruch und Grund, während Schmerz für Nagel eine impersonale negative Größe bleibt.

Nagel vertritt einen Realismus: Es gibt objektive Werte und auch objektiv Gutes und Schlechtes. Diese Voraussetzung bildet auch die Trennlinie gegenüber Korsgaards Ansatz. Korsgaard lehnt einen Wertrealismus ab, für sie sind Werte Konstruktionen. Die Annahme extern und unabhängig von Menschen existierender Werte betrachtet sie als nicht belegbar. Entsprechend ersetzt Korsgaard die Kategorie akteurneutraler Gründe durch die Kategorie intersubjektiv geteilter Gründe: Werte sind Schöpfungen, die aus unserer Wertschätzung für gewisse Dinge und Personen resultieren, und ihre „Objektivität" verdankt sich Einschätzungen, die wir teilen können.[58]

Wenngleich Nagel den Stellenwert von Schmerz und Wohlergehen stark betont, ist er kein Utilitarist. Sein Fokus ist nicht die Maximierung von Wohlergehen als einer festen Größe, seine moralische Metrik ist differenzierter. Wichtig ist Wohlergehen, wie es sich in eigener Freiheit, Selbstachtung, im Zugang zu Chancen und Ressourcen und letztlich in der Möglichkeit, ein sinnvolles und erfüllendes Leben zu führen, ausdrückt. Und die Sicherung dieser impersonalen und universalen Werte ist für ihn nur möglich, wenn wir auf uns selbst und auch auf andere gleichsam von „außen" blicken.[59]

Wenngleich Nagel mit dieser Akzentuierung einem kantischen Verständnis von Werten nahekommt, bleibt sein Zugang zur Ethik für Korsgaard zu stark unter dem Einfluss des Utilitarismus und Konsequentialismus. Sie vertritt konsequent eine kantische Konzeption, dergemäß der oberste Wert Menschen sind – genau genommen die Idee, Menschen als Zwecke an sich selbst zu betrachten. Alle anderen Werte werden nur mit Bezug auf Menschen definiert. Doch diese anthropomorphe Schwerpunktsetzung scheint nicht angemessen, um den von der Tierethik und Naturethik thematisierten ethischen Problemen zu begeg-

58 Vgl. dazu Korsgaard, The reasons we can share: An attack on the distinction between agent-relative and agent-neutral reasons, in: Korsgaard, *Creating the Kingdom of Ends,* 275–310.

59 Nagel, *The View from Nowhere,* 172.

nen. Für die Tierethik wesentlich ist, dass Tiere als Tiere Schmerz empfinden und Leid erfahren und sich deshalb Praktiken wie die moderne Massentierhaltung verbieten. Und für die Naturethik ist maßgeblich, dass die Natur und Naturphänomene wie unberührte Landschaften für sich genommen, nicht nur in Relation auf Menschen, Werte verkörpern. In einer Welt der gnadenlosen Ausbeutung von natürlichen Ressourcen kann eine auf Menschen konzentrierte Wertekonzeption nach Meinung vieler Philosophinnen und Philosophen der Instrumentalisierung von Tieren und der Natur insgesamt nicht genügend Widerstand entgegensetzen.

Welche Konsequenzen ergeben sich aus dieser Diskussion divergierender Interpretationen des moralischen Standpunkts? Zum einen zeigt sich, dass die Frage, ob Moral erstpersonal, zweitpersonal oder drittpersonal ist, falsche Dichotomien suggeriert. Alle drei Sichtweisen haben ihre Berechtigung. Die erstpersonale Dimension ist wichtig, da moralische Deliberation und Bestätigung immer die innere Zustimmung der Subjekte und deren Selbstverpflichtung *(commitment)* verlangt. Moralisches Reflektieren bedeutet, dass wir praktische Gründe, Handlungen zu tun und zu unterlassen, anerkennen. Moral mit Beziehungen der Rechtfertigung gegenüber anderen und deren legitimen Ansprüchen zu verbinden und somit als zweitpersonal zu sehen, scheint gleichfalls plausibel. Auch die drittpersonale Ebene ist relevant: Moral bezieht sich auf Werte, die nicht auf die partikularen Projekte Einzelner relativiert sind und Gründe für alle liefern.

Ungeachtet dieser sehr allgemeinen Einschätzung der Relevanz aller drei Dimensionen, der erstpersonalen, zweitpersonalen und drittpersonalen, versuchen aber die vorgestellte/n Autorin und Autoren doch jeweils eine dieser Perspektiven zu privilegieren: Korsgaard die erstpersonale, Darwall die zweitpersonale und Nagel eine drittpersonale Sicht. Phasenweise wirkt dieser Abgrenzungsversuch überzogen. Denn alle drei Autorinnen und Autoren wissen um die Argumente, die für die jeweils anderen Lesarten moralischer Gründe sprechen. Was sie letztlich zu ihrer Interpretation bewegt, ist die dahinterstehende Theorie der Moral, zu der sie tendieren. Korsgaard vertritt eine konstruktivistisch-internalistische kantische Ethik, Darwall einen kantisch geprägten Kontraktualismus und Nagel tendiert zu einer am Wohlergehen orientierten Moral, die Wohlergehen aber differenziert versteht und nicht mit einem utilitaristischen Nutzenkalkül verknüpft. Letztlich geht es also um die Frage, welche normativ-ethische Theorie wir vertreten wollen und wie diese den Bedingungen des moralischen Standpunkts, die wir für wesentlich erachten, gerecht wird. Viel spricht dafür, nicht eine der historischen Positionen (aristotelische Ethik, Utilitarismus, kantische Ethik und Kontraktualismus) orthodox zu vertreten, sondern die tragenden Elemente der klassischen Konzeptionen in eine für die moderne Lebenswelt passende Ethikkonzeption zu integrieren.

8.6 Rationalität und Vernunft

Ein wichtiges Problem an der Schnittstelle von normativer Ethik und Metaethik ist die Frage, welche Konzeption von Vernunft oder Rationalität die Moralphilosophie voraussetzen soll. So kommen in der Debatte um das Verhältnis von Normativität und Motivation, wie wir gesehen haben, verschiedene Vernunftbegriffe zum Tragen. Eine Hume'sche Theorie der Motivation ist mit der Idee der Zweckrationalität verknüpft.[60] Ein motivierender Grund besteht aus einem Wunsch und einer Zweck-Mittel-Annahme, also dem Glauben, dass X das geeignete Mittel ist, um Ziel Z zu erreichen. Eine kantische Konzeption der Vernunft bindet motivierende Gründe nicht an die Idee der Zweckrationalität, sondern an die Einsicht in deren Verbindlichkeit. Diese Unterschiede im Rationalitätsverständnis markieren divergierende Richtungen der Moralphilosophie. Eine mit einer Konzeption der instrumentellen Rationalität verknüpfte Moraltheorie entwickelt eine andere Sicht der Verbindlichkeit moralischer Prinzipien als eine Moraltheorie, die von einer Konzeption praktischer Vernunft als Form der spezifischen Reflexion ausgeht.

Einer instrumentalistischen Rationalitätskonzeption gilt die Anerkennung moralischer Prinzipien als notwendiges Mittel, um ein Ziel – zum Beispiel das gedeihliche Zusammenleben der Menschen – zu erreichen. Wir haben rationale Gründe, uns auf die Moral zu einigen, weil dies bestimmten allgemein geteilten Zwecksetzungen dient. Der Zweckrationalität steht der Begriff der praktischen Vernunft gegenüber. Verbindlichkeiten können demnach über den instrumentellen Zusammenhang hinaus als für sich genommen vernünftig und richtig erkannt werden. Vernunft ist die Fähigkeit der Einsicht in Begründungen, die sich für alle vernünftig reflektierenden Subjekte als nicht widerlegbar erweisen. Eine solche Konzeption praktischer Vernunft zeichnet die kantische

60 Hume selbst wird häufig unterstellt, dass er nur Rationalität in der Form instrumenteller Rationalität anerkennt. Eine genauere Betrachtung seiner Moralkonzeption zeigt aber, dass Hume durchaus Vernunft in Form vernünftiger Bestätigung moralischer Urteile zulässt. Vgl. dazu Herlinde Pauer-Studer, *Kommentar zu David Hume: Über Moral,* Frankfurt am Main: Suhrkamp 2007 (= Suhrkamp Studienbibliothek Band 6).

Tradition der Moralphilosophie aus. Doch zu überlegen bleibt, ob sich instrumentelle Rationalität und Vernunft ausschließen. Viel spricht dafür, dass beide Aspekte Teil einer umfassenden Konzeption praktischer Rationalität sind.

Die instrumentelle Rationalitätsauffassung wird von der Theorie der Ökonomie gestützt. Rational handeln bedeutet aus der Perspektive der Ökonomie, die Präferenzen der Individuen in eine konsistente Ordnung zu bringen. Darüber hinaus verbindet sich der Begriff ökonomischer Rationalität mit der Vorstellung effektiv strategischen Denkens. Rational handeln heißt auch, die zum Erreichen eines bestimmten Zieles tauglichsten Mittel zu wählen. Der umfassende Anspruch der ökonomischen Rationalitätsauffassung wird auch damit begründet, dass sie durch die Entscheidungstheorie als die formal angemessene Konzeption rationalen Entscheidens ausgewiesen ist. Die Entscheidungstheorie nimmt an, dass rationale Individuen, die mit einer Situation verschiedener möglicher Entscheidungen konfrontiert sind, über eine konsistente Präferenzordnung verfügen. Die Bedingung der Konsistenz der Präferenzen besagt: Wenn Person A X gegenüber Y vorzieht und Y gegenüber Z vorzieht, dann zieht A, sofern A rational ist, auch X gegenüber Z vor.

Aber Konsistenz der Präferenzen ist nur eine schwache Rationalitätsbedingung und deckt nicht ab, was wir in einem umfassenderen Sinn unter der Rationalität der Person verstehen. Denn Präferenzen können inhaltlich an dem vorbeigehen, was wirklich zum Guten der Person A ist. Manche Präferenzen können sogar dem hinderlich sein, was die Person A selbst eigentlich will und erstrebt. Konsistenz ist also nur eine notwendige, keine hinreichende Bedingung für Rationalität. Dennoch wird ausgehend von dieser formalen Bedingung dann der Schritt zu der These gesetzt, dass rationales Verhalten die Maximierung des Selbstinteresses sei.

Die konsistent geordneten Präferenzen müssen inhaltlich gesehen bestimmten Standards entsprechen. Ihre Ausrichtung kann nicht beliebig sein, da der Rationalitätsanspruch durch absurde Präferenzen konterkariert würde. Der einzige von der Ökonomie eingeführte Standard zur Gewichtung der Präferenzen ist die Maximierung des individuellen oder des allgemeinen Nutzens. Der Schritt von der Forderung einer konsistenten Präferenzordnung zu der Bedingung, dass rational zu handeln bedeutet, den individuellen oder den allgemeinen Nutzen zu erhöhen, scheint vielen Ökonominnen und Ökonomen zwingend. Dieser Übergang stellt sich durch eine begriffliche Fehlinterpretation, die durch eine Mehrdeutigkeit des Ausdrucks *utility* entsteht, als so naheliegend dar.

Die Entscheidungstheorie setzt voraus, dass sich eine konsistente Präferenzordnung durch eine Nutzenfunktion *(utility function)* repräsentieren lässt. Dies gilt auch für Entscheidungen unter Unsicherheit, wo das zu erwartende Ergebnis also nur mit einer gewissen Wahrscheinlichkeit zu kalkulieren ist *(expected utility)*. Die Nutzeneinheiten *(utilities)* sind die dieser Funktion zugeordneten Werte. Der in einer solchen Nutzenfunktion verwendete Nutzenbegriff besagt, dass eine Person eine Entscheidungsalternative einer anderen dann und nur dann vorzieht, wenn der erwartete Nutzen *(expected utility)* der einen Alternative größer ist als der erwartete Nutzen der anderen Alternative.

Der hier verwendete Begriff „Nutzen" ist allerdings eine rein formale Größe, die für sich genommen noch keine spezifische inhaltliche Bedeutung hat. Der Begriff der Nutzenfunktion beschränkt sich auf eine formale Definition der Präferenzordnung der Person. Doch die semantischen Konnotationen des Begriffs *utility* verführen zu einer Assoziation des Begriffs der Nutzenfunktion mit einer inhaltlichen Auslegung des Wortes „Nutzen". Wegen der gewöhnlichen Bedeutung des Begriffs „Nutzen" liegt es nahe anzunehmen, dass eine Person immer das für sie Bessere wählt, wenn sie sich zwischen zwei Präferenzen entscheidet. Daraus folgt dann, dass eine Person mit einer rationalen Entscheidung ihr Selbstinteresse maximiert. Somit ergibt sich der Übergang von einer unstrittig formalen Rationalitätsbedingung zu einem Ansatz des aufgeklärten Eigeninteresses *(Maximierung des individuellen Nutzens)* oder zum Utilitarismus als einer Theorie des allgemeinen Nutzens. Beides sind inhaltliche Moralkonzeptionen, die nicht aus einer formalen Bedingung folgen können und die der gesonderten Begründung bedürfen. Die Annahme, dass rationales Entscheiden die Maximierung des eigenen Vorteils bedeutet, geht weit über die axiomatische Nutzentheorie hinaus. Die formale Nutzenkonzeption kann nicht ohne weiteres zu einer bestimmten Moralkonzeption erweitert werden, denn die Entscheidungen einer Person decken sich keineswegs immer mit dem für eine Person Guten.

Die Entscheidungstheoretiker R. Duncan Luce und Howard Raiffa haben bereits in ihrem 1957 erschienenen Buch *Games and Decisions* vor der unreflektierten Verknüpfung eines formalen Begriffs des Nutzens mit einer darüber hinausgehenden inhaltlichen Interpretation gewarnt.[61] Die Interpretation des erwarteten Nutzens als etwas, das für das Individuum ein Mehr an Profit oder Gewinn oder Befriedigung bedeutet,

61 Sie schreiben: „If we are able to rank the alternatives and if we assign a numerical index, then in a totally tautological sense we can assert that the subject has behaved as if he always chooses the painting with the higher index. From this it is easy to slip into saying that one was preferred to another because it has a larger latent index of ‚satisfaction' or ‚utility'. This is an unrewarding slip – indeed, it is a trap one must be careful to avoid." R. Duncan Luce and Howard Raiffa,

ist sprachlich durch die semantischen Konnotationen des Begriffs „Nutzen“ naheliegend, aber theoretisch ist dieser Schritt weder durch die formalen Bedingungen des Rationalitätsbegriffs begründet noch ist er zwingend.

Die Assoziation von rationalem Handeln und individueller Optimierung resultiert aus der Übertragung gewisser Annahmen der Ökonomie auf das philosophische Verständnis von Rationalität und überlegtem Entscheiden, doch diese theoretischen Voraussetzungen der Ökonomie sind für sich genommen durchaus hinterfragbar, wie etwa Amartya Sens Kritik an der ökonomischen Rationalitätskonzeption verdeutlicht: „The insular economic man pursuing his self-interest may represent an assumption that pervades much of traditional economics, but it is not a particularly useful model for understanding problems of social choice.“[62] Der über eine einzige Präferenzordnung definierte „ökonomische Mensch“ gleicht nach Sen einem „rationalen Idioten“.[63] Die über Konsistenz definierte rationale Präferenzordnung müsse stärker strukturiert werden, insbesondere dann, wenn der Präferenzbegriff auch ethische Präferenzen und die Idee der Verpflichtung umfassen soll.

Dies läuft darauf hinaus, einzelne Präferenzordnungen an übergeordneten moralischen Standards zu prüfen. Präferenzen sind aus ethischer Perspektive nicht einfach als bindende Größen zu betrachten, sondern sind zu gewichten und zu evaluieren. Reflektierte Präferenzen sind in letzter Konsequenz nichts anderes als Formen moralischer Urteile. Präferenzen haben auch einen expressiven Gehalt, indem sie Werthaltungen zum Ausdruck bringen.[64]

Games and Decisions. Introduction and Critical Survey, New York: Dover Publications 1957, 16.
Eine aufschlussreiche Analyse der Vereinnahmungen der axiomatischen Nutzentheorie durch die Ökonomie findet sich bei John Broome, *Ethics Out of Economics,* Cambridge: Cambridge University Press 1999, Kap. 2. Broome merkt kritisch an: „But a person's utility, as officially defined, has no necessary connection with her good. So nothing in the definition (of utility, sic!) suggests that the preferred alternative is necessarily better for her. However, many economists adopt the offical definition of ‚utility', whilst at the same time also using the word to stand for a person's good.“ Ebd., 21, 22.

62 Amartya K. Sen, *Collective Choice and Social Welfare,* Amsterdam: Elsevier Science Publishers 1979, 6.

63 Amartya K. Sen, Rationale Trottel: Eine Kritik der behavioristischen Grundlagen der Wirtschaftstheorie, in: Stefan Gosepath (Hg.), *Motive, Gründe, Zwecke,* 76–102, bes. 93–102.

64 Vgl. zu diesem subtileren Verständnis von Präferenzen auch T. M. Scanlon, *What We Owe to Each Other,* Cambridge MA: Harvard University Press 1999, 34, 35 und Elizabeth Anderson, *Value in Ethics and Economics,* Cambridge MA: Harvard University Press, 38–43.

Die Reduktion rationalen Verhaltens auf die Verfolgung des Eigennutzens ist problematisch. Denn eine Konzeption der Rationalität, nach der die Wahl einer Person zwischen zwei Alternativen jeweils zu der für die Person besseren Alternative im Sinne der Maximierung des Selbstinteresses führt, resultiert in einem definitorischen Egoismus. Die Person kann, sofern sie rational handelt, gar nicht anders, als ihr Selbstinteresse zu maximieren. Eine solche Konzeption erlaubt uns nicht mehr, rationales von irrationalem Verhalten zu unterscheiden. Wir brauchen aber eine solche Differenzierung für den Kontext moralischen Handelns. Moralisches Handeln sollte die Bedingungen der Rationalität erfüllen und gut begründet sein. Aber genau diese Forderung geht ins Leere, wenn jede Entscheidung per se rational ist. Für die Beurteilung menschlichen Handelns benötigen wir die Unterscheidung zwischen rationalem und irrationalem Verhalten, zwischen Entscheidungen, die zu guten Ergebnissen führen, und solchen, die schlechte Konsequenzen generieren. Wir brauchen das Konzept der Irrationalität, um Rationalität definieren zu können.

Die Annahme, dass alles, was Menschen tun, der Maximierung ihres Eigeninteresses dient, führt zu einer merkwürdigen Sicht der Menschen: Jede ihrer Handlungen, die von der strikten Maximierung des Eigeninteresses abweicht, wäre demnach irrational. Aber gerade die Moral verlangt von uns Handlungen, die sich nicht auf die Maximierung unseres individuellen Nutzens richten. Dies können Handlungen sein, die sich direkt auf das Wohl anderer richten oder die allgemeinen Verbindlichkeiten nachkommen, wie etwa ein Versprechen halten. Für die Lebenskontexte vieler Menschen ist bestimmend, dass sie sich um andere kümmern und für andere sorgen.

Menschen verhalten sich anders – so lautet der simple Einwand gegen die egoistische Rationalitätskonzeption.[65] Die Antwort auf diese Kritik interpretiert die hinter dem vordergründig altruistischen Verhalten stehende Interessenstruktur als wiederum egoistisch. Genauer gesagt: Menschen können ihr konkretes Handeln durchaus auf das Wohlergehen

65 Die These, dass Menschen sich primär egoistisch verhalten, wird auch von einer Reihe experimentell arbeitender Ökonominnen und Ökonomen wiederlegt. So argumentieren Ernst Fehr und Simon Gächter auf der Basis einschlägiger Experimente, dass Personen auch dann willig sind, mit anderen zu kooperieren, wenn dies nicht in ihrem Selbstinteresse ist. Faire Intention und faires Verhalten wird nach Fehr und Gächter mit fairem Verhalten anderer belohnt. Siehe Ernst Fehr und Simon Gächter, How Effective Are Trust- and Reciprocity-Based Incentives? In: Avner Ben-Ner und Louis Putterman (Hg.), *Economcis, Values, and Organization,* Cambridge: Cambridge University Press 1998, 337–363. Vgl. Elizabeth S. Anderson, Beyond Homo Economicus: New Developments in Theories of Social Norms, in: *Philosophy and Public Affairs* 29, 2000, 170–200.

anderer richten. Doch eine tiefer gehende Analyse der Verhaltensmotivationen kann all diese vordergründig altruistischen Aktivitäten letztlich dem Eigeninteresse der Person zuordnen.

Diese Argumentation verliert an Plausibilität, wenn man die hier gegebene Doppeldeutigkeit des Interessenbegriffs berücksichtigt. Man muss zwischen der Zuschreibung eines Interesses zu einer Person und der inhaltlichen Akzentuierung dieses Interesses unterscheiden. Der Ausdruck *mein Interesse* bezieht sich auf zwei verschiedene Dinge, je nachdem, ob es um die Selbstzuschreibung oder um den Inhalt dieses Interesses geht. Im Sinne der Selbstzuschreibung handelt es sich bei *meinen Interessen* um Interessen, die ich habe. Der Inhalt dieser Interessen ist damit noch nicht bestimmt. Ein Interesse, das ich habe, kann sich auch auf etwas Überindividuelles richten, wie die Bedürfnisse und die Lebensumstände anderer Personen. *Mein Interesse* kann sich, wenn es um die inhaltliche Akzentuierung geht, aber auch auf die Verfolgung meines persönlichen Vorteils beziehen. Das bedeutet: Eine Konzeption, die Konsistenz der Präferenzen als Rationalitätsbedingung festlegt, kann nicht von dieser Bedingung zu einer Rationalitätsauffassung übergehen, die rationales Handeln auf die Maximierung des Eigennutzens festschreibt. Denn die Konsistenzbedingung ist neutral gegenüber dem Inhalt der Präferenzen. Doch die inhaltliche Ausrichtung der Präferenzen kann sich sehr wohl auf die Unterstützung anderer richten, die Präferenzen können auch altruistisch sein. Nicht jedes Interesse, das meines ist, reduziert sich inhaltlich auf meinen egoistischen Vorteil.

Eine angemessene Konzeption der Rationalität muss also über den Begriff selbstinteressierter Rationalität hinausgehen. Das Argument, dass alle Präferenzen als die Präferenzen einer Person deren Selbstinteresse dienen, übersieht den inhaltlichen Aspekt der Präferenzen und nivelliert alle Präferenzen. Wir kommen bei der Beurteilung unseres Tuns nicht um die Gewichtung der Präferenzen herum. Die Frage der Rationalität oder Vernunft berührt im Kontext moralischer Begründungen auch die Frage der Art unserer Präferenzen. Die Evaluierung der Präferenzen sollte von der Rationalität oder Vernunft abgesichert sein. Doch für diese Aufgabe scheint weder der auf formale Konsistenz reduzierte Rationalitätsbegriff noch eine vorteilsmaximierende Rationalitätskonzeption geeignet.

Offensichtlich wird hier ein anderer Begriff von Vernunft relevant. Vernünftig handeln heißt demnach, alle in einer Situation maßgeblichen Gründe gegeneinander abzuwägen und die Situation jener zu berücksichtigen, die von einer Entscheidung betroffen sind. Vernünftig handeln bedeutet anerkennen, dass ein Grund für mich auch ein Grund für alle jene ist, die sich in relevant ähnlichen Umständen befinden. Vernünftig sein bedeutet, sich zu fragen, ob die Gründe, die wir haben, den Test der Verallgemeinerung bestehen.

Auf moraltheoretischer Ebene lassen sich ausgehend von dem Gegensatz zwischen Rationalität und Vernunft zwei unterschiedliche Theorietraditionen der Moralphilosophie benennen. Der Begriff der Rationalität stützt die individualistischen Moraltheorien, für die eine Einigung auf moralische Regeln und Normen Ausdruck des aufgeklärten Eigeninteresses ist.[66] Der Begriff der praktischen Vernunft unterliegt hingegen den universalistischen Moralansätzen, für die gute und vernünftige Begründungen nicht ablösbar sind von der Idee der fairen Berücksichtigung aller. Als moralisch begründet gelten jene Normen, die aus der Perspektive eines überpersönlichen Standpunkts die Zustimmung aller finden können.

Diese beiden Theorierichtungen der Ethik standen sich bislang recht unversöhnlich gegenüber. Die strikte Dichotomie zwischen instrumenteller Rationalität und universalistischer Vernunftkonzeption ist jedoch unbefriedigend. Der Gegensatz wird in den einschlägigen Debatten überzeichnet. Die Idee der Zweckrationalität, die für den Begriff instrumenteller Rationalität konstitutiv ist, ist keine übergehbare Bedingung. Im Gegenteil: Die Forderung der Zweckrationalität ist ein Aspekt von Rationalität, den wir nicht ignorieren können. Sich rational verhalten bedeutet, die geeigneten Mittel für die angestrebten Ziele zu wählen. Dieses Verständnis der Rationalität bestimmt viele Verhaltensrichtlinien des Alltags, zum Beispiel Empfehlungen wie: Wenn du die Prüfung bestehen willst, dann musst du lernen. Wenn du am Wien-Marathon nächsten Mai teilnehmen willst, solltest du regelmäßiger trainieren.

Die Frage ist, ob und wieweit diese einfache Form der Zweck-Mittel-Rationalität auf die Moral übertragen werden kann. Wenn man die Moral ausschließlich auf der Idee der instrumentellen Rationalität basiert, präsentiert sich die Moral als System hypothetischer Imperative. Engt man dabei die Zweckrationalität nicht auf das Ziel der individuellen Nutzenmaximierung ein, wird die Moral zu einem System hypothetischer Imperative mit einer über den Egoismus hinausreichenden Pluralität von Zielen. Ein Argument für diese Sicht der Moral ist, dass sich gute Begründungen auf rationale Gründe stützen müssen. Und gute Gründe, Handlungen zu tun, sind dann gegeben, wenn eine entsprechende Handlung ein Mittel ist, um ein angestrebtes Ziel zu erreichen.

66 Vgl. das Kapitel über den Kontraktualismus in diesem Buch.

Das Gegenmodell zur Moral als System hypothetischer Imperative ist die Konzeption der Moral als System kategorischer Imperative. Die Bedenken gegen diesen Ansatz gehen dahin, dass kategorische Imperative Befehle, nicht aber Begründungen zum Ausdruck bringen. Philippa Foot vergleicht, wie bereits an anderer Stelle betont, kategorische Imperative mit blinden Berufungen auf das, was zu tun ist, und mit rigorosen Regeln, die schlicht unbedingt gelten. Die Beschränkung der Moral auf kategorische Imperative versuche „dem moralischen Sollen eine magische Kraft“ zu verleihen.[67] Eine ähnliche Skepsis gegenüber der Idee unbedingten Sollens findet sich bei Ernst Tugendhat. Tugendhat kritisiert die kantische Vernunftkonzeption als metaphysische Konstruktion, die der sinnwidrigen Idee eines unbedingten Müssens Rückhalt geben soll.[68]

Nun ist es sicher nicht angemessen, Kants praktischer Philosophie ein nicht gerechtfertigtes unbedingtes Sollen zuzuschreiben. Denn wie wir gesehen haben, liefert Kant ja eine nachvollziehbare Begründung für den kategorischen Imperativ. Gleichfalls wird die Anwendung des kategorischen Imperativs auf Maximen mit Gründen untermauert; der Verallgemeinerungstest ist als Frage, ob Maximen universalisiert gedacht oder gewollt werden können, nicht beliebig. Von daher verbietet es sich, die instrumentelle Rationalität gegenüber einer kantischen Vernunftkonzeption als den einzig angemessenen Begriff von Rationalität auszuzeichnen. Die reine Zweck-Mittel-Rationalität genügt nicht zur Definition vernünftigen Überlegens; sie ist nur eine notwendige Bedingung. Die Moral kann nicht beliebige Ziele und Zwecke zulassen. Das bedeutet aber, dass über das Postulat der Zweckrationalität allein die aus der Perspektive der Moral relevanten Rechtfertigungen nicht zu leisten sind. Notwendig ist ein Vernunftkonzept, das neben instrumentellen Erwägungen auch das unparteiliche Abwägen der Gründe umfasst, die für diese oder jene moralische Norm sprechen. Moralisches Handeln muss sich mit Gründen und Überlegungen, die über Zweckrationalität hinausgehen, als vernünftig ausweisen lassen.

Der Gegensatz von instrumenteller Rationalität versus universeller Vernunft relativiert sich damit. Die Zweck-Mittel-Rationalität ist mit einer darüber hinausgehenden Sicht der Vernunft vereinbar. Die Zweck-Mittel-Rationalität ist eine allem rationalen Handeln zugrunde liegende Bedingung. Doch im Kontext der Moral, wo es um inhaltliche normative

67 Philippa Foot, Die Moral als ein System hypothetischer Imperative, in: dies., *Die Wirklichkeit des Guten.* Moralphilosophische Aufsätze, Fischer Taschenbuch Verlag 1997, 89–107, hier 101.

68 Siehe Ernst Tugendhat, *Vorlesungen über Ethik,* Frankfurt am Main: Suhrkamp 1993, 25–45.

Begründungen geht, reicht die Zweck-Mittel-Rationalität nicht.[69] Es geht auch um die reflexive Prüfung und Gewichtung der Ziele.

Eine über Zweck-Mittel-Überlegungen hinausreichende Idee der praktischen Vernunft scheint unabdingbar für die Ethik. Ein Gutteil der Skepsis gegenüber der kantischen Ethik beruht darauf, dass kategorische Imperative als Ausdruck unbedingter Gebote, nicht aber als Ausdruck guter Gründe gesehen werden. Die starken Sympathien vieler Philosophinnen und Philosophen für Moralansätze, die moralische Normen als hypothetische und nicht als kategorische Imperative interpretieren, beruhen darauf, dass hypothetische Imperative scheinbar keine Rechtfertigung brauchen. Die Forderung, X zu tun, wenn X das angemessene Mittel ist, das gewünschte und gewollte Ziel Z zu erreichen, scheint evident. Die Plausibilität des hypothetischen Imperativs ergibt sich sozusagen aus sich selbst. Kategorische Imperative scheinen demgegenüber Forderungen, die uns als externe Einschränkungen gegenübertreten, wobei in diesem Fall die Berufung auf die Evidenz als Begründung nicht ausreicht.

Doch eine solche Sicht ist fragwürdig. Das instrumentelle Rationalitätsprinzip, das hypothetischen Imperativen zugrunde liegt, kann nicht allein stehen; es kann für sich genommen nicht eine Konzeption praktischer Rationalität bilden.[70] Wenn es nicht übergeordnete normative Prinzipien gibt, die uns dazu anhalten, bestimmte Ziele und Zwecke aus guten Gründen zu akzeptieren, dann hat die Forderung, dass wir die entsprechenden Mittel zur Realisierung unserer Ziele ergreifen sollen, keine Basis. Denn ein hypothetischer Imperativ, der sich auf moralisch völlig inakzeptable Zwecke richtet, verfügt ungeachtet der instrumentalistischen Logik über keine Rechtfertigung. Wir benötigen also eine über die instrumentelle Rationalität hinausgehende Konzeption der vernünftigen Reflexion, die eine normative Theorie stützt, die über klare Standards zur Gewichtung und Bewertung unserer Ziele verfügt. Die instrumentelle Rationalität hängt von anderen normativen Voraussetzungen

69 Vgl. auch Julian Nida-Rümelin, *Ethische Essays,* Frankfurt am Main: Suhrkamp 2002, Kap. 7 und 8.

70 Vgl. Jean E. Hampton, *The Authority of Reason,* Cambridge: Cambridge University Press 1998, 217–234; vgl. auch Christine M. Korsgaard, The Normativity of Instrumental Reason, in: Garrett Cullity und Berys Gaut (Hg.), *Ethics and Practical Reason,* Oxford: Clarendon Press 1997, 215–254, bes. 222–227. Joseph Raz bezeichnet das Prinzip instrumenteller Rationalität als bloßes Hilfsprinzip *(facilitative principle)*, das uns die Verfolgung und Realisierung unserer Handlungspläne ermöglicht. Vgl. Joseph Raz, The Myth of Instrumental Rationality, in: *Journal of Ethics & Social Philosophy* 1, 2005, 1–25.

ab, etwa dem für eine instrumentell rationale Person Guten. Damit wird der Rahmen des instrumentell Rationalen überschritten.[71]

Wir benötigen normative Prinzipien, die uns zur Verfolgung bestimmter Ziele anhalten und uns den Verzicht auf andere nahelegen. Diese normative Auszeichnung der entsprechenden Ziele ist unabdingbar. Denn sonst vermögen wir nicht zu begründen, warum die entsprechenden Mittel zum Erreichen dieser Ziele gewählt werden sollen. Erst über den normativen Status der Ziele gewinnen die Mittel, die notwendig sind, um das Ziel zu realisieren, normative Kraft. Wir können irrationale Ziele verfolgen, die uns selbst schädigen. Es ist unplausibel, uns als rational zu bezeichnen, wenn wir die Mittel zum Erreichen solcher Zwecke wählen. Wenn es nicht ein Prinzip gibt, das uns vorschreibt, welche Ziele wir vorziehen sollen, dann folgen wir schlicht den Wünschen und Begehren, die wir gerade haben. Ohne ein übergeordnetes Prinzip, das uns auf gewisse Ziele verpflichtet, können wir nicht als irrational kritisiert werden. Wir müssen also zwischen beliebigen und vernünftigen Wünschen unterscheiden. Diese Differenz ist über die Konzeption instrumenteller Rationalität aber nicht explizierbar. Es bedarf also einer umfassenden Rationalitätskonzeption, in der sich die Prinzipien instrumenteller Rationalität mit Normen vernünftigen Überlegens, die über Zweck-Mittel-Abwägungen hinausgehen, verbinden.

Ein Versuch der Synthese von instrumenteller Rationalität und universalistischerVernunft findet sich etwa in dem Begründungsverfahren, das Rawls seiner konstruktivistischen Formulierung der Prinzipien der Gerechtigkeit unterlegt. Rawls hält an der Differenz zwischen dem Rationalen und dem Vernünftigen fest, zwischen dem Wählen der effektivsten Mittel und dem Suchen nach Normen, die ein faires kooperatives Zusammenleben ermöglichen und die alle vernünftigerweise akzeptieren können.[72] Er sieht das Rationale und das Vernünftige als zwei verschiedene Ideen, die sich aber gleichwohl ergänzen und die nicht für sich stehen. Das Rationale akzentuiert die spezifischen Präferenzen und Ziele des einzelnen Subjekts. Darüber hinaus sind normative Kriterien erforderlich, um die Ansprüche der verschiedenen Gesellschaftsmitglieder bewerten und gegebenenfalls anerkennen zu können. Rawls hat seinen Rechtfertigungsansatz in seinem Spätwerk so modifiziert, dass er dem Problem

71 Siehe Hampton, *The Authority of Reason,* 164–166.

72 Siehe John Rawls, *Politischer Liberalismus,* Frankfurt am Main: Suhrkamp 1998, 121–125. Rawls reflektiert auf sozialethische Kontexte. Doch seine Überlegungen über das Verhältnis von Vernunft und Rationalität lassen sich auf die Individualethik übertragen.

einer nicht lösbaren Spannung zwischen ökonomischer Rationalität und einem kantischen Vernunftkonzept entgeht.

Es ist wichtig, die Frage der angemessenen Bestimmung des Verhältnisses zwischen Zweck-Mittel-Rationalität und Vernunft von der Verknüpfung mit einer bestimmten normativen Konzeption der Ethik freizuhalten. Der Begriff der Vernunft und der vernünftigen Reflexion sollte so definiert sein, dass zur Auszeichnung einer bestimmten ethischen Theorie noch ein zusätzlicher Begründungsschritt erforderlich wird. Wenn die Moral mit der Vernunft identisch ist, dann verliert das vernünftige Argumentieren an Relevanz. Der Appell an die Vernunfteinsicht ist dann eine überflüssige Übung, die der Begründung einer spezifischen ethischen Konzeption nichts mehr hinzufügt.

Die Aufgabe der praktischen Vernunft ist die Bewertung der Ziele und Zwecke unseres konkreten Handelns. Wenn die Ziele unseres Handelns im moralischen Sinne gut sind, dann folgen daraus auch Gründe zum Handeln. Praktische Vernunft ist, wie Warren Quinn dies ausdrückt, so besonders, weil sie eine Form der Tugend ist, die sich auf das menschlich Gute richtet.[73] Doch die Verknüpfung mit dem moralisch Guten darf nicht analytisch sein, sondern muss durch konstruktive Schritte der Argumentation hergestellt werden. Die Frage, welche Konzeption des Guten dann als angemessen gilt, verweist zurück auf die Debatte um die normative Ethik. Die metaethische Suche nach einer Definition von Vernunft und Rationalität allein kann uns nicht beantworten, welche Kriterien des Richtigen und Guten maßgeblich sind. Doch die Metaethik kann sehr wohl die strukturellen Bedingungen aufweisen, die plausible normativ-ethische Ansätze erfüllen müssen. Die metaethische Reflexion ist unabdingbar für die Ethik, denn sie weist die Richtung, die unser Nachdenken über das Rechte und Gute nehmen muss.

73 Vgl. Warren Quinn, *Morality and Action,* Cambridge: Cambridge University Press 1993, 228–255.

Literaturverzeichnis

Allison, Henry E., *Kant's Theory of Freedom,* Cambridge: Cambridge University Press 1990.

Anderson, Elizabeth S., *Value in Ethics and Economics,* Cambridge MA: Harvard University Press 1993.

Anderson, Elizabeth S., Beyond Homo Economicus: New Developments in Theories of Social Norms, in: *Philosophy and Public Affairs* 29, 2000, 170–200.

Antony, Louise M. und Charlotte Witt (Hg.), *A Mind of One's Own.* Feminist Essays on Reason and Objectivity, Boulder, San Francisco und Oxford: Westview Press 1993.

Arendt, Hannah, *Eichmann in Jerusalem.* Ein Bericht von der Banalität des Bösen, München: Piper 1986.

Aristoteles, *Die Nikomachische Ethik,* aus dem Griechischen und mit einer Einführung und Erläuterungen versehen von Olof Gigon, 3. Auflage, Zürich und München: Deutscher Taschenbuch Verlag 1998.

Ayer, Alfred Jules, *Sprache, Wahrheit und Logik,* Stuttgart: Reclam 1970.

Baier, Annette C., *A Progress of Sentiments.* Reflections on Hume's Treatise, Cambridge MA und London: Harvard University Press 1991.

Baier, Annette C., *Moral Prejudices.* Essays on Ethics, Cambridge MA und London: Harvard University Press 1994.

Baron, Marcia W., *Kantian Ethics Almost Without Apology,* Ithaca und London: Cornell University Press 1995.

Beauchamp, T. L. und J. F. Childress, *Principles of Biomedical Ethics,* 4. Auflage, Oxford: Oxford University Press 1994.

Ben-Ner, Avner und Louis Putterman (Hg.), *Economcis, Values, and Organization,* Cambridge: Cambridge University Press 1998.

Bentham, Jeremy, *The Principles of Morals and Legislation,* Amherst: Prometheus Books 1988.

Bergmann, Frithjof, Nietzsche and Analytic Ethics, in: Richard Schacht (Hg.), *Nietzsche, Genealogy, Morality.* Essays on Nietzsche's Genealogy of Morality, Berkeley und Los Angeles und London: University of California Press 1994.

Birnbacher, Dieter und Norbert Hoerster (Hg.), *Texte zur Ethik,* 8. Auflage, München: Deutscher Taschenbuch-Verlag 1991.

Blackburn, Simon, *Spreading the Word.* Groundings in the Philosophy of Language, Oxford: Clarendon Press 1984.

Blackburn, Simon, *Ruling Passions.* A Theory of Practical Reasoning, Oxford: Clarendon Press 1998.

Böckenförde, Ernst-Wolfgang, Ist Demokratie eine notwendige Forderung der Menschenrechte? In: Stefan Gosepath und Georg Lohmann (Hg.), *Philosophie der Menschenrechte,* Frankfurt am Main: Suhrkamp 1998, 233–243.

Borchers, Dagmar, *Die neue Tugendethik – ein Blick zurück im Zorn?* Eine Kontroverse in der Analytischen Philosophie, Paderborn: Mentis 2001.

Bowden, Peta, *Caring.* Gender-Sensitive Ethics, London und New York: Routledge 1997.

Boyd, Richard, How To Be a Moral Realist, in: Stephen Darwall, Allan Gibbard und Peter Railton (Hg.), *Moral Discourse and Practice,* Some Philosophical Approaches, New York und Oxford: Oxford University Press 1997, 167–178.

Broadie, Sarah, *Ethics with Aristotle,* Oxford: Oxford University Press 1991.

Broome, John, *Ethics Out of Economics,* Cambridge: Cambridge University Press 1999.

Butler, Judith, *Körper von Gewicht.* Die diskursiven Grenzen des Geschlechts, Berlin: Berlin Verlag 1995.

Cullity, Garrett und Berys Gaut (Hg.), *Ethics and Practical Reason,* Oxford: Clarendon Press 1997.

Dancy, Jonathan, *Ethics without principles,* Oxford: Clarendon Press 2004.

Danto, Arthur C., *Nietzsche als Philosoph,* München: Wilhelm Fink Verlag 1998.

Darwall, Stephen, Allan Gibbard und Peter Railton (Hg.), *Moral Discourse and Practice.* Some Philosophical Approaches, New York und Oxford: Oxford University Press 1997.

Darwall, Stephen, *The Second-Person Standpoint.* Morality, Respect, and Accountability, Cambridge MA und London: Harvard University Press 2006.

Dreyfus, Hubert L. und Paul Rabinow (Hg.), *Michel Foucault.* Jenseits von Strukturalismus und Hermeneutik, Frankfurt am Main: Athenäum 1987.

Dworkin, Ronald, Objectivity and Truth: You'd Better Believe It, in: *Philosophy and Public Affairs* 25, 2, 1996, 87–139.

Dworkin, Ronald et al., Assisted Suicide: The Philosopher's Brief, in: *New York Review of Books* 27. 3. 1997.

Engstrom, Stephen und Jennifer Whiting (Hg.), *Aristotle, Kant and the Stoics,* Cambridge: Cambridge University Press 1996.

Fehr, Ernst und Simon Gächter, How Effective Are Trust- and Reciprocity-Based Incentives? In: Avner Ben-Ner und Louis Putterman (Hg.), *Economcis, Values, and Organization,* Cambridge: Cambridge University Press 1998, 337–363.

Foot, Philippa, Moralische Argumentationen, in: Günther Grewendorf und Georg Meggle (Hg.), *Seminar: Sprache und Ethik,* Frankfurt am Main: Suhrkamp 1974, 244–259.

Foot, Philippa, *Die Wirklichkeit des Guten.* Moralphilosophische Aufsätze, herausgegeben von Anton Leist und Ursula Wolf, Frankfurt am Main: Fischer Taschenbuch Verlag 1997.

Foucault, Michel, Interview. Genealogie der Ethik: Ein Überblick über laufende Arbeiten, in: Hubert L. Dreyfus und Paul Rabinow (Hg.), *Michel Foucault.* Jenseits von Strukturalismus und Hermeneutik, Frankfurt am Main: Athenäum 1987, 265–292.

Foucault, Michel, Nachwort. Das Subjekt und die Macht, in: Hubert L. Dreyfus und Paul Rabinow (Hg.), *Michel Foucault.* Jenseits von Strukturalismus und Hermeneutik, Frankfurt am Main: Athenäum 1987, 243–261.

Gähde, Ulrich und Wolfgang H. Schrader (Hg.), *Der klassische Utilitarismus.* Einflüsse – Entwicklungen – Folgen, Berlin: Akademie Verlag 1992, 145–171.

Gauthier, David, *Morals by Agreement,* Oxford: Clarendon Press 1986.

Gauthier, David, Selbstinteresse, rationale Übereinkunft und Moral, in: Herlinde Pauer-Studer (Hg.), *Konstruktionen praktischer Vernunft.* Philosophie im Gespräch, Frankfurt am Main: Suhrkamp 2000, 97–128.

Gerhardt, Volker, *Friedrich Nietzsche,* München: C. H. Beck 1992.

Gibbard, Allan, *Wise Choices, Apt Feelings.* A Theory of Normative Judgment, Cambridge MA und London: Harvard University Press 1990.

Gibbard, Allan, *Thinking How To Live,* Cambridge MA und London: Harvard University Press 2003.

Gilligan, Carol, *Die andere Stimme.* Lebenskonflikte und Moral der Frau, München: Piper 1984.

Gosepath, Stefan (Hg.), *Motive, Gründe, Zwecke.* Theorien praktischer Rationalität, Frankfurt am Main: Fischer Taschenbuch Verlag 1999.

Gosepath, Stefan und Georg Lohmann (Hg.), *Philosophie der Menschenrechte,* Frankfurt am Main: Suhrkamp 1998.

Habermas, Jürgen, *Erläuterungen zur Diskursethik,* Frankfurt am Main: Suhrkamp 1992.

Habermas, Jürgen, *Faktizität und Geltung,* Frankfurt am Main: Suhrkamp 1992.

Habermas, Jürgen, Versöhnung durch öffentlichen Vernunftgebrauch, in: Philosophische Gesellschaft Bad Homburg und Wilfried Hinsch, *Zur Idee des politischen Liberalismus.* John Rawls in der Diskussion, Frankfurt am Main: Suhrkamp 1997, 169–195.

Habermas, Jürgen, Religion in der Öffentlichkeit. Kognitive Voraussetzungen für den „öffentlichen Vernunftgebrauch“ religiöser und säkularer Bürger, in: Habermas, *Zwischen Naturalismus und Religion.* Philosophische Aufsätze, Frankfurt am Main: Suhrkamp 2005, 119–154.

Hampshire, Stuart, *Morality and Conflict,* Oxford: Blackwell 1983.

Hampshire, Stuart, *Innocence and Experience,* Cambridge, Mass.: Harvard University Press 1992.

Hampton, Jean, *Hobbes and the Social Contract Tradition,* Cambridge. Cambridge University Press 1986.

Hampton, Jean, Two Faces of Contractarian Thought, in: Peter Vallentyne (Hg.), *Contractarianism and Rational Choice.* Essays on David Gauthier's *Morals by Agreement,* Cambridge: Cambridge University Press 1991.

Hampton, Jean, Feminist Contractarianism, in: Louise M. Antony and Charlotte Witt (Hg.), *A Mind of One's Own.* Feminist Essays on Reason and Objectivity, Boulder, San Francisco und Oxford: Westview Press 1993.

Hampton, Jean E., *The Authority of Reason,* Cambridge: Cambridge University Press 1998.

Hare, Richard M., *Die Sprache der Moral,* Frankfurt am Main: Suhrkamp 1972.

Hare, Richard M., *Freiheit und Vernunft,* Frankfurt am Main: Suhrkamp 1983.

Hare, Richard M., *Moralisches Denken:* seine Ebenen, seine Methode, sein Witz, Frankfurt am Main: Suhrkamp 1992.

Harsanyi, John C., Rule Utilitarianism, Equality, and Justice, in: E. F. Paul (Hg.), *Ethics and Economics,* Oxford: Oxford University Press 1985.

Hegel, G. W. F., Aus dem Naturrechtsaufsatz: Kritik an Kants Moralprinzip, in: Rüdiger Bittner und Konrad Cramer (Hg.), *Materialien zu Kants ‚Kritik der praktischen Vernunft‘,* Frankfurt am Main: Suhrkamp 1975, 327–332.

Hegel, G. W. F., *Phänomenologie des Geistes,* in: ders., Werke in 20 Bänden, herausgegeben von Eva Moldenhauer und Karl-Markus Michel, Band 3, Frankfurt am Main: Suhrkamp 1969–71.

Hekman, Susan J., *Moral Voices, Moral Selves.* Carol Gilligan and Feminist Moral Theory, Cambridge: Polity Press 1995.

Held, Virginia, *Feminist Morality.* Transforming Culture, Society, and Politics, Chicago und London: The University of Chicago Press 1993.

Hempel, Carl Gustav, Probleme und Modifikationen des empiristischen Sinnkriteriums, in: Johannes Sinnreich (Hg.), *Zur Philosophie der idealen Sprache,* München: Deutscher Taschenbuch Verlag 1972, 104–125.

Herman, Barbara, *The Practice of Moral Judgement,* Cambridge MA und London: Harvard University Press 1993.

Hobbes, Thomas, *Leviathan,* herausgegeben und eingeleitet von Iring Fetscher, Frankfurt am Main: Suhrkamp 1984.

Höffe, Otfried, *Immanuel Kant,* 2. Auflage, München: C. H. Beck 1988.

Höffe, Otfried (Hg.), *Die Nikomachische Ethik,* Berlin: Akademie Verlag 1995.

Hoerster, Norbert (Hg.), *Recht und Moral.* Texte zur Rechtsphilosophie, München: Deutscher Taschenbuch Verlag 1977.

Holzleithner, Elisabeth, *Gerechtigkeit,* Wien: facultas wuv 2009 (= utb profile).

Honneth, Axel, *Kampf um Anerkennung.* Zur moralischen Grammatik sozialer Konflikte, Frankfurt am Main: Suhrkamp 1994.

Horwich, Paul, *Truth,* Oxford: Blackwell 1990.

Hume, David, *Ein Traktat über die menschliche Natur,* Band II, herausgegeben von Reinhardt Brandt, Hamburg: Meiner 1978.

Hume, David, *Eine Untersuchung über die Prinzipien der Moral,* übersetzt und herausgegeben von Gerhard Streminger, Stuttgart: Reclam 1984.

Hursthouse, Rosalind, *On Virtue Ethics,* Oxford: Oxford University Press 1999.

Jaggar, Alison M., *Living with Contradictions.* Controversies in Feminist Social Ethics, Boulder und San Francisco und Oxford: Westview Press 1994.

Kant, Immanuel, *Grundlegung zur Metaphysik der Sitten,* Werkausgabe Bd. VII, herausgegeben von Wilhelm Weischedel, Frankfurt am Main: Suhrkamp 1974 (Kant, *Gesammelte Schriften,* Akademie-Ausgabe Band IV).

Kant, Immanuel, *Kritik der praktischen Vernunft,* Werkausgabe Bd. VII, Frankfurt am Main: Suhrkamp 1974 (Kant, *Gesammelte Schriften,* Akademie-Ausgabe Band IV).

Kant, Immanuel, *Die Metaphysik der Sitten,* Werkausgabe Bd. VIII, Frankfurt am Main: Suhrkamp 1977 (Kant, *Gesammelte Schriften,* Akademie-Ausgabe Band VI).

Kant, Immanuel, *Die Religion innerhalb der Grenzen der bloßen Vernunft,* Werkausgabe Bd. VIII, Frankfurt am Main: Suhrkamp 1977 (Kant, *Gesammelte Schriften,* Akademie-Ausgabe Band VII).

Kant, Immanuel, *Kritik der reinen Vernunft 1,* Werkausgabe Bd. III, Frankfurt am Main: Suhrkamp 1990 (Kant, *Gesammelte Schriften,* Akademie-Ausgabe Band III).

Kant, Immanuel, *Kritik der reinen Vernunft 2,* Werkausgabe Bd. IV, Frankfurt am Main: Suhrkamp 1990 (Kant, *Gesammelte Schriften,* Akademie-Ausgabe Band III).

Kavka, Gregory S., The Toxin Puzzle, in: *Analysis* 43, 1983, 33–36.

Kavka, Gregory S., *Hobbesian Moral and Political Theory,* Princeton: Princeton University Press 1986.

Kittay, Eva Feder und Diana T. Meyers (Hg.), *Women and Moral Theory,* Totowa NJ: Rowman & Littlefield 1987.

Kleingeld, Pauline, Moral Consciousness and the 'Fact of Reason', in: Andrews Reath and Jens Timmermann (Hg.), *Kant's Critique of Practical Reason.* A Critical Guide, Cambridge: Cambridge University Press 2010, 55–72.

Köhl, Harald, *Kants Gesinnungsethik,* Berlin und New York: de Gruyter 1990.

Korsgaard, Christine M., *Creating the Kingdom of Ends,* Cambridge: Cambridge University Press 1996.

Korsgaard, Christine M., *The Sources of Normativity,* Cambridge: Cambridge University Press 1996.

Korsgaard, Christine M., From Duty and For the Sake of the Noble: Kant and Aristotle on Morally Good Action, in: Stephen Engstrom und Jennifer Whiting (Hg.), *Aristotle, Kant and the Stoics,* Cambridge: Cambridge University Press 1996, 203–236.

Korsgaard, Christine M., The reasons we can share: An attack on the distinction between agent-relative and agent-neutral reasons, in: Korsgaard, *Creating the Kingdom of Ends,* Cambridge: Cambridge University Press 1996, 275–310.

Korsgaard, Christine M., Morality as freedom, in: Korsgaard, *Creating the Kingdom of Ends,* Cambridge: Cambridge University Press 1996, 159–187.

Korsgaard, Christine M., The Normativity of Instrumental Reason, in: Garrett Cullity und Berys Gaut (Hg.), *Ethics and Practical Reason,* Oxford: Clarendon Press 1997, 215–254.

Korsgaard, Christine M., Self-Constitution in the Ethics of Plato and Kant, in: The Journal of Ethics, 3, 1999, 1–29; wiederabgedruckt in: Korsgaard, *The Constitution of Agency,* 100–126.

Korsgaard, Christine M., Realism and Constructivism in Twentieth-Century Moral Philosophy, in: Korsgaard, *The Constitution of Agency.* Essays on Practical Reason and Moral Psychology, Oxford: Oxford University Press 2008, 302–326.

Korsgaard, Christine M., *The Constitution of Agency.* Essays on Practical Reason and Moral Psychology, Oxford: Oxford University Press 2008.

Korsgaard, Christine M., *Self-Constitution: Agency, Identity, and Integrity,* Oxford: Oxford University Press 2009.

Liessmann, Konrad Paul, *Philosophie des verbotenen Wissens.* Friedrich Nietzsche und die schwarzen Seiten des Denkens, Wien: Zsolnay 2000.

Lindemann Nelson, Hilde, *Damaged identities, narrative repair,* Ithaca NY et al.: Cornell University Press 2001.

Luce, R. Duncan und Howard Raiffa, *Games and Decisions.* Introduction and Critical Survey, New York: Dover Publications 1957.

Luf, Gerhard, Ethischer Pluralismus und staatliche Neutralität, in: Luf, *Freiheit als Rechtsprinzip.* Rechtsphilosophische Aufsätze, hg. von Elisabeth Holzleithner und Alexander Somek, Wien: Facultas.WUV 2008, 321–337.

MacIntyre, Alasdair, *Der Verlust der Tugend.* Zur moralischen Krise der Gegenwart, Frankfurt am Main: Suhrkamp 1995.

Mackenzie, Catriona und Natalie Stoljar (Hg.), *Relational Autonomy.* Feminist Perspectives on Autonomy, Agency, and the Social Self, New York und Oxford: Oxford University Press 2000.

Mackie, John L., *Hume's Moral Theory*, London und New York: Routledge 1980.

Mackie, John L., *Ethik.* Die Erfindung des moralisch Richtigen und Falschen, Stuttgart: Reclam 1981.

Magnus, Bernd und Kathleen Higgins (Hg.), *The Cambridge Companion to Nietzsche*, Cambridge University Press 1996.

McDowell, John, Deliberation and Moral Development in Aristotle's Ethics, in: Stephen Engstrom und Jennifer Whiting (Hg.), *Aristotle, Kant and the Stoics*, Cambridge: Cambridge University Press 1996, 19–35.

McDowell, John, Values and Secondary Qualities, in: Stephen Darwall, Allan Gibbard und Peter Railton (Hg.), *Moral Discourse and Practice.* Some Philosophical Approaches, New York und Oxford: Oxford University Press 1997, 201–213.

McDowell, John, Virtue and Reason, in: Nancy Sherman (Hg.), *Aristotle's Ethics*, Critical Essays, New York und Oxford: Rowman & Littlefield 1999, 121–143.

Mill, John Stuart, *Der Utilitarismus*, übersetzt von Dieter Birnbacher, Stuttgart: Reclam 1985.

Misak, Cheryl, Experience, Narrative, and Ethical Deliberation, in: *Ethics* 118, 4, 2008, 614–632.

Moore, G. E., *Principia Ethica*, Stuttgart: Reclam 1996.

Müller, Anselm W., *Was taugt die Tugend?* Elemente einer Ethik des guten Lebens, Stuttgart: Kohlhammer 1998.

Nagel, Thomas, *The View from Nowhere*, Oxford: Oxford University Press 1986, deutsch: *Der Blick von Nirgendwo*, Frankfurt am Main: Suhrkamp 1992.

Nagel, Thomas, *Die Möglichkeit des Altruismus*, herausgegeben von Michael Gebauer und Hans-Peter Schütt, Bodenheim bei Mainz: Philo Verlag 1998.

Nagl-Docekal, Herta, *Feministische Ethik:* Ergebnisse, Probleme, Perspektiven, 2. Auflage, Frankfurt am Main: Fischer Taschenbuch Verlag 2001.

Nagl-Docekal, Herta und Herlinde Pauer-Studer (Hg.), *Jenseits der Geschlechtermoral.* Beiträge zur Feministischen Ethik, Frankfurt am Main: Fischer Taschenbuch Verlag 1993.

Nehamas, Alexander, Nietzsche, modernity, aestheticism, in: Bernd Magnus und Kathleen Higgins (Hg.), *The Cambridge Companion to Nietzsche*, Cambridge University Press 1996, 223–251.

Nida-Rümelin, Julian, *Ethische Essays*, Frankfurt am Main: Suhrkamp 2002.

Nida-Rümelin, Julian (Hg.), *Angewandte Ethik.* Die Bereichsethiken und ihre theoretische Fundierung , 2. aktualisierte Auflage, Stuttgart: Kröner 2005.

Nietzsche, Friedrich, *Jenseits von Gut und Böse*, in: ders., *Sämtliche Werke*, herausgegeben von Giorgio Colli und Mazzino Montinari, Band 5, München und Berlin: Deutscher Taschenbuch Verlag und de Gruyter 1980 (=Kritische Studienausgabe in 15 Bänden).

Nietzsche, Friedrich, *Genealogie der Moral*, in: ders., *Sämtliche Werke*, Band 5.

Nietzsche, Friedrich, *Der Antichrist*, in: ders., *Sämtliche Werke*, Band 6.

Nietzsche, Friedrich, *Götzen-Dämmerung,* in: ders., *Sämtliche Werke,* Band 6.

Noddings, Nel, *Caring.* A Feminine Approach To Ethics and Moral Education, Berkeley u. a.: University of California Press 1984.

Nussbaum, Martha C., Mitleid und Gnade: Nietzsches Stoizismus, in: *Deutsche Zeitschrift für Philosophie,* 41, 1993, 831–858.

Nussbaum, Martha C., *Sex and Social Justice,* New York und Oxford: Oxford University Press 1999.

Nussbaum, Martha C., *The fragility of goodness: luck and ethics in Greek tragedy and philosophy,* revidierte Neuauflage, Cambridge: Cambridge University Press 2001.

O'Neill, Onora, *Constructions of Reason.* Explorations of Kant's Practical Philosophy, Cambridge: Cambridge University Press 1989.

Ottmann, Henning, *Philosophie und Politik bei Nietzsche,* Berlin und New York: de Gruyter 1987.

Paton, H. J., *Der Kategorische Imperativ.* Eine Untersuchung über Kants Moralphilosophie, Berlin: de Gruyter 1962.

Pauer-Studer, Herlinde, *Das Andere der Gerechtigkeit.* Moralphilosophie im Kontext der Geschlechterdifferenz, Berlin: Akademie Verlag 1996.

Pauer-Studer, Herlinde, Carnap und Reichenbach über Ethik, in: Rudolf Haller und Friedrich Stadler (Hg.): *Wien–Berlin–Prag.* Der Aufstieg der wissenschaftlichen Philosophie, Wien: Hölder-Pichler-Tempsky 1993, 525–537.

Pauer-Studer, Herlinde, Medizinethik und öffentliche Vernunft, in: Klaus Peter Rippe (Hg): *Angewandte Ethik in der pluralistischen Gesellschaft,* Freiburg/Schweiz: Universitätsverlag 1999, 371–384.

Pauer-Studer, Herlinde, *Autonom leben.* Reflexionen über Freiheit und Gleichheit, Frankfurt am Main: Suhrkamp 2000.

Pauer-Studer, Herlinde (Hg.), *Konstruktionen praktischer Vernunft.* Philosophie im Gespräch, Frankfurt am Main: Suhrkamp 2000.

Pauer-Studer, Herlinde, *Kommentar zu David Hume:* Über Moral, Frankfurt am Main: Suhrkamp 2007 (= suhrkamp studienbibliothek Band 6).

Pauer-Studer, Herlinde, The Moral Standpoint: First or Second Personal? In: *European Journal of Philosophy* 18, 2, 2010, 296–310.

Pauer-Studer, Herlinde and J. David Velleman, Distortions of Normativity, in: *Ethical Theory and Moral Practice* 13, 5, 2010, 484–512.

Paul, E. F., (Hg.), *Ethics and Economics,* Oxford: Oxford University Press 1985.

Pieper, Annemarie, *Gibt es eine feministische Ethik?* München: Wilhelm Fink Verlag 1998.

Prauss, Gerold, *Kant über Freiheit als Autonomie,* Frankfurt am Main: Vittorio Klostermann 1983.

Quinn, Warren, *Morality and Action,* Cambridge: Cambridge University Press 1993.

Radbruch, Gustav, Gesetzliches Unrecht und übergesetzliches Recht, in: Norbert Hoerster (Hg.), *Recht und Moral.* Texte zur Rechtsphilosophie, München: Deutscher Taschenbuch Verlag 1977, 42–45.

Railton, Peter, Moral Realism, in: Stephen Darwall, Allan Gibbard und Peter Railton (Hg.), *Moral Discourse and Practice.* Some Philosophical Approaches, New York und Oxford: Oxford University Press 1997, 137–163.

Rawls, John, *Eine Theorie der Gerechtigkeit,* Frankfurt am Main: Suhrkamp 1975 (Taschenbuchausgabe 1979).

Rawls, John, *Politischer Liberalismus,* Frankfurt am Main: Suhrkamp 1998.

Rawls, John, *Das Recht der Völker,* Berlin et al.: de Gruyter 2002.

Raz, Joseph, The Myth of Instrumental Rationality, in: *Journal of Ethics & Social Philosophy* 1, 2005, 1–25.

Rippe, Klaus Peter und Peter Schaber (Hg.), *Tugendethik,* Stuttgart: Reclam 1978.

Rippe, Klaus Peter (Hg): *Angewandte Ethik in der pluralistischen Gesellschaft,* Freiburg/Schweiz: Universitätsverlag 1999.

Rössler, Beate, *Der Wert des Privaten,* Frankfurt am Main: Suhrkamp 2001.

Ruddick, Sara, *Maternal Thinking.* Towards a Politics of Peace, Boston: Beacon Press 1989.

Russell, Bertrand, *Die Analyse des Geistes,* Hamburg: Meiner 2000 (Erstauflage 1921).

Russell, Bertrand, *The Analysis of Matter,* London: Routledge 1992 (Erstauflage 1927).

Scanlon, T. M., *What We Owe to Each Other,* Cambridge MA: Harvard University Press 1999.

Schaber, Peter, *Moralischer Realismus,* Freiburg und München: Alber 1997.

Schacht, Richard (Hg.), *Nietzsche, Genealogy, Morality.* Essays on Nietzsche's Genealogy of Morals, Berkeley und Los Angeles und London: University of California Press 1994.

Schmidt, Thomas, Realismus/Intuitionismus/Naturalismus, in: Marcus Düwell, Christoph Hübenthal, Micha H. Werner (Hg.), *Handbuch Ethik,* Stuttgart–Weimar: J. B. Metzler 2002, 49–60.

Schopenhauer, Arthur, *Preisschrift über die Grundlage der Moral,* in: ders., *Die beiden Grundprobleme der Ethik,* in: ders.: Werke in zehn Bänden, Band VI, Zürich: Diogenes 1977.

Sen, Amartya K., *Collective Choice and Social Welfare,* Amsterdam: Elsevier Science Publishers 1979.

Sen, Amartya K., Rationale Trottel: Eine Kritik der behavioristischen Grundlagen der Wirtschaftstheorie, in: Stefan Gosepath (Hg.), *Motive, Gründe, Zwecke.* Theorien praktischer Rationalität, Frankfurt am Main: Fischer Taschenbuch Verlag 1999, 76–102.

Sen, Amartya und Bernard Williams (Hg.), *Utilitarianism and beyond,* Cambridge: Cambridge University Press 1982, 103–128.

Sen, Amartya, *On Ethics and Economics,* Oxford und Cambridge MA: Blackwell 1987.

Sen, Amartya, *The Idea of Justice,* Cambridge, Mass.: Harvard University Press 2009.

Sherman, Nancy (Hg.), *Aristotle's Ethics.* Critical Essays, New York und Oxford: Rowman & Littlefield 1999.

Sidgwick, Henry, *The Methods of Ethics,* Seventh Edition, Indianapolis/Cambridge: Hackett Publishing Company 1981 (unveränd. Nachdruck der 7. Auflage 1907).

Singer, Peter, *Praktische Ethik,* 2. Auflage, Stuttgart: Reclam 1994.

Smart, J. J. C. und Bernard Williams, *Utilitarianism For and Against,* Cambridge: Cambridge University Press 1973.

Smith, Adam, *Theorie der ethischen Gefühle,* Hamburg: Meiner 1994.

Solomon, Robert C., Nietzsche ad hominem: Perspectivism, personality and ressentiment: in: Bernd Magnus und Kathleen M. Higgins (Hg.), *The Cambridge Companion to Nietzsche,* Cambridge University Press 1996, 180–222.

Stadler, Friedrich, *Studien zum Wiener Kreis.* Ursprung, Entwicklung und Wirkung des Logischen Empirismus im Kontext, Frankfurt am Main: Suhrkamp 1997.

Stegmaier, Werner, *Nietzsches ‚Genealogie der Moral',* Darmstadt: Wissenschaftliche Buchgesellschaft 1994.

Stemmer, Peter, *Handeln zugunsten anderer: eine moralphilosophische Untersuchung,* Berlin: de Gruyter 2000.

Stevenson, Charles L., *Ethics and Language,* New Haven und London: Yale University Press 1944.

Stocker, Michael, Die Schizophrenie moderner ethischer Theorien, in: Klaus Peter Rippe und Peter Schaber, *Tugendethik,* Stuttgart: Reclam 1998, 19–41.

Strong, Tracy, Nietzsche's political misappropriation, in: Bernd Magnus und Kathleen Higgins (Hg.), *The Cambridge Companion to Nietzsche,* Cambridge University Press 1996, 119–147.

Swanton, Christine, *Virtue Ethics.* A Pluralist View, Oxford: Oxford University Press 2003.

Thomas, Alan, *Thomas Nagel,* Montreal & Kingston/Ithaca: McGill-Queen's University Press 2009.

Tugendhat, Ernst, *Vorlesungen über Ethik,* Frankfurt am Main: Suhrkamp 1993.

Vallentyne, Peter (Hg.), *Contractarianism and Rational Choice.* Essays on David Gauthier's Morals by Agreement, Cambridge: Cambridge University Press 1991.

Velleman, J. David, A Right of Self-Termination? In: *Ethics,* 109, 3, 1999, 606–628.

Velleman, J. David, *How We Get Along,* Cambridge: Cambridge University Press 2009.

Wendel, Saskia, *Feministische Ethik zur Einführung,* Hamburg: Junius 2003.

Williams, Bernard, *Der Begriff der Moral.* Eine Einführung in die Ethik, Stuttgart: Reclam 1978.

Williams, Bernard, *Moralischer Zufall.* Philosophische Aufsätze 1973–1980, Königstein: Hain 1984.

Williams, Bernard, *Ethics and the Limits of Philosophy,* Cambridge MA: Harvard University Press 1985.

Williams, Bernard, Interne und externe Gründe, in: Stefan Gosepath (Hg.), *Motive, Gründe, Zwecke,* Frankfurt am Main: Fischer Taschenbuch Verlag 1999, 105–120.

Wolf, Jean-Claude, *John Stuart Mills „Utilitarismus".* Ein kritischer Kommentar, Freiburg und München: Alber 1992.

Wolf, Susan, Moral Saints, in: *Journal of Philosophy* 79, 1982, 419–439.

Sachregister

Namensregister